馬良 著

教育之美

老師掌中的24個度

凡事皆有度
教育尤是
教育是生命與生命的碰撞
是師與生的交流
是教師對學生的說服和示範
授業和解惑
開啟和潤澤
教育職業的特殊性和複雜性
要求教師務必對自身的素質
教育活動中的方式方法
人際交往等
有一個全面的思考和認識
做到心中有數
也有度

崧燁文化

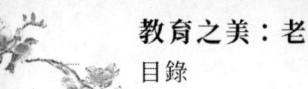
教育之美：老師掌中的 24 個度
目錄

目錄

教育思想要有深度

 我的教育 9

 教育是職業，也是事業 21

 做好「人類靈魂的工程師」 25

 辨析「品格教育和應試教育」 28

  1. 教育目的 30

  2. 教育思想 30

  3. 教育行為 31

  4. 教育評價 32

師德要有高度

 師者，生之範也 35

 成為學生生命中的貴人 37

 做的是「良心活」 39

 淡泊明志，寧靜致遠 41

職業情感要有濃度

 做一位有熱情的教育者 46

 做一位創新型教師 48

 師愛是教育的奠基石 52

文化知識要有厚度

 師者，多讀書、善讀書 57

 不斷追求自身的專業成長 63

 學會反思自己的教學 64

視野要有廣度

 認識「行萬里路」的意義 67

- 「一專」才能「多能」 69
- 興趣是最好的老師 71

胸懷要有寬度

- 要有寬容意識 75
- 具有民主、平等情懷 77
- 對待學生要寬嚴有度 78

品性風格要有亮度

- 風格決定生命的亮度 81
- 做有責任的人 83
- 亮度是「做」出來的 85

職業堅守要有韌度

- 教育貴在堅持 89
- 守住自己的沉香 91

言行舉止要有風度

- 著裝有講究 95
- 舉止要穩重端莊、落落大方 97
- 做到和藹可親、平易近人 99
- 巧妙運用語言表達的技巧 101

教育行為要有力度

- 以身作則是最有力度的教育 105
- 說服教育要有力度 107
- 區別威信和威風 113
- 用好老師的權力——獎與懲要有度 115

師生生命碰觸要有溫度

- 建構有溫度的師生關係 119

　　說有溫度的話，做有溫度的事 122
　　掌控好教育的溫度 123
　　「愛」「嚴」要有度 126
　　老師要有親和力 129

教育教學要有靈活度
　　班級管理的靈活性 133
　　教學方法要靈活 136
　　賞識教育也有度 138
　　「小題大做」和「小題不做」之間 140

對學情和班級情況要有靈敏度
　　課堂教學要有靈敏度 143
　　處理問題要有靈活的應變能力 148
　　老師要具備敏銳的觀察能力 150

教育工作要有梯度
　　德育要有梯度 153
　　班級目標有梯度 156
　　作業布置要有梯度 157
　　教學需要一定的梯度 158

對學生的評價要有準度
　　表揚和批評要有準度 163
　　準確評價學生的課堂活動 165
　　如何掌握評價藝術 167

對學生的期望要適度
　　實現期望的參考要素 169
　　如何發揮期望效應 172
　　認識比馬龍效應 175

對資優生的關愛要有限度

    清醒認識身邊的資優生 ————————————————— 179

    把資優生轉化為真正的優等生 ———————————— 181

對待問題學生要大度

    如何瞭解問題學生 ——————————————————— 185

    轉化問題學生要有境界 ———————————————— 188

    轉化問題學生要有高超的教育藝術 ————————— 189

師生交往要有尺度

    走進師生交往 ————————————————————— 195

    把握師生交往中的幾點 ———————————————— 198

        1. 把握好師生的距離 ———————————————— 198

        2. 把握好老師的權威性 —————————————— 198

        3. 不僅「言傳」，還要「身教」—————————— 199

        4. 關愛每一個學生 ————————————————— 199

        5. 設計多元活動，投入真誠的情感 ——————— 199

        6. 耐心傾聽，尊重學生 —————————————— 200

        7. 公平公正、賞罰分明 —————————————— 200

    師生交往的形式和方法 ———————————————— 200

    課堂上的師生關係 ——————————————————— 202

        1. 師生要有和諧融洽的關係 ———————————— 203

        2. 充分尊重學生的主體性 ————————————— 203

        3. 發揮老師的主導作用 —————————————— 203

        4. 著眼能力和素養的提高 ————————————— 204

        5. 教書要育人 ———————————————————— 204

與家長交往要站好角度

    與家長溝通的路徑 ——————————————————— 205

  開好家長會 ———————————————————— 207
    1. 瞭解學生家長及家庭情況 ————————————— 208
    2. 相互交流學生表現情況 —————————————— 208
    3. 幫助家長提高家教水準 —————————————— 209
    4. 闡明有關政策，增進理解，消除隔閡 ———————— 209
  與家長交往的藝術 ———————————————————— 209

與同事交往要有氣度

  善待和尊重同事 ———————————————————— 215
  營造一個陽光健康的人際環境 —————————————— 218
  班導老師與科任老師是盟友和戰友 ———————————— 220

與校方交往要有態度

  與校方交往的藝術 ———————————————————— 223
  學會與校長和諧共處 —————————————————— 226

與人交往要有信度

  立信才能立教 ————————————————————— 229
  教人求真，學做真人 —————————————————— 230

要注意自身的健康度

  心理問題的成因和調節 ————————————————— 233
    1. 外部原因 ———————————————————— 234
    2. 內部原因 ———————————————————— 234
    1. 創造成功機會，滿足不同需要 —————————— 235
    2. 增強老師對挫折的承受力 ———————————— 236
    3. 創建民主和諧的人際關係 ———————————— 236
  要會養生 ——————————————————————— 236
  應注意對大腦的養護 —————————————————— 238
  常見的六種職業病 ——————————————————— 239

教育之美：老師掌中的 24 個度

目錄

1. 慢性咽炎 239
2. 靜脈曲張 239
3. 頸椎病、腰椎病 240
4. 胃病 240
5. 呼吸系統疾病 240
6. 心理疾病 240

教育思想要有深度

已成為一名老師，就要忠誠於教育事業，就要有廣博的專業知識、先進的教育理念、高尚的師德、優良的師風，就要把職業當作事業來做。

只有當老師對自己所從事的職業的特點和社會意義有更深的理解和認知後，才能熱愛本職工作，才會有工作的自豪感和樂於奉獻的精神，才能正視社會，淡泊名利，才能在教育事業中實現自己的人生價值，把培養好下一代當作自己義不容辭的責任。

要教育好別人，得先教育好自己，只有當自己以一種全新的姿態和心態去擁抱事業時，才具備了做好老師的最基本條件，才有可能在自己的工作中享受快樂、收穫成功。

我的教育

記得我剛站上講台時，有些興奮自信，有些驕傲自滿，認為教學沒什麼大不了的。不就是要凶一些，要讓學生考出好成績嗎！現在回想起來，當時還真是「初生牛犢不怕虎」。

那時，我對教育僅有一些片面的理解，談不上教育觀。指導我教學行為的主要是五個方面：

一是自己對讀書目的和方法的體會；

二是對自己的老師們的方法的回顧和模仿；

三是在師範學校學的教育學理念和案例；

四是對生活淺顯的認識和對父母教育的感悟；

五是對同事的觀察和學習。

那時，無論是班會，還是平常的教學，三句話不離成績。經常說的是「萬般皆下品，唯有讀書高」「書中自有黃金屋」等。

教育之美：老師掌中的 24 個度
教育思想要有深度

三年時間過去了，在具體的教學方法上有些體會和改變，但在骨子裡還是堅持「分數」掛帥，成績為先。

二十世紀八九十年代，經濟發展較快，社會意識形態轉變也較快，教育也可謂「百花齊放」，各種教育理念盛行，教育改革的呼聲不絕於耳。我所在學校大概有「引導式教學」「分組教學」「正向教育」等幾種理念，作為主要研究人員，我也接受了一些教育理念和方法。

帶了幾屆學生，十年就過去了。我不是那種對事物特別敏感、與時俱進的老師，在教學上我顯得有些故步自封、抱殘守缺。現在看起來，是被可笑的功利矇住了心智，為了一個「區德育先進」「區百名青年優秀教師」而暗暗與同事較勁。隨著社會閱歷的增加，我對教育有了新的認識。我強烈地感覺到讀書成績既不是影響人生命運的唯一指標，也不是實現生命價值的萬能鑰匙，讀書好並不一定意味著將來的人生就會一片坦途和光明，不意味著將來的生活就會快樂和幸福。

一些教育失誤或失敗的案例也提醒和刺激了我。比如，工作的第五個年頭，班上有位男生，平常作業不認真，雖經多次訓誡，仍沒有好轉，英文成績特別差。有一天上英文課，他把鋼筆打開，放在課桌前面，有意往前放了一點點，前面的女生不知道，往後一靠，結果衣服被墨水浸了一大團。女生向英文老師告狀，於是男生被叫到教室門口站著。可男生並沒有意識到自己的錯，反而用腳踢牆，一節課下來竟然把牆上的漆弄掉了一大塊。我對他進行了訓斥，並叫他爸爸來把牆補上，可放學後他又去弄壞了。

我覺得我的權威受到挑戰，於是叫他爸爸把他暫時領回家去教育。一個禮拜後，我打電話問他在家裡的情況，他爸爸說他不想上學了，我勸了兩次，還是沒來，我就把這事忘了。不久後，聽同學說，他因偷腳踏車進了少年感化院，我聽了，心裡有過一陣涼涼的感覺。後來，他入室竊盜，偷了人家價值不菲的集郵冊，被判了刑。聽說後，我心裡很難過，直到今天還深深地自責。

我的教育

　　透過對一些教育理念的瞭解和學習，以及對自己的教育行為的反思，我意識到自己原來的教育觀念有些簡單，教學方法也較為單一。漸漸地，似乎有一種力量在牽引我前行，我開始真正思考教育，關注教育，熱愛教育。

　　在我當第四、第五屆班導時，我不再把學生的成績作為評價的唯一標準。每位學生，除考試分數之外，還有更多的東西值得我去欣賞和認可，需要我去引導和教育。

　　當然，我絕不排斥熱愛學習的行為，我仍然鼓勵和要求學生們努力學習。因為取得優秀成績既是學生的重要任務之一，也是我的工作目標之一。

　　首先，學生的優秀成績能讓我的工作有成就感，能獲得上司和同事的認可和尊重，這樣我的工作環境是良性的。

　　其次，良好的班風會激發學生們的學習興趣，反過來，學生們愛學習、成績好，有利於促進班級文化的形成和發展。只有在這樣的班級中，學生們才會有目標，有希望，有希望，才會接受做人的教育。

　　第三，學生們愛學習，能讓我與學生保持良好的關係，這樣我才能在班級中有威信，進而為我有效地進行教育提供情感基礎。

　　最後，學生熱愛學習，升學有希望，才會讓家長看到學生的前途和美好的未來，才會贏得家長對我工作的支持、理解和信任，進而家庭學校攜手共同關注和幫助學生。

　　所以，營造良好的學習環境，激發學生的學習熱情，努力提高學生的學習成績是我永不改變的教育觀念。

　　不過，我不再「以學為本」「以分為上」，而是「以人為本」。在教育策略、教學活動、教育評價中，更加注意尊重學生的人格，與學生民主、平等地相處，不再有體罰，不再有挖苦諷刺；更加講究科學合理的學習方法，不搞「題海戰」；更加重視落後學生們的心理感受和學習狀況，絕不戴著有色鏡看人；更加關注學生未來的發展和需要，把自己當作學生生命中的引路人；把學習方法指導、能力培養、學會做人、人文浸潤作為教育的內容，不會為了個人的功利而視學生為物化的「產品」。

11

教育之美：老師掌中的 24 個度
教育思想要有深度

在班級學習或其他活動中，我會把愛與嚴結合起來，做到獎懲有度，表揚與批評並用，既有對學生未來的期望，又要求學生立足於當下，做好每件事、聽好每節課、完成好每次作業；既有對學生進步或成功的欣賞，又引導學生正確面對挫折和困難。為此，我寫了《開啟學生心靈的鑰匙》一書，對寬容、誠信、感恩、責任、習慣、細節、毅力、自信、信念、愛人、合作、快樂作了介紹，力求引導學生理解這些概念，懂得其意義和作用，並要求學生們在自己的學習生活中去實踐。

我在教國一時，針對國一學生的年齡和心理特點，教育他們要健康安全、寬容理解、學會感恩、養好習慣。因為國一有些學生特別是男生精力旺盛，校內外瘋打追逐的時候多；有的學生走路手舞足蹈，有的學生橫穿馬路，這些都容易出現安全問題。有些學生吃喝不太注意，垃圾食品、劣質食品、過期食品容易影響他們的健康；有些學生為了一點點小事鬧糾紛，特別是來自不同小學的學生，有時還「拉幫結派」，這些現象都會成為影響良好班風的因素。有些學生認為父母的疼愛和關心是理所當然的事，對父母的期望和要求也就無所謂，沒有明確的學習目的，沒有學習的動力，學習起來自由散漫，平常生活中表現出以自我為中心，缺少團結感。

國一學生剛從小學進來，學習和生活環境發生了變化，特別是學習的內容加多、加深，有些學生不適應，這就要求老師對學生要加強習慣的培養。我認為，進校來的第一天把學生引導好了，第一週學生都會按老師的要求去做；第一週把學生規定好了，第一個月學生會適應老師的要求；第一個月學生初步養成了學習生活的良好習慣，第一學期老師就可以營造一個積極上進、團結緊密、生動活潑的班集體。這樣，就能為三年的豐收打下堅實的基礎。

我在教國二時，會加強「誠信、細節、毅力、愛人、合作」的教育。因為國二的學習難度加深，特別是英文，有的學生開始跟不上，在班級裡會出現抄襲作業的現象，有少數學生考試還作弊。這時，老師要疏堵結合，既要有針對性地制定班規，更要教育學生誠實守信，說服學生要堅強勇敢地面對學習上的困難，注意做好學習中的細節，要相互幫助、團結友愛，建立好學習小組。

12

我的教育

　　我在教國三時，會進行「責任、自信、信念、快樂」的教育。國三學生的生理、心理與國一不可同日而語，他們已有自己的一些想法，同時又面臨畢業，讀書緊湊，升學壓力大。所以，要教育他們既要面對現實，又要放眼未來，樹立理想信念，有對家庭和自己未來的責任感，遇到困難不要輕言放棄。對於某些學科落後和學習有困難的學生，更要教育他們不要自卑，要樹立自信心，對大多數人來說，學習知識是生活的一部分，要正確地對待升學。總之，要培養國三學生自己笑對生活、笑對人生的心態。

　　透過三年的教育，我的學生不僅僅收穫了知識，還學會了讀書、學會了做人、學會了生活。有幾點需要說明：

　　一是我將教育融入學校的教育要求、教學活動、教學評鑑之中，二者統一在一起。

　　二是各個學年教育的主題和時間劃分可以靈活調配，不是一成不變的，有時需要根據班級發展情況來決定。

　　三是某一主題不是之前教過了，在後面的時間裡就不再教，而恰好要經常提起，要反覆強調、不斷提醒。

　　之所以這樣分階段教育，除了要考慮到學生的年齡心理特點和年級學習情況以外，還為了更好地落實鞏固，讓學生能更好地掌握這些教育內容，最後固化下來形成自然，融進學生的生命之中。

　　孔子說「四十而不惑」，西方也有句諺語說「四十歲，是人生的開始」。確實，四十歲人才有了生活的積澱，家庭的安定。當我經歷了讀書升學、求職工作、戀愛結婚、為父育子的人生過程；當我看慣了周圍人、陌生人、大人物、老百姓的人生起伏；當我品嚐了酸甜苦辣鹹的人生百味；當我看夠了得意人沉淪、失意人崛起的人生軌跡；當我學會了誠實守信、寬容理解、感恩回報、堅毅頑強的美德；當我懂得了細節、習慣決定人生的法則；當我習慣了社會的關懷友愛或者爾虞我詐的現象；當我看到人是自己哭鬧著來，折騰一生，在別人喧鬧中安靜而去；當我讀到了一個地域、一個民族經歷的繁榮和滄桑，我才真正有了對生活的感悟，對人生的感悟，對教育的感悟。過

教育之美：老師掌中的 24 個度
教育思想要有深度

去的衝動、爭強、依附、自私，逐漸讓位於淡泊、平靜、獨立、自由。我的人生觀、世界觀、生命觀、價值觀逐漸變得清晰純粹。

觀念的變化在有意和無意中引起我對教育的思考、認識和評價，直接影響到我的教育實踐行為。

那麼，教育是什麼？

教育是社會、國家對有德有智有體的人才的期望；教育是鮮活的生命與生命之間多經緯度的溝通碰撞的活動；教育是先生對後生的幫助，是社會美德的示範，是對已有文化的傳授和對未來文化的創新和啟開；教育是對個性生命的點化；教育是教會他人認識自我，學會快樂幸福生存的技巧；教育是滿足社會需求和個性願望的行為；教育是引導認知、潤澤生命、啟迪智慧的綜合活動。教育具有時代性、社會性和獨立性。簡單地講，教育是培養學生成為適應社會、給自己和他人快樂的人的活動。

對學生實施教育，既體現了社會需求、國家需要，又體現了個人個性的滿足。二者有時是統一相容的，有時又是對立相剋的。有時前者占主導，有時後者占主導。

而現實的教育可以說是一片混沌，學校市場化、企業化氣氛濃重，老師的功利主義思想流行，有些教育行政或主管本身不懂教育，對學校進行瞎指揮。在局部地方，即使有少數學校高層和老師清醒認識到目前的教育狀況，希望在一定程度上作些糾正，但在教育的現實洪流中也被衝撞得遍體鱗傷或沉默不語。

這樣一來，就有了花大錢遷戶口、爭搶學生來源、投機取巧等教育招生情況出現。有的老師只顧自己科目，爭搶時間，大搞題海戰術；有的老師一心家教，課堂教學短斤少兩；有的老師只教書不育人，只看分數不看品德。這樣一來，教學的過程和方法與教育的目的無法有效銜接，出現了偏差和錯位，甚至是南轅北轍。

現實的教育也可以說是一匹無方向狂奔的野馬，在社會上橫衝直撞。

一是亂收費引起老百姓對政府公信的不滿；

二是培養出來的學生功利心越來越重，嚴重影響社會文明的建設；

三是培養的「危險品」「易碎品」越來越多。不可謂升學不好，利用所學犯案，恰好說明育人之重要。好在教育的脫軌帶給社會的負面影響逐漸被更多的有識之士看到。

隨著社會的發展，政府職能改革的深入，教育改革也正在進行，教育的回歸勢在必行，這也是大多數老師的期望，家長的渴望。

面對教育的現實，我在教育策略上，在教育內容和教育活動的選擇上，在評價功能上都做了一些探索。

首先，談談教育的策略。

就老師的任務而言，育人是根本，教書是手段。教書是為了育人，育人才是目的，教書應服務於育人。就學生的任務而言，讀書做人，讀書是讀科學、自然、歷史、人文、哲學的書，是為做真人、善人、美人作準備。二者應統一落實在老師的教育行為中，落腳點是做人，學會做人才是教育的根本。

簡單地說，做人有四種：

一是不能讓自己快樂和幸福，卻能帶給他人快樂和幸福；

二是不能讓自己快樂和幸福，同時，還帶給他人痛苦和不幸；

三是能讓自己快樂和幸福，但帶給他人痛苦和不幸；

四是不僅能讓自己快樂和幸福，還能把快樂幸福帶給他人。

我想，教會學生做人，就是教會學生現在、將來能帶給他人更多的快樂和幸福，或把快樂和幸福帶給更多的人，學校教育培養的應該是後一種人。我看到身邊的那些優秀老師，為了學生的全面發展、長遠發展而努力工作，不僅讓他人快樂幸福，自己也收穫了名利和快樂。教育不能為了功利而短視，也不能因短視而功利，教育更不能帶給學生和家長痛苦和不幸。

其次，談談教育的內容。

教育之美：老師掌中的 24 個度
教育思想要有深度

中學階段是學生身體急速成長，心理快速變化，品德開始形成的時期。在這個時期，老師要有品格教育的思想和理念，從而教育學生學會思考一些人生的問題，接受一些正面、積極的觀念，樹立對國家、社會、社群產生正能量的理想，養成良好的行為習慣。

在教育內容和教育活動中，老師要體現「以人為本」。師生平等地、民主地交流溝通，有意識地引導和培養學生良好的情感、價值、態度。在這裡，我重點談育人。下圖體現的就是我的育人觀。

首先，要教育學生做到有毅力，學會勤勞。

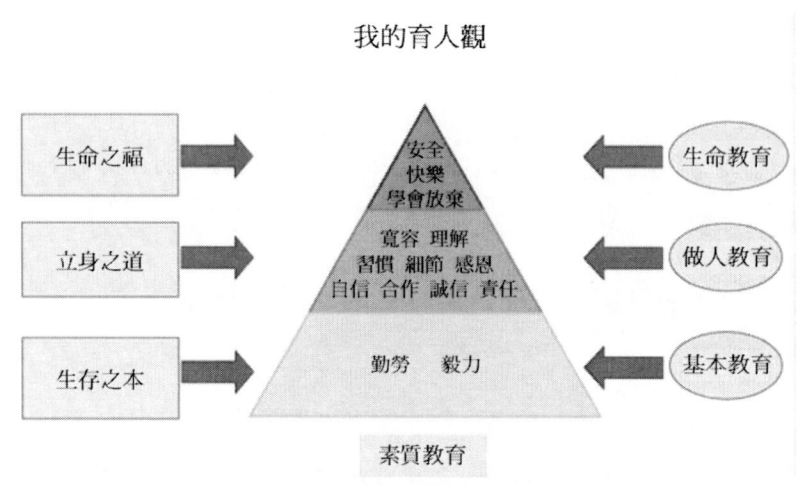

先說毅力。毅力是指一個人堅強持久的決心，屬於人的意志品德，基礎是意志力。毅力是成功者的品德，是取得成功的要件。在智力水準、受教育程度和環境條件相同的情況下，有毅力的人往往更容易獲得成功。

有毅力的人，能堅守自己的理想抱負，矢志不渝；沒有毅力的人，環境條件變了，自己的想法也隨之發生變化，對已有的努力和成績棄置一邊。當今社會，行業分工越來越細化，資訊傳遞快捷，新舊更替速度加快，各種誘

我的教育

惑充滿耳目，容易讓人對自己原有的目標、選擇產生懷疑或放棄。所以，加強對學生毅力的培養很重要。

有毅力的人，能坦然面對工作中的困難，前進中的曲折，生活中的逆境。一個人要完成一項事業，總要受精神和物質的影響，總是要與周圍環境中的人或事打交道，在做事的過程中會出現無法估計的困難，這個時候就需要勇氣和毅力。

教育學生要有毅力，大家沒有爭議。而勤勞就不一樣了。勤勞對學生來說主要是勤奮。

說勤奮，自然就想到「減負提質」，其實二者並不矛盾。「減負」是減去老師主觀給學生的，對提升學生素養沒意義的作業。而「勤奮好學」是學生自覺地想去獲得認知，是人本性的滿足，勤奮的過程充滿「鬥智鬥勇」的快樂，其結果都是為了「提升質量」。

現在，有些教育專家迴避「勤學苦練」，只提「快樂學習」，我不完全贊成這樣，要分清學生的學年階段。因為「勤」的對立面是「懶」，「懶」肯定不是教育所提倡的。「快樂學習」當然是好事，也是我一直追尋的教育情境，但絕不是唯一的教育情境。一定要弄清楚「快樂」的含義，快樂是一種心理感受，是願望的滿足。帶給不同年齡學生快樂的內容形式是不一樣的，小學生的快樂多是直觀的、是物質的滿足，而高中生大學生的快樂是隱形的，是精神的滿足。

前者容易從外界獲得滿足的條件和內容，所以幼稚園和小學多提倡「快樂學習」，是對的，然而後者的許多滿足是從外界不能獲得的，需要高中生、大學生自己勤奮努力地去獲取。獲取的過程是辛苦的，但憧憬是美好的，結果是快樂的，所以高中生、大學生提倡「需求學習」、「勤奮學習」。

國中生介於二者之間，既要「快樂學習」，又要「勤學苦練」，「快樂」可以促進「勤奮」，「勤奮」的結果可以部分滿足學生的「快樂」，往往是有了「勤奮」行為過程而獲得的結果，才是快樂的。

教育之美：老師掌中的 24 個度
教育思想要有深度

「快樂」與「痛苦」是一對孿生兄弟，就未成年學生的教育而言，我主張「苦」，但反對帶給學生「痛」，老師要掌控「苦」與「痛」的分寸。「苦」是「勤奮」過程中的經歷，學生可以承受的，其過程是不能影響到學生身心健康的。「苦」是在「勤」的行為中的體驗，學生要學會吃苦耐勞，要認識到有苦才有甜，有過苦的歷練才會珍惜和享受甜。

屠格涅夫說：「你想成為幸福的人嗎？但願你首先學會吃得起苦。」而「痛」是「勤」的無限增大，超過了學生的身心承受力，嚴重影響到學生的身心健康，有的學生因承受不起教育帶給的「痛」而棄學，比如「逃學」「離家」。

有的老師認為「勤學苦練」與「新課綱」不合。其實不然，「勤學苦練」與「新課綱」提出的「情感、價值、態度」是不矛盾的，我認為「情感」是在「勤學苦練」中體驗和形成的，「價值」是「勤學苦練」的目標和收穫，「態度」是「勤學苦練」過程的認知情態和表現狀態。

我在教育學生時，大力提倡和引導學生要「勤奮好學」，勇敢地克服學習中遇到的困難，培養學生的「心理忍耐力」。教育學生理解和做好這一點，不僅今天對學生的學習有用，將來面對生活和工作會更有意義，這是對學生最基本的，也是最重要的品格教育要求。

在當社會裡，一生勤勞的人，至少可以滿足自身的物質需求，不會缺吃少穿。無論是讀書，還是生活工作，都離不開「勤勞」。就讀書而言，有「書山有路勤為徑，學海無涯苦作舟」之典，有華羅庚所說的「聰明出於勤奮，天才在於累積」。就人生意義而言，「謹慎的勤奮帶來好運」，達文西也說：「勤勞一日，可得一夜安眠；勤勞一生，可得幸福長眠。」如果一個人為實現願望而堅持不懈、勤奮工作，過程也許會艱辛，但人生一定是豐富的，人生的願望一定能達成，自己也會快樂幸福。

所以說，做到有「毅力」，學會「勤勞」是「生存之本」，是最基本的教育內容內容。

我的教育

在目前學生的學習生活和將來社會生活中,「寬容、習慣、細節、感恩、自信、合作、誠信、責任等」會影響到他們的成長和成功。關於這方面的書有很多,比如《寬容》《細節決定成敗》《習慣的力量》《心靈雞湯》《找回孩子學習的自信》《增廣賢文》《三字經》《責任·榮譽·團隊》等。

加強這些內容的教育,對學生現在和將來的學習成績、人際交往、生活品質、工作狀態、事業成功、家庭幸福都意義重大,能拓寬學生人生道路的寬度和提升生命意義的高度。所以說,這些是「立身之道」。如果說「勤勞」「毅力」是對學生最基本的教育要求,那麼「立身之道」的教育就是對學生較高層次的教育需要,它包含了「做人教育」,是生命價值提升的條件。

「生命教育」是幫助學生認識生命、珍惜生命、尊重生命、熱愛生命。在這裡用具體的「健康安全」「快樂生活」「學會放棄」來闡釋「生命教育」。

首先,「生命教育」就是讓學生瞭解人的生命特徵,認知生命的一些現象,掌握「健康安全」的知識和技能。加強「健康安全」教育對於中學生來說是非常必要的,因為「健康和安全」問題指向的是學生生命的存在和狀態,「健康和安全」的「度」某種意義上將影響和決定學生生命存在的質量和發展的方向。

其次,「快樂生活」既是「生命教育」的目的之一,也是「健康安全」的保障。無論是個人還是國家,發展和追求的終極目標是實現個人的快樂和幸福。引導學生學會快樂學習和生活,養成豁達樂觀的心態,應該是我們教育的目標。同時,我們不僅要引導學生學會體會自己快樂,還要教育學生學會把快樂帶給他人。

第三,要教會學生學會放棄。這樣講,似乎與「毅力」矛盾,其實不然。因為每位學生的需求和追求的慾望或願望往往是多樣化、多層次的,動態的,不同學年是不一樣。老師就是要根據具體的情況引導學生進行取捨。

比如,國二國三的學生青春期萌動,有交異性朋友的衝動,老師就應勸其放棄。放棄是讓目標更集中,放棄的是那些與學生身心成長無關或有害的東西,放棄是為了更好地堅持。就好比果農要疏果,花匠要減枝。總之,放

19

教育之美：老師掌中的24個度
教育思想要有深度

棄是有利於「生命教育」的。我想，當我們的學生注意自身的安全健康，學會放棄，是學生生命之福，是老師教育的真正成功。

只有當我們完成好了「基本教育」「做人教育」「生命教育」，我們的學生才有生存的素養、立身的素養，珍惜和享受生命的素養，這正是當下國家品格教育的內容和需要。

需要對前面「我的育人觀」圖說明幾點：

（1）圖中三個層次的內容，在教育實施中有重疊交叉的情境，幾個內容形成合力才更有教育作用。

（2）這個圖，還可以從人生的不同發展階段來理解。「勤勞」「毅力」伴隨人的一生，是最為基本的內容，是人在不同環境中必備的素養，無論得意成功、和風順水，還是失意失敗、道路阻隔，它都一直相伴。而「做人教育」的內容，就學生時代而言，更多的是學習習慣的養成，它的意義更在於將來面對工作面向社會。

而「生命教育」在人生路上各有側重，學生時代，偏重於對生命的認知、生命技能的掌握、對生命的尊重，青中年時期偏重追求生命的價值意義，而老年人更關注生命的健康。當然，每個個體根據自己的身體情況的差異性、工作環境和性質、性格特點等的不同也各有側重。

（3）本想把「安全」放在「生存之本」中，因為生命的「安全」總是伴隨人生過程。但從教育歸類的角度，還是放在「生命教育」中妥當。

再談談教育的評價。

（1）評價學校。學校是否有特色，能接納各種興趣愛好的個性學生；是否有對學生生命的尊重和在乎；是否有文明、民主、自由的風氣；管理層和老師是否有幸福感；是否存在引導和激勵學生自主學習；是否有集體功利主義思想和行為。

（2）評價老師。是否有對學生人格的尊重；是否關注學生生命，並教育學生珍愛生命；是否能掌控關愛與溺愛、嚴格與嚴厲、威信與威風、寬容與

縱容的度；是否靈活應用表揚與批評、獎勵與懲處、賞識與挫折的藝術；老師與家長是否交往有度，是否很在意個人功利；是否有獨立的精神和自由民主的思想。

（3）評價學生。學生做事是否腳踏實地、勤勤懇懇、有始有終；學生做人是否以誠相待、寬以待人、幫助他人；學生學習是否學法得當、不畏難、不氣餒、不放棄；學生的個性是否有特點，越是有個性的學生，越要重視學生的做人品格。扭曲的人格、灰暗的心靈、嫉妒和自私都不是教育培養的個性，教育引導的個性一定是體現著學生的靈氣和正氣。另外，學生的興趣愛好是否廣泛也是一條重要的評價準則，因為個人的興趣既樂於自己，也能樂於他人。

教育是職業，也是事業

就社會性來講，教育是一種職業。但就老師個人來說，教育既是職業，也是事業。只有當老師對教育職業熱愛、敬重，有職業規劃，有使命感和責任感，願意為之奉獻和奮鬥時，教育才是老師的職業和事業。

在這裡，如果老師只把教育當作職業，稱為職業型教師。既把教育當職業，也當事業的老師，稱為事業型教師。

老師不要認為教育職業行為和事業行為是南轅北轍的教育行為表現，也不要認為是水火不容的工作觀念和態度。相反，二者有較大的相容性，表現出的教育行為往往是相同的，教育的目標指向具有一致性。

現在，有些教育名師和專家，把職業型教師和事業型教師分得一清二楚，涇渭分明，這是不對的。就某個老師來講，他或許剛工作的時候，把教育純粹當職業，對工作不感興趣，朝三暮四，想著「跳槽」，這是職業型教師的表現。但隨著時間的推移，「日久生情」，慢慢地熱愛上了教育工作，成長為一位事業型教師。

就職業型教師個體來說也千差萬別，他們或對教學感興趣，或對當班導很在行，或教研寫作有成績；有的沒有育人教書的能力，但工作踏實，或人

教育之美：老師掌中的 24 個度
教育思想要有深度

際關係處理得好。所以，在評價一位老師時，不能簡單地分類。在對老師提出工作要求時，也不能從量上和質上分得很清楚，要把握好一個度。

從老師把教育當職業的角度看，教育工作成了老師謀生的手段。老師靠工作換取薪水來滿足自己和家人的物質生活之需，這和農民靠耕種土地收穫糧食一樣。這也是老師的合理需求，是安身立命的根本，也是事業的基礎。換句話說，物質的滿足是職業型教師和事業型教師都應有的希望和追求。

職業型教師和事業型教師有許多共同點。把教育當作自己一生追求和摯愛事業的老師，首先應該是位職業人。無論是職業者，還是事業者，他們大部分的教育行為是相同的。在一個學校、年級裡，老師們每天做的工作也是基本相同的。甚至，一位職業型教師，有時工作的效果並不遜色於一位事業型教師。

但只把教育當作職業的老師，與既把教育當職業，也當事業的老師相比，會有明顯的不同，特別是從長遠看，兩類老師的差距會越來越大，成喇叭口狀發展。

職業型教師中，有的把報酬當作唯一目的；有的工作斤斤計較，奉獻成為奢求；有的老師把師愛做得虛情假意；有的把工作與生活分得很開；有的常常牢騷滿腹，感受不到工作的快樂和幸福。

職業型的老師，把工作作為謀生手段，本無可厚非。但目前的實際情況是，有的職業型教師的教育存在超越老師師德底線和教育相關法律的過度行為。在應試教育強有力地揮舞著指揮棒時，分數成為老師和學校的命根，考試成為老師的法寶。有的老師把自己當作商人，把教育當作發家致富的平台，追求個人金錢收入的最大化。為了提高學生成績，大搞題海戰術，大量剝奪學生的休息時間；為了有償家教，違反師德，在正常的教學中短斤少兩，本班學生如不參加家教補習就拿「小鞋」給學生穿；為了搶奪家教學生，老師之間產生矛盾；為了個人突出而搶占學生寶貴的時間，全然不顧學生實際需求，不考慮班級學生學科平衡。

教育是職業，也是事業

在這種教育下的學生成了木偶、機械、容器，成了流水線下的零件。師生關係變得自私、虛偽、冷漠、疏離甚至敵對。職業的功利主義表現得淋漓盡致，這樣的教育只有個人價值而沒有社會價值，甚至傷害了社會價值。

職業型的老師，有的往往照本宣科，機械地死搬教材胡亂灌輸；或追求花裡胡哨的形式，善於作秀，結果是成不了「師」，只能是「匠」。學生成了被動吸收，機械模仿，死記硬背，缺乏創新能力和較高人文修養的考試機器。

職業型的老師，有的把工作和生活截然分開。工作不是為了學校或學生，僅僅是為了薪水。上班時間才工作，只做分內的事，如有分外的或下班時間的工作就得以錢為前提。每天按照課表準時到校，等著上課鈴響起，又等著下課鈴響起，等著這一週過去，盼著節假日和寒暑假的到來，等待著退休。這樣的老師工作很無聊，生活也很無奈，甚至是痛苦煎熬。他們沒有體會到教育工作的樂趣，即使有也只是一個點一個點的，而不是一條線或一個面的快樂。

事業型的老師看到的教育，是一項非常特殊且有意義的工作。老師受社會國家的專門委託，承擔著特殊的使命。老師面對的是鮮活的生命，教育行為是生命與生命的交流和碰撞，需要老師用心、用情去參與。

也只有事業型的老師才能充分發揮自己的聰明才智，充滿熱情，全身心地投入，去感染學生，激發學生，使學生成為學習的主人，自己的主人；老師才會無私地去關心學生，去在乎學生的言行情感，而不在於學生形像是否可愛，行為是否合乎自己的心意。

也只有事業型的老師對學生的感情才是出於對國家下一代的關懷，包含著深刻的社會內容和意義。對學生的愛才是為了達成自己的人生規劃、實現某種社會目標而產生的。也只有當老師把教育當作自己的事業時，老師自己才是一位有追求、有理想、有信念的人，是一位願意奉獻、勤於思考、敢於創新的人。

教育之美：老師掌中的 24 個度
教育思想要有深度

也只有事業型的老師才有前進的航向。有一則故事：三位砌磚的工人正在工作，有人問他們在做什麼，他們的回答各不相同。一位說砌磚，一位說是賺薪水，而第三個則自豪地說：「我正在創造世界上最富有特色的房子。」正是這樣把砌磚當作自己的事業，他成了一位著名的建築師，而另兩位工人則一生默默無聞。

也只有事業型的老師自身才是幸福的。因為把教育當作事業的老師，對育人教書由衷熱愛，在教育活動會感受到來自學生的尊重，會體會成就感，會得到無限的快樂，這種快樂能驅動自己努力鑽研，認真工作。這樣形成的良性生活環境和工作心態，會讓老師感受到幸福。老師在教育活動中不僅僅是「付出」和「給予」，還有「收穫」和「回報」。錢理群先生說：「老師與學生處於人生不同階段的兩種生命的相互撞擊，都會給對方以生命的滋潤。」

張文質先生說：「好老師一定是在課堂上要比平時顯得更美的人，哪怕是相貌平凡，一到課堂上就有一種容光煥發的精神氣。」陶行知也說：「老師觸動孩子，孩子觸動老師，形成極好的人性的相互激盪。」是的，老師並非只是奉獻，只是付出，在教育活動中，在培育學生的過程中，自己的生活得以充實，自己的心願得以達成，自己的業務得到發展，自己的生命價值得到昇華，在師生互動中實現師生共進。教育是一個使教育者和受教育者都趨向盡善盡美的事業，這正是老師所特有的幸福感的來源。

也只有事業型的老師才會在教育活動中產生靈感。如果一位老師忠誠於教育事業，那麼表現出來的就是對教育事業的熱愛，並具有強烈的責任感和使命感，視野開闊、以天下為己任，胸懷坦蕩、樂於奉獻、甘於清貧，生活純粹、不為名利所支配，遠離世俗之浮躁，靜心讀書、鑽研教育，謙虛謹慎、腳踏實地、勤奮工作。用研究的眼光對待工作中的每件事，用發展的眼光看待每位學生。無論何時何地，都會自覺主動地在教育活動中盡心盡責，以積極的態度對待學生、對待工作、對待生活。當工作疲倦勞累時，不會倦怠放棄，而想方設法自我疏導和排遣，重新注入永不泯滅的熱情；當遇到困難挫

做好「人類靈魂的工程師」

折時,也不會猶豫不決、心灰意冷,而內心充滿著勇氣和力量,沉著冷靜地應對和克服,有獻身教育事業的精神,體現出高尚的境界。

也只有事業型的老師不會讓工作和生活涇渭分明。快樂工作也是他們快樂生活的一部分。在平常的生活中他們也會觀察教育現象、閱讀教育書籍、收集整理教育相關資料、感悟教育的道理。那些教育名師和專家們的演講或論著中,讓人感到精彩和深刻的地方往往來源於生活。他們從生活中吸取教育的養分,把工作當作生活,把工作當作自己人生追求的事業。他們積極地生活,享受生活,同樣積極地工作,享受工作。

總之,一位老師如果僅僅是把教育當作職業來對待,那他只能成為「教書匠」,在苦和累中忙於應付學生,也許有分數的收穫,但一定是一份苦澀的職業。如果把教育這門職業放到事業的高度上來對待,那他就有獻身教育事業的精神,體現出崇高的境界;那他就有了追求的目標,有了值得用生命去熱愛、去呵護的事業;那他的生命才會有熱情,生命的意義和價值才會提升。

▎做好「人類靈魂的工程師」

「人類靈魂的工程師」據說原是史達林對作家的稱呼,後來人們將其用於稱讚老師。於是,「人類靈魂工程師」便成了老師特定的稱謂。

老師是人類靈魂的工程師。這裡的「人類」「靈魂」「工程師」透視出了老師工作的意義和使命。要成為「工程師」就要求老師有相應的知識、能力和事業心。教育不是一項平常的、誰都能勝任的職業,是一項對從業者「知、情、意、行」都有高度要求的工作。老師不能只是感受這氣勢恢宏而富有詩意的語言,而要對這句話有正確的理解,把握好認識的準度。

有的老師把自己當作學生靈魂的「塑造者」,或理解成為「創造者」,這顯然片面地誇大了老師的作用。在教育越來越走向民主與科學的今天,什麼都是可以塑造的,唯有人的精神和個性是不能塑造的。這一點很重要,有了塑造的想法,老師就會按照自己的模式實施教育行為,當學生不能或不願

教育之美：老師掌中的 24 個度
教育思想要有深度

照著老師的「軌跡」發展時，老師就可能採取違反師德和教育規律的手段去「糾正」，比如體罰、諷刺。如果學生按照著老師的指引發展，那學生就會丟失自己的一些個性和興趣愛好。沒有了個性和自主精神的學生，成了滿足老師心願的產品。這樣，學校培養出的人才成了一個樣子。因此，老師不能把自己當作學生心靈的絕對「塑造者」。

但老師是學生靈魂的影響者，特別是班導。我們觀察發現，一個班的學生言行、情感狀態、班風總是有班導的影子。人們常說：「有怎樣的班導就有（帶出）怎樣的學生。」老師對學生的影響有小有大、有輕有重、有淺有深。往往有責任心和愛心，有威信和人格魅力，閱歷豐富、能說會道的老師對學生心靈的影響比較積極。另外，老師對學生心靈的影響，往往低年級不如高年級，大學強於中學，這是由學生本身的身心特點和認知水準所決定的。

如果把「塑造者」理解成為「影響者」，那麼，老師在施加影響時，就會心中有數有度，就會悅納學生的生命、尊重學生的人格、在乎學生的情感態度、賞識學生的個性和自主精神、寬容學生的缺點和錯誤。學生就會在老師的引導下，結合自身特點，發展自我、生成自我。學校所培養出的人才就會「百花齊放」。

老師是人類靈魂的工程師，這裡的「老師」應該理解為老師群體，因為學生在其成長過程中影響其靈魂的老師不是個人而是多人，況且，不同的老師影響度也不同。可以理解為某老師是某位或某些學生靈魂影響者之一。

作為人類靈魂的工程師，老師必須具有高尚的道德品質，對學生要有慈母般的愛心，有廣博的知識，有不斷更新的教育理念，有充滿熱情的工作態度，做到與時俱進，這樣才能培養出具有獨立生存能力的學生和符合社會發展需要的人才，才稱得上擔好了教育這一重擔。

老師要影響學生的靈魂，首先要學會塑造自我的靈魂。老師職業道德應當比其他職業道德有更高、更全面的要求。只有老師自己具有良好的師德和情操，才能培養出高素養的人才。而現實中有的老師的靈魂並不比學生高尚。有的老師為了分數用「題海戰術」；有的老師不擇手段向學生或家長索要錢物；有的老師體罰或心罰學生，有的老師隨意把學生叫出教室，隨意停學生的課。

做好「人類靈魂的工程師」

比起學生那一顆顆晶瑩的童心，有的老師的靈魂其實早已鏽跡斑斑！甚至有的老師用自己負面的思想行為去玷汙學生純潔的靈魂。

另外，老師不能只顧教書，或帶著功利教書。老師應該既要教書，又要教做人，不僅要用豐富的學識教人，更要用自己的品格教人。既要言傳，又要身教，而身教重於言傳，即要以自己的良好道德行為去影響、啟迪學生的心靈。老師的奉獻雖然不見得是什麼壯舉，但卻是用平凡與崇高的師德之光，照亮學生清純的天地。

大多數老師以崇高的思想境界和高尚的道德標準要求自己，但這並不意味著老師們的方方面面已經達到了一個很高的境界。要敢於承認老師不是完人，在許多方面不如學生，這並不是降低了老師對自己的要求，恰恰相反，只有老師隨時隨地意識到自己的不足，才真正有利於老師的不斷完善。首先，要做到「學高為師，身正為範」。老師要甘於平凡，堅守三尺講台、默默耕耘，精益求精，愛崗敬業。要自甘淡泊和寂寞、刻苦鑽研，努力提高業務水準。要潛心修行，嚴於律己、為人師表，不斷提高自己的品德修養，成為學生心中的道德模範。

其次，要達到「要給學生一碗水，老師要有一桶水」的要求。這桶水一定得是有源頭的活水。老師必須博學多識，具備不斷學習和自我發展的能力，學習最新的科學理論，瞭解和掌握現代資訊技術及教育學和心理學的相關知識，並把這些知識運用到自己的教學工作中。老師以教學為己任，努力鑽研業務，潛心研究教材，精心設計教案，講究授課方法，掌握教學規律，培養學生學會生存，學會做人，學會合作。

只有這樣，老師才能贏得廣大學生的讚譽，從而有效地影響學生的靈魂。再次，要做到「有真心、有愛心、有耐心」。正所謂，做一行，愛一行，專一行。只有真心對待，才能獲得相應的收穫。師愛是一個永恆的主題，是一種把全部心靈和才智獻給教育的真誠。耐心是一名老師的基本功，老師每天要面對一些紛繁瑣碎的事情，每個學生的學習能力和知識結構都不同，老師不可能要求每位學生在同一時間學會所教的內容，這時就需要老師的耐心。

教育之美：老師掌中的 24 個度
教育思想要有深度

學生童心的保持、個性的發展、思想的成熟、能力的培養都離不開教育，但這種教育，不應該是老師的居高臨下與學生的俯首帖耳，而應該是老師與學生的共同成長。「三人行，必有我師焉」，在師生接觸中，要心靈和諧共振，互相感染、互相影響、互相欣賞。它是心靈對心靈的感受，心靈對心靈的理解，心靈對心靈的耕耘，心靈對心靈的創造。老師影響著學生的靈魂，其實學生也影響著老師的靈魂。

老師必須承認這一點，這是教育走向民主所不可缺少的思想革命。陶行知先生說：「人只曉得先生感化學生鍛鍊學生，而不知學生彼此感化鍛鍊和感化鍛鍊先生力量之大。」「誰也不覺得您是先生，您便成了真正的先生。」蘇霍姆林斯基也曾說：「只有當老師在共同活動中做孩子們的朋友、志同道合者和同志時，才會產生真正的精神上的一致性⋯⋯不要去強制人的靈魂，要去細心關注每個孩子的自然發展規律，關注他們的特性、意向和需求。」

師生一起交流學習，就是還老師以真實，給教育以誠實。當我們在學生面前不再是神仙而還原為質樸、真誠，不乏缺點的人時，學生更會把我們當作可以信任可以親近的朋友，而朋友般平等的感情，無疑是教育成功的前提。向學生學習，即使從教育的角度看也是對學生最有效的教育。學生從老師身上，看到什麼叫「人無完人」，什麼叫「知錯就改」，什麼叫「見賢思齊」。老師對自己錯誤的真誠追悔和對高尚人格的不懈追求，將感染和影響學生的靈魂。

總之，老師要正確理解「老師是人類靈魂的工程師」的含義，並且自己要擁有「工程師」的資質，在具體的教育活動中做到心中有「度」，遵照教育的科學性、規律性辦事，才能名副其實。

▎辨析「品格教育和應試教育」

近年來，只要提起教育，就不得不說品格教育和應試教育，它倆似乎是教育這座大山的陰陽兩面，難以分割，又似乎是我們生活中的水火，永難相容。而教育的現狀是品格教育說得熱熱鬧鬧，做得冷冷清清，而對應試教育是反對得徹徹底底，實行得紮紮實實。

辨析「品格教育和應試教育」

　　品格教育是以提高民族素養為宗旨的教育，著眼於受教育者及社會長遠發展的要求，以針對全體學生、全面提高學生的基本素養為根本宗旨，以注重培養受教育者的態度、能力，促進他們在德智體等方面生動、活潑、主動地發展為基本特徵的教育。」

　　也就是說，品格教育要針對全體學生，而不是面向少數學生，要促進學生全面發展，而不是單純應付考試，要培養學生的自主學習能力和自我發展能力，而不是讓學生被動地、機械地接受知識。李嵐清認為，對品格教育內涵的理解，有三個方面的問題需要強調。

　　第一，品格教育是針對全體學生的教育。對政府和教育行政部門來說，應當為所有適齡兒童、少年提供平等的教育；對學校和老師而言，要努力使每個班和每個學生都得到全面、健康的發展。

　　第二，品格教育是促進學生全面發展的教育。培養學生品德高尚、身心健康、知識豐富、學有專長、思路寬廣、實踐能力強，使學生學會做人、學會學習、學會勞動、學會創造、學會生活、學會健體、學會審美，成長為有理想、有道德、有文化、有紀律的社會主義事業的建設者和接班人。

　　第三，品格教育是促進學生個性健康發展的教育。人的個性是千差萬別的，社會也需要各種各樣的人才。培養人不能如同用一個統一的模子，把不同形態的材料都壓成一模一樣的東西。

　　我對品格教育的理解是學校應根據學生的年齡特徵，透過形式多樣的、適應學生成長的方式，針對全體學生，尊重學生個性，促進學生全面發展，使學生具有積極做人做事的態度、本領、心理和身體。

　　那什麼是應試教育呢？應試教育，即以應試為主的教育。應試就是應付考試。考試或者應考，強調的是一種教育行為，是評價教學效果的手段之一，是教育行為中的一個必要部分，但不能片面誇大和追求應試的作用和結果，更不能讓應試代替教育的全部意義，如果應試擴大為教育的大部或全部，老師只為考而教，學生只為考而學，那麼教育就窄化為只是應付考試的應試教育。應試教育的教育思想和教育行為就只圍繞應付升學考試打轉，升學率的

教育之美：老師掌中的 24 個度
教育思想要有深度

高低就會成為檢驗和評價學校教育品質、老師的工作成績以及學生學業水準的唯一標準。

這樣的教育，其危害性是顯而易見的，忽視了學生的思想政治教育，不注重人格品德、精神素養等非智力因素的培養。它以考試為目的，其相應的教育模式與考試方法限制了學生能力的充分發揮，培養出的學生難以較好地適應現實的工作和生活，與社會的需求錯位。

品格教育和應試教育的教育目的、教育思想、教育行為和教育評估是不同的，具體表現在以下方面。

1. 教育目的

品格教育有兩個宗旨，一是以提高全民族素養為宗旨；二是著眼於受教育者及社會的長遠發展要求，以針對全體學生、全面提高學生的基本素養為根本宗旨。而應試教育是以考試為中心，以分數為著眼點，以升學為目的。

2. 教育思想

（1）培養的內容不同。品格教育注重學生全面發展，關注學生的思想品質、身心健康、知識能力、情感態度，培養學生學會做人、學會學習、學會思考、學會創造、學會生活、學會審美、學會自律等。而應試教育只強調應付考試的能力的提高，把智育片面化、狹隘化，從要分數、求升學這一角度出發，過分強調傳授知識和技能，大多採取過度學習、強化訓練的手段（有的老師還美其名曰「魔鬼訓練法」），把學習侷限在課本範圍內，致使學生無暇參與課堂以外的、對發展智力有益的活動，從而出現知識範圍狹窄、高分低能的現象，是一種「瘸腿」的教育思想。

（2）對考試的認識不同。品格教育只是把考試當作教育活動中的行為，是一種評價檢測手段，目的是總結前期師生教育活動的情況，為後期教育活動的繼承和改進提供參考。品格教育不排斥考試，只是考試的方式、數量、評價方式不同，更關注學生的情感、態度、價值觀的培養。而應試教育的考試只是為了升學。老師把學生當作考試的工具，學生也自願依從老師和家長

辨析「品格教育和應試教育」

的意志而充當考試的工具，師生共同關注的是考試的分數。老師平常的教學緊緊圍繞考試和升學需要，考什麼就教什麼，實施的是片面化的知識教學。只教應試內容，忽視了非應試能力的培養和做人的引導。

正如一位校長所說：「凡是與考試有關的教育，我們都做得『過度』了，如過分的考試評價、過重的課業負擔、過高的期望、過分的指責等；凡是與考試無關但與孩子未來發展相關的教育，我們都做得『不及』，如身心健康、誠信品德、創新精神、實踐能力等。在這種情況下，我們的教育成了『做題教育』，成了『目中無人』的教育。」考試不是為了檢測和回饋學習情況，不是為了服務於教學，而只是為了考試、為了考分、為了排名等，考試的功能和作用被嚴重侷限了。這種本末倒置的狀況，還產生了作弊泛濫等負面現象。個別老師為了獲取本班考試成績的高分，甚至還暗示作弊的方法，汙染學風，十分不利於學生身心健康發展。

（3）對人本素養的認知不同。品格教育重視人本素養的教育，強調「教育首先是人學」，注重學生全面發展，重視學生人格的培養，良好習慣的養成，關注學生身心健康，鼓勵學生的個性發展，不搞『二分法』『大鍋炒』『大量複製』。而應試教育以上大學、找好工作、做白領、領高薪、坐辦公室、當大官、做科學家等來吸引學生，忽視了學生的價值觀、人格、品德、能力等人本素養的教育，很少以學技術、培養能力、踏踏實實謀生、實實在在做人、快快樂樂生活為目標來進行教育，很少著眼於社會長遠發展的要求。

3. 教育行為

（1）看待學生的態度不同。品格教育是以人為本，是讓每個學生都能得到老師的尊重。師生的互動中，充滿民主的氣氛，享有平等的機會，遵守「教育機會人人均等」的原則，師生溝通中有情感的流動。而應試教育「以分為本」「重物性輕人性」，師生交流中帶有傳統的師道尊嚴思想，老師是權威，忽視了學生的感受，讓多數學生產生厭學情緒，傷害了學生的自尊，毀掉了學生的自信心。一切為了考試分數，既忽略了學生生命中真善美的普遍發展，又壓抑了學生的個性表達。

(2) 面對學生的範圍不同。品格教育要求老師針對全體學生,即「為了一切學生」,而應試教育中的老師往往把感情傾斜於能夠給自己帶來名利的成績好的學生,重視高分學生,忽視大多數學生,導致學生的兩極分化,人為地製造教育的不平等。教育競爭被激發到不恰當的程度,競爭中的失敗者往往得不到應有的幫助,造成學生學習水準的分化。

(3) 給學生提出的要求不同。品格教育要求全面提高學生的基本素養,要注重培養受教育者的態度、能力,促進他們在德智體等方面生動、活潑、主動地發展。而應試教育只要求學生會考能考,認為「考出好成績就是好樣的」「一好遮百醜」,對其他方面不夠重視或輕視。

(4) 教學方法不同。品格教育以學生為主,老師是教學活動中的「首席」,老師多採用自讀式、引導式、交流式等教學方式,重感悟、重累積、重實踐、重開放,力爭開闊視野,培養學生興趣,引導學生學會自學。應試教育採取「速食式」的做法,以灌輸為主,大搞題海戰術,猜題押題、死記硬背,老師多採用填鴨式、訓練式、專制式等方式,重習題、重訓練、重接受、重封閉,偏重於透過考試和分數來衡量學生水準,以把少數人從多數人中選拔出來送進高一級的學校為目的。

4. 教育評價

(1) 評價標準不同。品格教育要求從德、智、體、美、勞等各個方面來評價學生;而應試教育把考試作為唯一的評價標準。品格教育不求人人升學,而重在讓學生身心健康、學會做人;應試教育則只有少數人升學,獲得成功,大多數學生的才能被忽略,以失敗者的心態走向社會。

(2) 學校對老師的評價不同。品格教育要求老師以德育為先,針對全體學生,注重學生全面發展,關注學生個性發展,因材施教,關心學生生命健康,既要做好「近事」,又要看「遠景」;應試教育中,老師的一切工作都圍繞應付考試這個中心展開,將升學作為教學的唯一追求,把分數作為衡量老師水準的唯一尺度。老師表現出的專制主義、功利主義、現實主義很強,客觀上影響了學生的持續發展,是「一次性買賣」。

辨析「品格教育和應試教育」

這樣，教育的科學性、藝術性不再有其真正的內涵。教育研究變成了應考研究，老師忙於知識灌輸和強化技能訓練，真正有價值的研究和探索缺乏動力，嚴重侷限著老師知識結構的擴展和各種素養的提高。另外，應試教育傾向於強化訓練、題海戰術，這必然導致老師的工作負擔加重。加之學校管理中存在急功近利傾向，有許多學校甚至把學生考分、升學率同老師薪水、獎金掛鉤，導致老師隊伍中競爭加劇，老師身心疲憊。

顯然我們在教育思想、行為、評價上都要力求把應試教育轉換到品格教育的軌道上來，還原教育的本真。在改變的過程中我們要有兩點清醒的認識。

①要清醒地認識到品格教育與應試教育雖然是本質上完全對立的、不相容的兩種教育思想，但在實際的教育活動中卻有交叉重疊的形式和現象。

一是教學的內容是統一的。雖然在處理教材、教學方法、課堂氛圍等方面不一樣，但都以學生有效地接受文化知識為目的，都必須勤學苦讀。有時應試教育的課堂上也滲透著品格教育，在品格教育的課堂上老師也有意無意地傳遞著應試的訊息。

二是教學的工具、環境、形式是相同的，就像不同質的酒用相似的酒瓶裝。

三是考試始終是檢測和評估老師教、學生學的有效手段，都有提高學生的應考能力、應試心理的需要，老師和學生都要積極地備考應考。

②要清醒地認識到目前有的「品格教育」是「偽品格教育」，與真正的品格教育不相稱。表現在：

一是認為給師生減輕負擔就是品格教育，其結果是既減負也減質。作業少了，放學早了，師生好玩了，這不是品格教育；

二是認為活動就是品格教育，用藝術教育和文化娛樂活動代替品格教育。有的教育管理者和老師認為讓學生提一把吉他、背一塊畫板、穿一雙慢跑鞋就是品格教育，這是不對的；

教育之美：老師掌中的 24 個度
教育思想要有深度

　　三是認為品格教育的「針對全體」就是沒有問題學生也沒有優等生，「黃鱔魚鰍扯一樣長」，把教育搞成「齊頭式」，也是不對的。

　　應試教育最大的弊端就是不擇手段地提高分數，片面追求升學率而忽略了教育的其他功用。同樣，如果我們不正確地認識和理解品格教育，就會異化品格教育的內涵和精神，就會讓教育從一個極端走向另一個極端。要堅持減輕負擔是為了提升品質，減去的是對學生認知沒有意義的或重複的作業，放學早不是讓學生去網咖或回家上網玩遊戲，也不是讓學生去參加補習班或家教。

　　學校只有提高教學的質量，品格教育的推進才會得到家長和社會的認可。如果教學品質差，學生越來越懶散，升不了學，那家長、社會都會牴觸，任何教育革新都是很難推進的。教育無論怎麼變化，老師勤勤懇懇的工作和學生的勤奮好學始終是要堅持和發揚的。

　　活動多是為了讓學生有更豐富的學習和生活情境，不是用花裡胡哨的活動讓學生更難受，家長負擔更重。針對全體是提倡因材施教，是老師要尊重學生、平等交流，是幫助資優生變成各方面同步發展的優等生，是讓全體學生全面發展。

師德要有高度

所謂高度，是指老師的情懷和師德要有高標準。作為一名教育工作者，品格要高尚，言行要有修養，要努力提升自己的人生智慧，努力做到身教勝於言教，擴大自身影響。

老師的情懷和師德有了高度，就能防止意識淡薄，就能明確自身師德的重要性、必要性和長期性，保持清醒的頭腦，以高昂的姿態、飽滿的熱情，積極投身到教育事業中。

當老師思想品格、言談舉止、為人處事有高度和氣度時，學生才認可，以有這樣的老師為榮，以這樣的老師為榜樣。這時，老師在學生心中有威信，說的話他們才聽得進去，並按老師的要求去做。有怎樣的老師，就有怎樣的學生，老師的師德高度，決定了學生思想品德的高度；老師的境界決定了學生的境界。

▍師者，生之範也

老師的工作對象是年幼的學生，他們身心尚未成熟，可塑性大。「師者，人之模範。」老師的言談舉止、待人接物，乃至氣質、性格等，都對學生起著薰陶作用。「其身正，不令而行；其身不正，雖令不從。」老師身正為範，將對自身的教育工作造成事半功倍的作用。

老師職業的最大特點是培養、影響新一代，老師的道德品質將直接影響下一代的成長。老師良好的素質，不僅是有效教育的基礎和前提，也是學生直接學習的內容，是有效的教育工具或手段。葉聖陶先生說過，老師的全部工作就是為人師表。老師的品格意志、道德面貌、情感態度、學識能力都會對學生產生潛移默化的影響，具有巨大的教育價值。教育離不開言傳身教，學生在校學習，往往把老師的一舉一動、一言一行都化為自己學習的內容、仿效的榜樣。這就要求老師必須有遠大的理想、誠實謙虛的品質、勤奮好學的作風和禮貌待人的素養。周濟指出：「教書育人，教書者必先學為人師，育人者必先行為世範。」

教育之美：老師掌中的 24 個度
師德要有高度

陶行知先生說過：「學高為師，德高為範。」說的都是為師者不僅要有廣博的知識，更要有高尚的師德。既要把豐富的科學文化知識傳授給學生，又要用自己的高尚人格影響學生、感染學生，使學生身心健康的發展。老師要安貧樂教，甘於奉獻，必須耐得住寂寞，受得住挫折，全心全意地為教育服務。優良的師德、高尚的師風是教育的靈魂，因而老師必須要有高尚的思想境界，純潔美好的心靈。

所以，老師要處處、事事做到身正為範，以自己的良好形象來教育和感染學生。那麼，老師在工作和生活中該怎麼做呢？

老師要用自己良好的思想啟發學生。著名教育家加里寧曾經說過：「老師的世界觀，他的思想、生活，他對每一現象的態度，都這樣或那樣地影響著全體學生。」老師對社會現象的認知應該有深度和廣度。要熱愛國家、熱愛家鄉、熱愛學校，看問題要能夠做到客觀公正，要有理想有追求；在是與非、善與惡、正義與非正義等問題上，要能夠旗幟鮮明地擁護積極健康美好的方面。

老師要用自己文明的言行引領學生。在生活中老師對學校和班級的事要有主動性，要勤勤懇懇、兢兢業業，不要斤斤計較、拈輕怕重。老師要身體力行，要求學生做的，自己首先做到；要求學生不做的，自己首先不做。對學生要有教無類，一視同仁，不要厚此薄彼，處理事情時公平、公正，尤其對學習不佳的學生，更應當倍加愛護和關心。在業務上，老師要勤奮學習，虛心請教，不斷吸取新知識和新方法。在人際交往上，老師之間應當相互尊重、相互學習，取長補短，共同提高。在教育過程中，要注意發掘學生的創造性思維，注意啟發式教學，培養學生的好奇心、上進心。

另外，老師還要自愛、自律、自控、自強，做到以下幾點：

第一，老師要把教育既當職業，又當事業。

第二，老師要有愛心、善心、包容心。

第三，老師要把追求完美的教育作為自己的理想。

一名有著崇高和遠大理想的老師，會真正把自己獻身於教育事業，會靜心教書，潛心育人。這樣的老師一定是受學生愛戴、讓社會滿意的。

總之，作為新時代的老師，只有深刻理解老師應有的師德的高度，充分認識為人師表的重要意義，不斷提高自己的師德修養，才能成為一名合格的老師，才能成為學生之範。

成為學生生命中的貴人

所謂貴人，是指在你生命中，對你前途、事業有所幫助的人。往往具有遠見卓識、熱心幫助他人的人，才能夠發現人才，才善於發掘和運用他人的智慧和本領。

教育工作的特殊性，決定了老師成為他人生命中貴人的可能性和必要性。從那些優秀老師身上，我們可以發現他們成為學生生命中貴人的素質和條件。在他們身上，不只有專業知識和做學問的方法，更多的是他們執著於教育事業、孜孜不倦、嚴謹勤奮、潛心鑽研、盡心盡責的精神，以及熱愛工作、熱愛生活的生活方式。

老師所面對的學生是具有不同個性的鮮活個體，要用不同的尺度去衡量不同的學生，給予學生們更多的獨立和自由，關愛、尊重、悅納每一個學生，使學生感受到和體驗到來自老師的關注、喜愛、鼓勵和支持。有時老師一句話就可以改變學生的一生，榮升為「貴人」。

卡內基小時候是一個公認的壞男孩。在他九歲的時候，父親把繼母娶進家門。當時他們還是居住在鄉下的貧苦人家，而繼母則來自富有的家庭。

父親一邊向繼母介紹卡內基，一邊說：「親愛的，希望你注意這個全郡最壞的男孩，他已經讓我無可奈何。說不定明天早晨以前，他就會拿石頭扔向你，或者做出你完全想不到的壞事。」

出乎卡內基意料的是，繼母微笑著走到他面前，托起他的頭認真地看著他。接著她對丈夫說：「你錯了，他不是全郡最壞的男孩，而是全郡最聰明最有創造力的男孩。只不過，他還沒有找到發洩熱情的地方。」

教育之美：老師掌中的 24 個度
師德要有高度

繼母的話說得卡內基心裡熱乎乎的，眼淚幾乎滾落下來。就是憑著這一句話，他和繼母開始建立友誼。在繼母到來之前，沒有一個人稱讚過他聰明，他的父親和鄰居認定他就是壞男孩。但是，繼母只說了一句話，便改變了他一生的命運。也就是這一句話，成為激勵他一生的動力。他日後創造了「成功的二十八項黃金法則」，幫助千千萬萬的普通人走上成功的道路。

卡內基十四歲時，繼母給他買了一部二手打字機，並且對他說，相信他會成為一名作家。卡內基接受了繼母的禮物和期望，並開始向當地的一家報紙投稿。他瞭解繼母的熱忱，也很欣賞她的那股熱忱，他親眼看到她用自己的熱忱改變了他們的家庭。所以，他不願意辜負她。

來自繼母的力量，激發了卡內基的想像力、創造力和無窮的智慧，使他成為美國的富豪和著名作家，成為 20 世紀最有影響的人物之一。

卡內基的繼母用讚美和鼓勵、寬容和真誠、尊重和等待改變了他的一生，使他成就了一番事業。繼母難道不是他生命中的貴人嗎？作為老師，也應該用顯微鏡一樣的眼睛發現學生的優點，學會尊重學生，善於鼓勵學生，也許在自己學生中就有「卡內基」，而老師就是他生命中的貴人。

要成功地成為學生生命中的貴人，老師人格魅力是很重要的因素。高尚的人格魅力是老師自我完善的最高境界，是促使學生健康成長的重要因素。凡是成功的老師，無不以其人格魅力之光照亮學生的心靈，並潛移默化地影響著學生的人格發展。老師的人格魅力對學生所產生的吸引力和感染力是巨大的、深遠的，有些方面甚至會影響學生的一生。要贏得學生的尊重和愛戴，需要老師的學識、能力、性情、品德修養等素質融鑄成的人格去感染學生。

要成功地成為學生生命中的貴人，老師要有淵博的學識和教書育人的能力，在教育教學上游刃有餘，善於處理、協調跟學生以及同事之間的關係，創造融洽和諧的工作氛圍。學生能從老師身上受到各方面的良好影響而終身受益。

要成功地成為學生生命中的貴人，老師必須是善良和慈愛的，在平等的基礎上善待每一個學生，不會因為學習成績的好壞與家庭背景的不同而區別

對待學生。老師往往胸懷博大，既是學生的良師，也是慈愛的長者，更是學生的知心朋友，不僅關注學生的學業成績，也關心學生的思想品德與行為習慣，更把學生的喜怒哀樂放在心間。

要成功地成為學生生命中的貴人，老師要信任和寬容學生。在課堂上把學習的主動權交給學生，讓學生在探索之中享受成功，做學生生命中的指導者和引路人。不把學生看作知識的容器和考試的機器，相信學生的能力並想方設法提高學生的能力；給學生以充分的信任，哪怕是學生有過失的時候，要相信學生有改正過失重新開始的能力；不光看到學生的現在，更關注學生的將來，為學生將來的發展打基礎。

要成功地成為學生生命中的貴人，老師要忠誠於教育事業，不是僅僅把教書育人當成謀生的手段，而是把它當作崇高的事業，擁有一顆真誠、正直的心，以自己美好的人性去造就學生，以自己高尚的品德去培養學生。

要成功地成為學生生命中的貴人，老師必須具有執著的精神，始終用勝不驕、敗不餒的形象去感召學生；在挫折和困難面前，做當之無愧的強者；不會陶醉於成功之中而不思進取，更不會沉溺於暫時失敗的痛苦中不能自拔；會不斷地反思，並從反思中獲得寶貴的經驗教訓，確立新的奮鬥方向和目標，用勤奮和智慧澆灌出更豐碩的成果。

總之，要想成為學生生命中的貴人，就要甘於清貧、耐住寂寞，靜心教書，潛心育人。做學生生命中的貴人，就是要成為學生身邊的善人、好人。不要奢望一朝一夕、一言兩語就成為學生的貴人。教育是慢的藝術，更是需要堅持的藝術。

做的是「良心活」

當下的社會環境，以及教育工作的職業特點，決定了我們老師要憑良心工作。

老師的工作對象是學生。學生的成長是一個緩慢而長期的過程，受到多種因素的影響和制約。老師的工作內容是教書育人。就育人來講，育人的效

教育之美：老師掌中的 24 個度
師德要有高度

度也無法直觀展示，沒有一個統一的尺度來測算。就傳授知識而言，知識具有抽象性，傳授知識的過程也是在培養學生的能力。考試主要考查學生對客觀知識的掌握情況，而對學生掌握的主觀內容和能力提升狀況無法準確反映。老師的工作方式是交流，是碰撞，需要師生、生生之間多向的情感交流和生命碰撞，在交流碰撞的過程中產生共鳴，從而影響學生靈魂，影響學生的成長軌跡。而這裡的影響效度和深度，都是無法量化和直觀感受的。

紀律、制度對老師工作的影響是有限的。嚴格的紀律可以限制老師的身體，可以把老師束縛在學校，束縛在課堂，但無法強制老師投入感情和用心教育。如果老師低效地工作，反而是對學生時間的浪費，無法提高教學質量。

而今，在這個浮躁的年代，老師受到各種各樣的誘惑，良心和道德受到極大的挑戰和考驗。有的老師懷疑良心的價值，有的老師出賣良心，成為名譽、利益、地位的俘虜，淪入有償家教、推銷教具、片面追求升學率、加重學生課業負擔的行列，染上了銅臭，沾染了庸俗，使得校園不再是一片淨土。有的老師為了榮譽、證書、職稱而用盡心計，學生成為他們實現個人目的的工具。所以，老師是需要自律的，而自律的依據是老師的道德素養和良心。老師只有保持一顆美好善良的心，讓這顆心來督促和約束自我，才能俯仰於天地而問心無愧。

一位有良心的老師會堅守道義和責任，把學生的利益放在首位，想學生之所想，給學生之所需，為學生負責。對教育行業中的亂象，能保持獨立的思考和人格，不會不加思考地給學生布置大量作業，不會動輒辱罵、侮辱甚至體罰學生，不會歧視問題學生，而會用更多的時間、精力與學生溝通和交流，去研究學生身心發展的特點，鑽研教育教學規律，會用更多的時間去讀書，學習先進的教育理念，提高自己的教育教學水準。

一位有良心的老師，在成就學生的同時，也成就自己，在學生快樂成長、健康成才的同時，老師自己也享受職業的快樂和幸福。學生活潑、健康、全面地成長是老師工作的根本指向，也是老師幸福感的源泉。有位名師說過，老師最大的快樂就是培養出自己認可甚至崇拜的學生，老師的成功就在於讓

更多的學生超越自己。確實，學生的成長進步，就是我們辛勤勞動的最好回報，也是我們全部付出的價值所在，更是我們最大的快樂與幸福。

一位有良心的老師必須對學生的身心健康成長負責，必須對學生的身心發展負責，必須對學生的終身利益負責。老師的工作影響到學生的命運，關係到國家的前途和未來。老師是把一個民族、一個國家的昨天、今天和明天連接起來的橋梁，老師的工作鋪就了一條學生成才之路。老師必須蹲下身子，腳踏實地，不計名利地做好自己的工作，把學生的成才當作自己的成功，在學生的快樂成長中體驗快樂，這樣才能不辱使命，才算一個有良心的人。

做一位有良心的老師是時代對老師寄予的厚望，對每位老師賦予的重任。我們老師既要以國家、社會的大業為己任，又要考慮到每一位學生成才對於他的家庭和他的未來的意義，珍視自己所承擔的職責，愛崗敬業，樂於奉獻。可喜的是，有許多老師為了學生嘔心瀝血地工作，日復一日、年復一年，歲月消逝了他們的青春，熬白了他們的鬢髮，但他們無怨無悔，他們是一群有良心的人，正做著「良心活」。

淡泊明志，寧靜致遠

「淡泊」就是看淡名利，就我們老師而言，就是注重自己的工作業績，不過分追求名利。「明志」就是明確志向，就我們老師而言，不僅要把教育當作生存的職業，更要當作追求的事業。「寧靜」就是心態安寧、平靜，就我們老師而言，就是靜下心來教書，潛下心來育人，不要被浮躁的社會影響。「致遠」就是樹立遠大的目標，就我們老師而言，要把教育當成自己一生的事業，讓自己的學生學有所成，快樂幸福，努力做受學生愛戴、讓家長滿意的老師。

「淡泊明志，寧靜致遠」是一種境界，需要一定的客觀條件才能達到。如果老師的社會地位過低，薪水被長期拖欠，辛勤勞動的報酬尚不足以應付日常開銷，就難以達到這種境界。當社會為老師提供了較好的從教環境，物質需求基本滿足時，老師本人的修煉就顯得至關重要了。

教育之美：老師掌中的 24 個度
師德要有高度

　　首先，要有正確的對待名利的態度。名利應當是對老師所取得工作業績的自然獎勵，它絕對不應成為老師從事教育活動的出發點和落腳點。老師對名利過分追求，常常是在自尋煩惱，甚至影響自己的身心健康。名利心太強的老師不可能公正地對待每一個學生，他只會喜歡那些能給自己帶來名利的學生，不喜歡甚至討厭那些不能給他帶來名利甚至破壞他名利的學生。名利心太強的老師對待工作不可能任勞任怨，他只喜歡做那些能夠給自己帶來名利的事，而在工作中拈輕怕重。名利心太強的老師在教育實踐活動中喜歡注重形式，他更多地關注形式，而不是腳踏實地地追求實效，更不會考慮到學生全面長遠的發展。名利心太強的老師的一切努力主觀上不是為了學生的健康成長，而是為了自己的名利。當學生的利益與自身的利益發生衝突的時候，他會毫不猶豫地維護自身的利益，放棄甚至侵犯學生的權益。

　　老師對名利應當保持一顆平常心，來之可喜，去之不憂。實際上，就一個較長的時期來說，社會對於個體付出的回報基本上是公正的，許多傑出老師的成長歷程已經證明了這一點。只要付出了，不追求名利的老師反而會得到豐厚的回報；而刻意於名利的計較，反而得不償失。

　　其次，要潛心感受教育工作的內在樂趣。善於體驗教育工作的內在樂趣，是老師基本的心理素養。老師對教育過程之外的名利的過分追求，大多緣於他們難以從教育過程本身獲得樂趣，得不到自我肯定、自我滿足。其實，教育活動本身充滿了樂趣，孕育著多重收穫，是老師愉悅心境的不竭之源。當老師陶醉於自身的教育工作中時，必定會淡化對名利的關注，能夠靜心教書，潛心育人，會有「以中有足樂者，不知口體之奉不若人也」的心態。

　　學生是老師產生樂趣的源泉，在教書育人的活動中隨處隨時可見。當一位學生得到老師的點撥，在難題面前豁然開朗時；當一位萎靡不振的學生在老師啟發下，變得意氣風發時；當一位學生在老師的循循善誘中，明白了生命的價值時；當一位學生在老師的幫助下改掉了不良習慣，變得積極上進時；當一位學生在老師的引導下，學習成績進步時，老師都會有一種愉悅的情感體驗，這些都能給老師帶來名利換不來的樂趣。學生快樂成長的過程正是老師生命增值的過程，是老師師德和美好心靈的體現，是老師生命價值的實現

和回贈，是對老師生命意義的肯定，是「明志」的達成。法國作家雨果說過：「生活中最大的幸福是堅信有人愛我們。」由於自己的付出，能夠得到愛的回報，這就是老師擁有的最大樂趣。

　　再次，要做精神境界有高度的老師。精神境界並不空洞，它滲透在人們的一言一行之中。精神境界不高的老師，需求滿足只是暫時的，需要層次是低下的，只擁有人本能的生理和物質需求，只會趨迎時髦，隨波逐流，喪失自我，為世俗的評價標準所左右。在一個物慾橫流的時代，這種老師必定唯名利是從，難以擁有一顆「寧靜」的心。

　　精神境界高的老師，基本的需求滿足後，高層次需要便佔優勢，有價值追求、奮鬥目標和評價標準，能在複雜的社會環境和受社會環境影響的校園環境中，始終保持獨立的人格，追求思想的自由，講究純粹的生活，保持簡單的人際關係。這樣的老師思想和精神有「致遠」，把教育當成自己一生的事業，心裡有美好的願景，不會感到生活和工作無聊或無奈，會讓學生學有所成、快樂幸福，同時自己生命的價值也得到提升。這樣的老師會得到學生、家長的尊重，得到同事和學校領導的認可，得到社會的承認。就廣大老師而言，多交幾個精神境界高的朋友、多讀幾本好書不失為提高精神境界的好方法。

　　老師的工作是「樹人」工程，功在千秋，難以取得立竿見影的效果，工作成果往往隱沒在學生的成功中，自己則可能一生默默無聞，這就要求老師必須具有「淡泊明志，寧靜致遠」的態度和品質，需要對自己所從事職業的特點、社會意義有深刻的理解，由此產生對本職工作的熱愛，擁有工作的自豪感和勇於獻身的精神。特別是在當今體制轉變，各種利益調整、碰撞的形勢下，更需要以無私奉獻為基礎的職業道德情操。教育家陶行知先生從教幾十年，始終安於「粉筆生涯」，以「捧著一顆心來，不帶半根草去」的高尚情懷和崇高境界，獻身教育，鞠躬盡瘁，值得我們每位老師敬仰和學習。

教育之美：老師掌中的 24 個度
職業情感要有濃度

職業情感要有濃度

既然已經站立講台，把教育作為自己的職業和事業，無論是主動的「一見鍾情」，還是被動選擇，我們都應該胸懷理想，把職業當事業，努力使自己充滿熱情，滿腔熱忱地投入教育事業中去。抱怨、冷漠、懈怠不僅讓自己一事無成，碌碌無為，也有損自己的身心健康。即使是被動的擇業，也應該日久生情。

「感人心者，莫先乎情。」老師只有對教育注入濃濃的情感，才能公正地對待每一位學生，尊重他們的人格和創造精神，並與他們平等交流，用自己的信任和關切激發他們的求知慾和創造欲，努力為他們的成長、發展創設良好的教育環境。

只有當老師對教育注入情感後，學生才能感受到老師給予他們的愛護與悅納，感受到老師的寬容理解。他們才願意把老師當作知心朋友，表達內心的想法。這樣，老師才能走進學生的內心世界，深入地瞭解學生的日常行為，找到和抓住教育的最好契機，發揮教育的作用。

親其師，信其道。只有當老師對教育注入情感後，老師才能以自己的親切、和善和師者風範去感動學生，才會架起師生間的信任之橋，學生才會願學、跟學、會學。

「水嘗無華，相蕩乃成漣漪；石本無火，相擊而發靈光。」當老師把教育當作自己的事業，注入情感後，一定會在工作中生成「漣漪」，達成自己的工作目標；一定能在師生生命交往中發出「靈光」，找到自己的快樂和幸福。

只有當老師對教育注入情感後，才算得上是獻身教育事業，才能夠體現出老師的情感態度和生命價值。

教育之美：老師掌中的 24 個度
職業情感要有濃度

▌做一位有熱情的教育者

　　偉大思想家黑格爾曾說：「我們可以肯定地說，世界上的偉大事物都是靠熱情來成就的。」可以說，熱情是一位老師成功的保證，是一個班級充滿活力和創造力的動因，是一所學校發展的不竭動力。

　　教育需要熱情。熱情最直接的表現就是老師的精神面貌。擁有良好精神面貌的老師不一定是優秀的老師，但優秀的老師一定有良好的精神面貌。優秀的老師總是精神飽滿地投入到每一天的工作中，他們不像有些老師那樣把自己的職業僅當作一種謀生的手段，而是當成終生為之奮鬥的事業，這種熱情不是頭腦發熱的一時衝動，而是蘊藏於心的堅定信念。

　　每位老師都要力爭做一位有熱情的教育者。就老師自身來說，熱情是老師工作的催化劑，是戰勝困難的靈丹妙藥，能夠補償工作經驗的不足。因為熱情是點燃學生學習熱情的火把，是激發學生興趣愛好的酵母，是引領學生實現目標的動力。

　　教育的過程是師生用情感相互感染的過程。老師擁有熱情，除了可以有效地感染學生，也能被優秀同事的工作熱情感染，也能被學生的求知慾感染。如果對周圍同事廢寢忘食、嘔心瀝血的工作態度無動於衷，甚至挖苦諷刺、鄙夷不屑，又怎麼能用熱情的話語去說服學生，用智慧和勇氣去克服工作中遇到的困難。我想，沒有熱情的教育既不能感染學生，又不能使學生接受其傳達的思想和訊息；沒有熱情的教學不能使學生對所學的內容產生興趣，教學也便會索然無味。

　　只有做一位有熱情的教育者，才可能有熱情的課堂，才可能有熱情的班級，才會到處布滿陽光，充滿生機；才不會凍結學生的靈氣，僵化學生的思維，窒息學生的創造。有了熱情，才會有生動的韻律，才會撥動學生的智慧之弦，奏出生命的燦爛樂章；有了熱情，才會激發學生的創造慾望，使學生的創造火花形成燎原之勢；有了熱情，才會使師生收穫到創造的成果，享受創造的快樂，引領師生融入同樂的激動情境中。

老師的熱情就是對教育事業的投入與專注。教育需要熱情，老師要善於製造熱情，更要給予熱情。熱情，來自一個不經意的點頭與微笑；來自一聲真誠的問候與祝福；也來自一份發自內心的感謝與道別。老師要用感動點燃熱情，用真心釋放熱情，用真情感動生命，讓課堂熱情飛揚。

有了熱情，老師才會更加熱愛教育事業。因為有熱情，工作衝動才會在老師內心深處油然而生，這種衝動就是事業的內在動力，奉獻的原動力，對職業先天的向心力。熱情是教育工作者職業身分的識別碼，它洋溢在人的精氣神中，表現在言談舉止、舉手投足間。因為熱愛教育，才會迸發熱情，因為這種熱情，才會成為一名合格的老師。沒有這種熱情，就會游離於教育領域之外，工作疲沓應付，充其量是一個站在教育講台上的混事者。

有了熱情，老師才會自信。相信自己是一團火，足以燃燒學生；相信自己是一盞燈，足以照亮學生前行的路；相信自己是知識的倉庫，有學生取之不竭的知識；相信自己是一位卓越的人生導師，有著豐富而鮮活的人生經驗可供學生效仿。不光堅信自己，還堅信每一位學生都能被教好。無論在怎樣的班級和學生中，無論在什麼境遇下，都不會輕言放棄，不會認為某班某生已經「不行」。

堅持做到每天清晨打開窗戶，愉快地自我暗示：今天是個好天氣；走進學校，遇到學生，處理教育的大小事情，臉上始終掛著微笑，在困難面前不畏縮，繁雜面前不煩惱，能夠正確面對每一個學生，更多地表現出熱情，表現出寬容；在自己的詞典裡沒有頹廢，沒有退縮，沒有克服不了的困難；遇到問題學生，不焦急，不慌亂；在教育改革面前勇於嘗試，在各種重大活動中，始終有著追求卓越的慾望。

熱情需要有昂揚的鬥志、飽滿的精神，樂觀、幽默和詩意的人生態度，並且能夠把自己的這種人生態度傳遞給自己的學生，讓自己的學生也能夠笑對人生，笑對生活，笑對人生中的一切磨難和挫折。

熱情需要有飛揚的思緒，豐富的思想，敏捷的思維，廣博的知識，鮮活的人生經驗，敏銳的觀察力和洞察力，靈活多樣的教育教學方法，能在「人

跡罕至的地方」尋找到教育的風景，能在乾涸飢渴的心田栽種出理想的幼苗，能在別人感到枯燥乏味的工作中體悟成功的樂趣，感受到教育工作的幸福。

老師工作有了熱情、有熱度、動力、拚勁，工作起來就不會敷衍塞責、消極怠工，凡事講條件講報酬。正如托爾斯泰說：「我們創造，沒有熱情是不行的。」也有人說：「如果有人認為世界上有什麼比老師這一職業更為崇高，那麼他們就是一點也不瞭解這一行。我們熱愛教學，熱愛學生，熱愛自己所教的學科，我們充滿了創造的熱情。」

有了熱愛，才有熱情。只有熱愛，熱情才會濃烈。

有了熱情，才有執著。只有執著，熱情才會持久。

做一位創新型教師

著名教育家呂型偉教授說：「教育是事業，事業的意義在於奉獻；教育是科學，科學的價值在於求真；教育是藝術，藝術的生命在於創新。」

老師的幸福來源於創新。老師的教學過程從本質上講，是一個不斷創新的過程，老師每天創造出一個個生動活潑的教育情境。面對每一個富有個性的孩子，他巧妙地施展因材施教的藝術，使自卑的心靈自信起來，使懦弱的性格陽光起來，使狹隘的心胸開闊起來，使迷茫的眼睛光明起來，而老師從中體會到滿足與快樂。

老師還每天用自己的智慧創新著課程，把「乾癟」的教材豐盈起來，使抽象的教材生動起來。當老師在課堂上神采飛揚，詩情洋溢時，教學方法的更新，教學效果的突破，都能給老師帶來成就感，令老師幸福不已。如果老師面對一個個鮮活的生命個體時，傳遞的是自己的愛，滋潤的是學生的心靈，那麼老師自身也充滿著熱情和激動，感受著幸福，體會著幸福。相反，如果是一個故步自封、墨守成規的老師，每天都機械地重複，那麼，他只是在無聊和無奈中消磨時光，算著大小假期，等待薪水，盼著退休。所以，有人說過這麼一句話：「只有用創造的態度去對待工作，才能在完整意義上懂得工作的意義和享受工作的快樂。」

創新型教師培養的學生須全面發展，有較寬廣的知識，充分發展專長，在專長的基礎上大膽地創新，敢於標新立異，敢於出頭冒尖。

創新的時代賦予了老師創新的機遇，創新的事業為老師提供了創新的舞台，學生的成長、社會的發展需要老師去創新。

那麼，怎樣才能由經驗型教師轉變成創新型教師呢？

（1）具有獨立思考、自主意識和懷疑精神。創新性的教育教學活動，離不開老師的獨立思考、自主意識和懷疑精神。沒有獨立性，就沒有個性發展，也就無從談教育創新。獨立性強的老師有理想有抱負，適應能力強，有革新開拓精神，創新意識強，想人所未想，做人所未做，敢為天下先。

而依賴性強的老師自信心弱，易受傳統束縛，創新力、競爭力也差。老師只有具備創新的個性傾向才能產生創新的意識與行動。要培養鮮活有個性的學生，首先要培養有個性的老師，尤其對個性尚未被磨滅的年輕老師的培養更為重要，要使他們充滿自信，不屈從於權威，具有自己的意志和自主行動的能力。

（2）具有好奇心。據心理學家研究表明，學生對知識的好奇心是由老師培養的，老師的好奇心越強，學生的創造性就會越高漲。創新型教師要把學生稚樸的好奇心培養為科學的好奇心，本身就必須具有強烈的好奇心。

（3）具有豐富的學科知識和教育知識。知識是老師反思和批判的前提，是老師開闊視野、拓廣胸懷、提升境界、產生教育智慧的基礎。只有那些知識淵博的老師，才有可能在教育中形成教育智慧。因此，創新型教師一定要擁有必備的知識與能使其轉化為教育的智慧。老師要努力汲取先進的科學文化知識和教育科學理論，透過學習提升自己的理性認識，才能夠從身邊的教育現象中發現有價值的新問題。老師特別要學會選擇有智慧價值的知識，將知識轉化為智慧，轉化為個人經驗領域的觀念，實現認識的飛躍。

（4）具有教育實踐和探究的精神。老師教育行為的「度」與老師個人的教育實踐、教育體驗、教育探究密切關聯。因此，老師的教育實踐非常重要，老師只有在教育情境中才能真正形成自己的理性認識，產生教育的智慧，使

教育之美：老師掌中的 24 個度
職業情感要有濃度

學到的知識轉化為對教育的理解和體驗，最終形成個人化的教育理念和對教育行為度的把控。

（5）具有堅強的意志和信心。創新型教師要有堅韌不拔的意志、不言放棄、堅持做到底的決心，有力爭獲得勝利的信心。創新是做前所未有的事。在實際的工作和生活中，也許失敗多於成功，辛辛苦苦做了但並不成功，或者成功了又無人喝彩。所以，只有具備「咬定青山不放鬆」的精神，才有成功的可能性，要把「失敗是成功之母」牢記於心，要有屢敗屢戰、越戰越勇的精神，這樣，我們才能帶出一個比一個優秀的班級，教育出一批比一批好的學生。

另外，老師要自信，相信「我能做得更好」。有了這種信念，才能使大腦活躍起來。如果只想「不可能」「辦不到」「沒有用」「我不行」等，那麼創新就無從談起。

（6）具有前瞻性的目光和思想。創新型教師不能只顧埋頭拉車，還應該要抬頭看路。認清時代發展的方向，獨立思考，分清主流和逆流，確定自己的行動方向和策略。順應發展的潮流，就會造成事半功倍的效果。創新型教師與實踐型教師的區別在於能不能與時俱進，創造性地進行教育教學工作，特別是能否正確地認識自己的長處和短處，揚長避短，充分挖掘和發揮自己的潛能，而不只滿足於按部就班地做好工作。

（7）善於溝通，愛好交流，具有多維的價值觀。老師要有變通性和包容性，要善於溝通、交流與學習，具有多維的價值觀，能夠多角度、多層面地分析問題，研究現象，能夠接受不同的意見，傾聽來自不同方面的聲音，能夠分析、整合不同訊息，形成全面、生動的評價。今天的社會是一個全方位開放的社會，老師要運用實地觀摩、專題交流、網路查詢等手段，借它山之石，學他人之長，在廣度上進一步拓展。

（8）具有反思與批判的意識和能力。反思意識和能力是一種理性智慧。

透過反思，老師能對自己的教育觀念進行客觀、理性的認識、判斷和評價，進行有效的調節，並最終形成獨特的教育觀念。透過反思意識和能力的

發展，老師的自主能力逐漸得到增強。老師反思過程的最大特點是自主的意識活動，反思活動要靠老師自主參與才能實現，因此，有反思意識和能力的老師也必然是自主的、創新型的老師。

如何做創新型教師，下面這兩位老師給了我們啟示。

上課鐘響了，生物老師發現教室裡少了很多學生。往窗外一看，滿地落葉金燦燦的，好美。同學們正踏著落葉觀察著，欣賞著，議論著。國文老師正呼叫同學們回教室。生物老師發現了這個情境，連忙走過去與國文老師商量：「這節課我們一起上，就在樹林裡，好嗎？」國文老師想了片刻，點頭同意了。兩位老師把教室裡的學生也帶到樹林裡，開始了一堂別開生面的課。

國文老師：用文學的眼光去看，你們首先發現了落葉的什麼？

學生：金黃的顏色；美；隨風飄揚；踩上去沙沙作響；還有點香味……

國文老師：在樹葉飄落的時候，你會聯想到什麼季節？由此，你會有怎樣的思考呢？不要急於回答，思索下去就行了。

生物老師：從生物學的角度去看，你們看看這些落葉有什麼共同的特徵？

學生：都是橢圓形；都是金黃色；都會腐爛；大多是葉背朝天……

生物老師：對了，葉背朝天；呈什麼形狀？對了，小小的拱形。這是為什麼呢？現在不要急於回答，每人拿一片落葉，翻看一下生物課本，再作結論。

兩位老師布置了一道共同的作業：以「發現與思考」為標題，寫一篇文章，要求用上說明、描寫和議論等表達方式。

這個課例給了我們三個層面的啟示：

第一，我們在注重知識的接受性思維和解題思維訓練的同時，一定要注意到將這兩種思維訓練延伸到智力思維的訓練上去，或者說要注意將書本思維適當地切換到學生智力思維的頻道上去。

第二，實現這一延伸和切換，要做到三個適度超越：超越書本、超越課堂空間和超越 45 分鐘時間。

第三，這種訓練的重要形式是解決教學模式、體驗教學模式和研究學習模式。

上述課例中，老師很好地利用自然形成的教室外空間，創新地實現了文學和生物的交叉，體現了不同學科的結合，充分發展了學生的交互思維，對學生思維的啟迪頗具意義。

可見，老師只有不斷地吸取經驗，才能進步；只有不斷地創新，才能跟上時代的步伐，成為一名受人尊重的好老師，成為一名教育的行家。

師愛是教育的奠基石

要想成為一名優秀的老師，除了要有對教育深刻的認識、較好的素養、紮實的專業知識、強烈的責任心外，還要有熱愛學生之心，就是平常說的愛心。愛心是每位老師教育事業成功的前提，也是教育的奠基石。有了對學生的愛心，才有對教育事業的熱情。老師對學生的愛心，簡稱為師愛。師愛對於教育來說，是師德的靈魂，是師生接觸的基礎。有愛的教育才能成全學生、昇華自己。師愛是一個永恆的主題。

對學生的熱愛體現的就是對教育的熱愛。師愛是老師職業道德的核心和精髓，有人稱之為「師魂」。如果這一方面我們做不好，就談不上對教育事業的熱愛和忠誠，也談不上對教育的情感濃度。

教育從本質上來說是一種以人為本的情懷，是一個生命對另一個生命的關懷。在現實中，不管教育的表現形式多麼紛繁複雜，但師愛是貫穿教育過程始終的奠基石。對學生來說，師愛潤澤學生的生命，是一種偉大而又崇高的愛，不僅能使學生產生安全感、道德感和信賴感，而且對學生的身心健康、智力開發和良好道德品質的培養都起著重要的作用，是每一位學生都希望得到的陽光雨露。

師愛是教育的奠基石

　　對老師來說，師愛是老師該有的本分，是成功的原動力。它具有巨大的感召作用和教化力量，能徹底化解學生的反抗心理和對抗情緒，最大限度地激發學生學習的主觀能動性。一些優秀老師的成功經驗都證明師愛具有神奇的力量。

　　蘇霍姆林斯基說：「要成為孩子的真正教育者，就要把自己的心奉獻給他們。」陶行知說：「捧著一顆心來，不帶半根草去。」他們所說的心就是老師的愛心。教育家霍懋征老師說：「一個老師必須熱愛學生才能教好他們。」她在60多年的從教生涯中，踐行了愛與教育的奇蹟。教育學家夏研尊先生說：「教育沒有情感、沒有愛，如同池塘沒有水一樣，沒有水就不能稱其為池塘，沒有愛就沒有教育。」

　　法國教育家盧梭曾說過：「凡是缺乏師愛的地方，無論品格還是智慧都不能充分自由地發展，只有真心實意地愛學生，才能精雕細刻地塑造他們的靈魂。」教育需要愛，在教育教學活動中，無論學生處於何種情感狀態，師愛都是基礎，是先決條件。

　　師愛是學生行為的內在動力。根據馬斯洛的需要層次理論，中小學生有著強烈的情感需要。當學生的情感需要得到較好的滿足時，便會產生更強的依戀感和向師性，並由此轉化為學生學習、進步、轉變的內在動力。教育實踐還表明，師愛在問題學生的轉化中作用更為明顯，是一種強有力的催化劑。

　　師愛能促成師生之間愛的雙向流動。學生得到老師的愛，自然而然地會生發出對老師的愛，形成愛的雙向交流，心理學家稱之為「動情效應」。在此種情境下，學生會更加自覺地尊重老師的勞動，更願意接近老師，才願意向老師敞開內心世界，袒露自己的心聲，真誠傾訴心裡的祕密。

　　這樣，老師就能更準確地認識學生、把握學生、親近學生，從而使師生交流溝通的渠道更加通暢。只有當師生心理相通、感情相融，學生才會親其師，信其道，學其理，從而使教學收到事半功倍的效果。

　　師愛表達的方式方法是多種多樣的。老師的一句讚賞的話語，一個關注的目光，一個信任的點頭，一次輕柔的拍手，都是師愛的傳遞。當學生成績

教育之美：老師掌中的 24 個度
職業情感要有濃度

進步時，伸出大拇指，或給一個擁抱；當學生有苦惱時，關心、開導他們，使他們得到慰藉，重拾信心。這都是師愛的表達。

師愛，就是老師在平常的工作和生活中尊重學生。尊重學生是現代人本教育的一個重要特徵。班級是由一個個鮮活的個體生命組成的，老師在施教過程中，要特別注意學生的個性差異，使學生個性得到健康和諧的發展。只有這樣，才能為社會培養出有知識、有能力，且身心健康的人才。這就要求老師要瞭解、關心、信任每一位學生。

師愛，就是老師在教育實踐行為中勇於探索，不斷開拓進取，拓寬教育思路，想出新辦法，提出新見解，解決新問題，總結新經驗。只有這樣，老師的愛才是有效的，才會產生愛的魅力。

師愛，就是老師要無微不至地關心每一個學生，幫助他們成長。對問題學生不嫌棄，不歧視，給他們更多溫暖。這樣，學生就會被極大地激發出學習的熱情，在學習上有無窮的動力。

師愛，體現的是老師的教育理念和事業情感，有了師愛，老師就會激勵自己更加精益求精探尋教育規律，而且會為了學生而更加注意錘煉自己的品德素養，就會時刻注重言傳身教、為人師表，以良好的形象率先示範，用自己的人格去影響教育學生，激勵學生們養成良好習慣，提高道德素質。

師愛具有無私性，它不同於母愛，基於血緣關係，源於生物本能；也不同於男女之間的情愛，發端於異性的吸引，歸之於生活的偎依。師愛是一種無私的愛，其無私性體現在它是建立在老師對教育事業熱愛的基礎上，無法求取等量的回報。老師獻給學生的是自己的知識、智慧、時間和精力，所期盼的是學生學有所得、快樂健康、茁壯成長，而不是為了一己私利，正可謂「捧著一顆心來，不帶半根草去」。

師愛具有理智性，師愛應有度。師愛不僅包含著情感因素，還包含著理智因素，表現為在教育工作中，老師必須具有超乎常人的理智，做到對好學生不溺愛，對問題學生不歧視，不操之過急，能循循善誘；還表現在對學生嚴格要求上，做到恩威並施愛而不嚴。

師愛具有穩定性。由於有理智因素的控制，老師的情感不為偶然的因素所左右，它不是瞬息萬變的衝動，而是始終如一的摯愛濃度，是老師一生的追求。

師愛具有廣博性。品格教育要求我們的教育要針對全體學生，那麼，老師的愛也應當是針對全體學生的。在老師心中應該裝有一切教育對象，對每位學生負有同樣的責任和義務，要讓每位學生感受到來自老師的愛。

如果在教書育人的工作中挑肥揀瘦、厚此薄彼，就不是一位合格的老師。老師師愛的廣博性，就是老師要真心誠意地愛每一位學生，關心每位學生的情感態度、價值取向，體現出老師胸懷的寬度。

現實教育過程中有些老師逐漸偏離了這一核心理念。故此，重溫「愛心是教育的奠基石」很有必要。

教育之美：老師掌中的 24 個度
文化知識要有厚度

文化知識要有厚度

所謂厚度，是指老師知識底蘊的厚重、厚實。對於老師來講，具有深厚文化底蘊和紮實專業基本功，會讓自己的課堂豐富多彩，在教育時有理有據、得心應手，讓學生感受到別樣的人格魅力。

捷克教育家康米紐斯說：「老師職業本身就督促老師孜孜不倦地提高自己，隨時補充自己的知識儲備量。」面對求知慾強烈的學生，我們要有豐厚的學科知識的儲備，要給學生「一碗水」，我們首先要有「一桶水」的儲備。

我們要有豐富而先進的教育思想、教育理念，引導學生學會思考、學會學習、學會處事、學會做人。老師如果沒有足夠「厚度」的學科知識和教育知識的儲備，就會被「難倒」、被「問住」。

擁有深厚文化知識的老師教學時能深入淺出，幽默風趣，繪聲繪色，能夠引起學生的好奇心和求知慾，引起學生的學習主動性，使知識完成由教到學的質的轉變。知識淵博的老師往往受學生推崇，成為學生學習的榜樣。蘇霍姆林斯基曾經說過：「學生眼裡的老師應當是一位聰明、博學、善於思考、熱愛知識的人。」

▋師者，多讀書、善讀書

著名教育家馬卡連柯說過：「學生能原諒老師的嚴厲、刻板甚至吹毛求疵，但不能原諒他們的不學無術。」老師只有不斷加強自身專業知識的學習、精通業務，才能將知識有效地傳授給學生，讓學生在潛移默化中熱愛學習、學會學習。

據有關專家研究表明，人獲取的知識來自於老師傳授的不到20%，而透過自己課外閱讀和生活實踐獲取的超過80%，其中課外閱讀又占絕大部分。一名優秀老師不僅是有知識、有學問的人，而且是有道德、有理想、有專業追求的人；不僅是高起點的人，而且是終身學習、不斷自我更新的人；不僅是學科的專家，而且是教育的專家。

教育之美：老師掌中的 24 個度
文化知識要有厚度

讀書，既能增加老師的知識厚度，又能拓寬老師的教育視野。書籍是文字表達的載體，又是先人智慧的結晶。讀書對於老師來講，是最基本的素養。讀書必然伴隨著對話，與作者的對話，與自己內心的對話，這種從外在到內心的通透的對話形式，常常讓自己產生新的體驗，豐富自己的精神世界。讀書能夠使老師不斷增長教育智慧，在讀書的過程中，自然地聯想到自己的生活和工作，書中有些內容會有提示和指引作用，能使人產生靈感，在平淡的工作中注入新奇的想法。

讀書能實現老師自我的提升和生命的昇華，經常讀書，除了能吸取作者的經驗總結，還可以感受作者作品的文字表達，在頭腦裡留下印象，久而久之，形成語感，喚起我們寫作的慾望，動手寫作，促進我們寫作能力的提高。古人「勞於讀書，逸於作文」說的就是這個道理。讀書就像打開一扇窗，以此拓展老師的視野，讓老師有了間接的經歷和感受，讓老師正確地認識自然、認識社會、認識世界，並在這過程中學會正確地認識自己、看待別人。

讀教育行為之書，可博採名師專家之長，可知曉「山外青山樓外樓」。老師日常的工作行為就是教書育人。就育人來說，有班級的日常管理，有組織班級、年級、學校的活動，有對偶發事件的處理和對問題學生的教育，有學生行為習慣的培養，有對學生寬容、誠信、勤奮、堅強、樂觀、自信、合作等生活態度的引導，有學習方法的介紹，有做人教育和生命教育。

就教學來說，有教學內容的理解與分析，有教學資源的開發與整合，有教學媒體的製作與使用，有教學結構的精心設計，有對學生學習情況的瞭解與掌控、教學方法的靈活選擇，有課堂教學的順利展開、課堂事件靈活處置等。這些行為決定了老師教育的成敗，反映出老師教書育人的水準，直接體現老師目標的達成狀況，是衡量和評價老師教育水準、質量和教育態度的重要方面，也是老師教育理念、內在價值取向和內在文化知識藉以物化和得以外化的重要載體。

老師只埋頭苦幹，會事倍功半，這樣的觀念顯然不可取。「磨刀不誤砍柴工」，讀書不會費時或者耽誤自己的工作，反是「它山之石，可以攻玉」，使自己的工作多走捷徑，少走彎路。老師需要讀書，讀經典案例，讀成功經

驗，讀同行的建議，讀名師的設計，從中汲取養分，分享智慧。同時，在自己的實踐中移植、生發、創造，進而不斷提高教育水準，逐步走向高效，走向嫻熟，走向得心應手。

讀教育理論之書，可以讓自己的心靈由「平地」走向「高原」，雖然「高原」上空氣稀薄，但是視野遼闊，可以整體瞭解與評估人生全貌及價值層次。對老師來說，規範專業行為，是專業成長的重要表徵，但專業成長不僅限於專業行為的規範，還在於專業學養的提升，這就需要老師對教育有深度理解和宏觀把握的能力。要提升理論素養，那就需要多讀教育理論研究的論著、論文。比如，讀哲學和人學，便能從高處看到世界的本源和本質，看到人的本質以及人與世界的關係；讀教育哲學，便能將教育置於更加宏觀的背景中，找到它的「根」，看清它的本意，在自己的教育行為中還原教育的真實。

讀了盧梭的《愛彌兒》，才能明白一個人受到的自然的教育、人的教育和事物的教育應和諧統一；讀了皮亞傑的《發生認識論》，才能懂得認知發展是同化與順應的衝突平衡循環往復的過程；讀了《論語》，才能知曉「溫故而知新」「有教無類」「因材施教」「不恥下問」等傳統教育理念。老師只有瞭解甚至熟悉了這些高深的教育理論，才能使視野遼闊，才能居高臨下審視教育，把握教育的本真，體察教育對象的脈動，進而從根本上完善自身教育行為。

讀教育之外的書，可以讓老師跳出教育看教育，造成「橫看成嶺側成峰，遠近高低各不同」的作用。世上的道理總是有相通性。站在教育之外看教育，也許觀察點和角度的不同，看到的風景就不一樣；也許更能夠發現自己的不足，留意自己是否誤入定勢和固執的歧途，淪為應試教育的囚徒；也許能把書讀活，做到反哺教育，與教育融會貫通，創造性運用。

總之，讀教育之外的書，能將老師的視野由教育之內，延伸到教育之外。涉獵與教育似乎無關的書籍、雜誌，諸如哲理小品、生活趣聞、宗教故事、情感美文等，不僅可以在記憶的寶庫中儲存大量活的課程資源，更重要的是很多作品中蘊含的深意與教育之道息息相關，能為老師的教育教學打開全新的視窗。

教育之美：老師掌中的 24 個度
文化知識要有厚度

　　讀書能夠開闊視野，擺脫地域的限制，視野的狹隘，從而站得更高看得更廣、看得更遠、看得更深。有句話說得好：視野決定事業。讀《世界是平的》讓我們一下子打開了視野，模糊遙遠的地方被拉成了「一馬平川」，讓我們如此清晰地感受到全球化的腳步是如此接近。

　　讀書既是在欣賞別人，也是在發掘自己；讀書可以讓老師的心靈不老，思想永遠鮮活；讀書讓老師增長見識、視野開闊。書是老師的精神食糧，讀一本書，就拓寬一寸老師的眼界。

　　身為老師，我們的教育對象是求知慾強烈的學生。當老師站在講壇上，面對學生們一雙雙求知若渴的眼睛，更能意識到老師工作的特殊性、重要性。因此，我們每一位老師都要儲備足夠「厚度」的學科知識和教育知識，多讀書、善讀書。

　　隨著現代社會的發展，社會有了高度分化與高度綜合。一個老師專而不通或通而不專都不能適應現代社會發展的需要，同樣也不能適應學生發展的需要。求知慾望十分強烈的學生對於那些只懂得專業知識而缺乏其他自然、社會等學科知識，不能指導學生學會學習，學會做人，學會生存和發展的老師往往感到失望。

　　博學多才對一位老師來說很重要，因此我們要不斷更新充實自己的學識，應該有活到老學到老的精神，加強自身繼續教育的學習。這樣才能解學生之惑，傳為人之道，才能真正地與學生一同學習，一同進步，給學生做出榜樣。我們只有多讀書、善讀書，才能自信、自如地教書育人，贏得學生的信賴與尊重。

　　社會的進步，時代的發展，學生個性化的需求增多，對老師教學提出了更高要求。知識不是處於靜止的狀態，而是在不斷地豐富和發展，每時每刻都在日新月異地發生著質和量的變化。尤其是被稱作「知識爆炸時代」「數位時代」「網路時代」的今天，如果老師不讓自己的知識處於不斷更新的狀態，僅僅依靠學校裡學的那點書本知識，就無法跟上時代發展步伐，無法滿足學生的需求，不能適應新課程的需要。所以，老師只有多讀書、多請教、

多儲備知識，培養自己更多的興趣愛好，不斷更新教育觀念，改革教學內容和方法，才能滿足學生的需求和時代的需要。

真正的學習，不是嘴上的誇誇其談、文章上的汪洋恣意，而是內化為行動。李鎮西、魏書生之所以能夠動輒洋洋萬言，離不開他們多讀書、多觀察、多思考、勤寫作的習慣。讀書是一種習慣，當困難不斷被克服，新的成果不斷湧現，受益的是學生，愉悅的是老師的身心。

所以，老師要一邊教書一邊讀書，並且要多讀書，善讀書。中國著名學者王國維曾論述過治學的三種境界。第一種境界是「昨夜西風凋碧樹，獨上高樓，望盡天涯路」；第二種境界是「衣帶漸寬終不悔，為伊消得人憔悴」；第三種境界是「眾裡尋他千百度，驀然回首，那人卻在燈火闌珊處」。

這三種境界啟示我們，讀書不僅要有明確的目標、有堅定不移的恆心，還要提高讀書效率和質量，講究讀書方法和技巧，在愛讀書、勤讀書、讀好書、善讀書中提高思想水準，提升工作能力，解決實際問題，實現自我超越。那怎樣做到善讀書呢？

第一，要讀與思結合。古人說：「學而不思則罔，思而不學則殆」「好學深思，心知其意」。讀書就是讀者和作者之間的心靈交流，兩者之間是平等的，對於作者的觀點，讀者可以接受也可以反對和爭辯。讀書學習的過程，實際上是一個不斷思考認知的過程。思考是閱讀的深化，是認知的必然，是把書讀活的關鍵。如果只是被動地接受，簡單地瀏覽，沒有思考，人云亦云，再好的知識也難以吸收和消化。愛因斯坦曾說：「學習知識要善於思考、思考、再思考，我就是靠這個方法成為科學家的。」

第二，要讀與用結合。讀書學習客觀上是一個去粗取精、去偽存真的過程，必須聯繫實際，知行合一，透過理論的指導，利用知識的累積，來洞察客觀事物發展的規律。古人講，「紙上得來終覺淺，絕知此事要躬行」「耳聞之不如目見之，目見之不如足踐之」，說的就是這個道理。一個人如果不注重把學到的知識運用到工作中，落實在行動上，即使他學富五車、才高八斗，也不能說達到了學習的最終目的。

第三，要專心致志。朱熹認為讀書要三到「眼到、口到、心到」。三到之中，心到最為重要。心到，就是指讀書要專心，注意力要集中。因為讀書是一種積極的思維活動，專心致志，是保證閱讀效果的前提。所謂專心，就是要誠心誠意地讀，一門心思地學。讀書要進入狀態，要讀進去，不能三心二意，不能似學非學，更不能淺嚐輒止。讀書專心，才能耐得住寂寞，經得住誘惑。

第四，要樂學樂讀。古人說：「知之者不如好知者，好知者不如樂知者。」可見讀書貴在興趣，有了興趣，才能從書中找到樂趣，找到靈感，找到真理，才不會讀而無味，懨懨欲睡。

第五，要持之以恆。讀書是一個長期的需要付出辛勞的過程，「冰凍三尺非一日之寒，水滴石穿非一日之功」，應當先易後難、由淺入深，循序漸進。讀書最容易犯的毛病就是「三分鐘熱度」「一曝十寒」。隨著訊息時代的到來，知識不斷更新換代，而讀書則是防止自身落伍的最佳手段。「活到老，學到老」的終身學習觀，必須深入到每位老師的內心深處。

朱永新說：「沒有閱讀就不可能有個體的心靈成長，就不可能有精神的發育，閱讀不能改變人生的長度，因為人的生命長度有基因、保健等各種元素，但可以改變人生的寬度和厚度。閱讀不能改變我們的長相，但可以改變人的品位和氣象。」「沒有老師對於閱讀的熱愛，就很難點燃學生的閱讀熱情，沒有老師與學生的共同閱讀，就很難形成師生共同的精神家園。如果沒有老師的閱讀，就沒有老師的真正意義上的成長與發展。

閱讀經典，與過去的教育家對話，是老師成長的基本條件，也是老師教育思想形成與發展的基礎。老師讀書不僅是尋求教育思想的營養，教育智慧的源頭，也是情感與意志的衝擊與交流。」確實，讀書能夠開拓思路、而思路決定出路。讀書學習是老師們不斷開拓思路、革新觀念的重要途徑之一。書是先賢們智慧的濃縮，是他人成功經驗的總結，需要認真研讀，反覆推敲，不斷咀嚼，這樣才能造成「大補」的效果。

不斷追求自身的專業成長

老師的專業成長是指老師工作之後,在教育思想、學科知識和教學能力方面的不斷發展和進步。由於教育對象是不斷變化著的,所以老師的教學技能只有在實踐中才能夠得到鍛鍊和提高。

現在各個地方的進修學校都開展了老師的培訓活動。這些活動能夠讓老師養成理論學習和實踐反思的良好習慣,不斷提高研究和解決教學實際問題的能力,提高課程開發和建設的能力,把日常教學工作與教學研究、老師的專業成長融為一體。教育專家或名師指導講座,不僅能提高老師自身的教育教學水準,還能開闊眼界,增長見識。

日常教學對老師來說很重要,是老師們花時間最多的工作,也是最能夠體現老師們工作能力的地方。因此,老師應該做好日常教學,提高自己的教學能力。

首先在備課方面,在研究教材的基礎上,可以實行集體備課。新課程倡導合作,不僅是學生之間的合作,還可以是老師之間的討論和交流。老師發揮集體的智慧,發揮每個人的特長,互相學習、互相進步,取長補短,讓每個人的優點都集合到集體中來、資源共享,在集體的交流碰撞中迸發出思維的火花。集體備課,要制定好計劃,固定時間地點,讓每個老師事先做好準備。每次集體備課都要有一個議題,一個目標,有的放矢,做好會議記錄和課後反思,這樣才能夠事半功倍。同時,每個人都要把集體備課的成果、個人特色與所教班級的特點相結合,使之更能夠適應個人的需要,達到良好的效果。

其次,要在其他教育活動中提升自己,比如公開課、示範課、聽課、評課等活動。為了力求完美,開設公開課的老師都要精心準備。準備的過程就是一個不斷學習、精心雕琢的過程。它和常態課不一樣,更能夠展現一個老師的專業體驗和行為。公開課後還可以從其他老師那裡得到評價和回饋,明白自己的優點和不足。而參加聽課的老師也可以透過這個平台,互相研討,互相借鑑,從而拓寬視野,促進團結。

第三，老師還可以利用課餘時間，自學一些教學理論和相關專業知識。比如不少老師在教學的時候經常感覺沒辦法上升到理論的高度。平時只是埋頭教學，很少思考理論方面的知識，而老師的成長需要理論的提高。因此，老師要根據需要選一些教育理論方面的書籍，特別是一些大師的書籍來閱讀，透過讀書加深自身底蘊，提高理論素養。此外，作為老師，除了學習本學科的知識外，還要博覽群書，養成經常閱讀的習慣。一本好書能夠陶冶情操和氣質。老師只有不斷學習鑽研，不斷實踐探索，才能學到更新的知識，才能拓寬自己的視野，在不斷的社會變化中跟上時代的步伐，才能較好地完成傳道、授業、解惑的使命。

學會反思自己的教學

人是會有失誤的，但最大的失誤就是不懂得反思。著名教育家葉瀾說：一個老師寫一輩子教案不一定成為名師，但如果一個老師寫三年反思則有可能成為名師。」也有人說：「優秀教師＝經驗＋反思。」反思是老師成長和自我發展的基礎。老師透過反思，自覺地探索教育教學過程，可以在學中教，教中思，思中改；反思還可以讓人及時發現自己的不足。對一個老師來說，其成長的歷程就是不斷反思自身教育實踐活動的過程。經常性反思可以獲得熟練的教育技能，從而獲得優秀老師所獨有的專業智慧，這是老師自我提高的最佳途徑，對以後的成長十分重要。

新課程背景下的老師，需要具有自我診斷和反思能力，努力培養自我診斷能力和反思意識，才能適應新課程教學的需求。只有不斷地對自己的教育實踐深入反思，積極探索與解決教育實踐中的一系列問題，才能進一步豐富自己的知識，優化教學思路。

那麼，老師要如何進行教學反思呢？

新課程標準要求老師在制定每節課的教學目標時，要特別注意從三個維度培養學生──知識與技能、過程與方法、情感態度與價值觀。現代教學要求擺脫唯知主義的條框，進入認知與情意和諧統一的軌道。因為對學生的可持續發展來說，能力、情感、態度與價值觀的培養，其適用性更廣，持久性

更長。只要具備獲取知識的能力，就可以透過許多渠道獲取知識。所以，能力、情感、態度、價值觀必須有機地融入課程教學內容中去，並有意識地貫穿教學過程的始終，使其成為課程教學內容的血肉，成為教學過程的靈魂。

葉瀾教授曾提出：「人類的教育活動起源於交往，教育是人類一種特殊的交往活動。」教學活動是教育活動的一部分，而沒有溝通就不可能有教學，失去了溝通的教學是失敗的教學。教學是集約化、高密度和多元結構的溝通活動。成功的教學過程，應該形成多層面、多維度的溝通情境和溝通關係。教學過程是師生交往、積極互動、共同發展的過程。教學是師與生彼此敞開心扉、相互理解、相互接納的對話過程。在成功的教學過程中，師生應形成一個學習共同體，都作為平等的一員參與學習過程，進行心靈的溝通與精神的對話。

在新的課程理念下，教材的首要功能是教與學的一種重要資源，但不是唯一的資源，它不再是完成教學活動的綱領性權威文本，而是以一種參考的形象出現，給學生展示豐富多彩的學習參考資料；同時，老師不僅是教材的使用者，也是教材的建設者。因為課程改革中的一些理念仍具有實驗性質，有待在實踐中進一步檢驗、發展和完善。因此，老師們在創造性地使用教材的同時，可以將課後反思作為專題內容加以記錄，既累積經驗，又為教材的使用提供建設性意見，使老師、教材和學生成為課程中和諧的統一體。

要反思自己是否在刻意追求所謂的「好課」標準：教學環節中的「龍頭」「鳳尾」「銅腰」個個精雕細琢，教學多媒體手段一個不能少；學生討論熱熱鬧鬧，回答問題對答如流。這種「好課」看似無懈可擊，但沒有給學生多少思考的空間，合作學習流於形式，討論也沒有成效，學生的情感、態度、價值觀沒有得到關注。老師只有認真回顧、仔細梳理、深刻反思、深入剖析並對症下藥，才能找出改進策略。

教學，不僅僅是告訴，更重要的是引導學生在情境中去經歷、去體驗、去感悟、去創造。在教學過程中，學生常常會不經意間產生出奇思妙想，生發出創新火花。老師應在課堂上及時捕捉這些流露出來的訊息，再加以整合，並藉機引發學生開展討論，給課堂帶來一份精彩，給學生增添幾分自信。老

教育之美：老師掌中的 24 個度
文化知識要有厚度

師更應利用課後反思去捕捉、提煉這些火花，既為教研累積第一手素材，又可拓寬老師的教學思路，提高教學水準。將其記錄下來，可以作為教學的寶貴資料，以資研究和共享。

學生的個性差異是客觀存在的。成功的教育制度，成功的教育者，必須根據學生的個性特徵、稟賦優點，因材施教，因類施教，充分發揮學生的特長，讓性格各異的學生自由全面成長，讓每一個學生都有施展才能的天地與機會。換言之，成功的課堂教學，應讓基礎好的學生吃得飽、跑得快，讓中等生吃得好、跑得動，讓有困難的學生吃得了、不落下。因此，無論是情境的創造設計還是內容的呈現，無論是問題的設置還是釋疑解惑，均應「為了一切學生」，多層次、多維度、多渠道地開展教育活動，因為教育的最大使命就是尊重學生的個性差異，盡可能地創設條件發展學生的思維能力，培養學生的品質，促進全體學生的發展。

有的探究性學習只表現在對問題的探究上，只要老師拋出一個問題，幾個學生立即圍成一團分組討論，也不管小組成員的組合是否合理，問題是否有討論的必要；待幾分鐘後，老師一聲擊掌，學生的討論戛然而止，再由小組中的老面孔發言。至於其他學生，尤其是學習有困難的學生，在討論時是否真正心到、神到、力到，是否真正學會了應該學會的方法、技能、知識，就不得而知了。這種「神散形未散」的「偽探究」掩蓋了個性差異，甚至會剝奪部分學生獨立思考、質疑、發言的權利。到底解決了多少「疑難病症」？又有多少學生真正參與、體驗了學習的快樂，獲得心智的發展呢？

總之，老師的成長過程是累積經驗和反思的過程。如果老師具有較強的教學自我診斷能力和反思意識，便能自覺地對自己的教學方式、教學手段等進行自我診斷，對自己的教學過程進行反思，提高教學質量，提高教學效率。教學反思，貴在及時，貴在堅持，貴在執著地追求。教學反思，只要有所得，就要及時寫下，有話則長，無話則短，以寫促思，以思促教，長期累積，必有聚沙成塔的收穫。

視野要有廣度

所謂廣度，是指老師要視野開闊、見多識廣、興趣廣泛。作為一位老師，只有在教育活動中讓學生發自內心地覺得你有才，那他們才會親近和敬重你。

從某種意義上講，一位老師的視野和見識有多廣，他的教育境界就有多寬。

老師要多讀書來拓展知識面。要多與人交流，來增長自己的見識。要親身體驗，多出去走走，拓寬自己的視野，豐富自身的經驗。要培養自己的良好興趣和愛好。老師只有透過不斷學習來拓寬自己的視野，增加自己的才能，才能為自己的教育注入活力和內涵。

古話說：「腹有詩書氣自華。」一位老師寬廣的視野和廣博的見識，決定了他積極樂觀的處事態度，決定了他看待問題和處理知識的深度。只有老師的興趣愛好廣泛，他的生活才能豐富多彩，有情趣，才能有效地調節長期工作的倦怠感，才能讓身教更有說服力。老師每多一項興趣愛好，就多了一條與學生交往的路徑。

▌認識「行萬里路」的意義

前面談了讀書可以增長文化知識的厚度，作為一名老師還需要視野開闊。讀書是靜態的，行路是動態的，書中知識是間接而有限的，而有些知識和能力的獲得，必須要老師在耳聞目睹中親自體驗感受，顯然，「行萬里路」是老師增長知識、開闊視野所必需的。

老師的職業病，除了身體上的，還有心理上的。常說老師清高，說話做事有些酸氣，其實就是老師隔離在社會之外，脫離實際太久了。長久固定的生活圈子，讓多數的老師有了知識，但少了視野、眼界、見識。這樣，老師自己的生活鬱悶無聊，教育出來的學生也一定視野狹窄，見識短淺。前不久，某校組織班導外出學習，睡在賓館，第一天早上起來，有位年輕的女老師生

教育之美：老師掌中的 24 個度
視野要有廣度

病了，原來是該老師把床罩當成了床單，不知道床單下還有鋪蓋，就在床單上和衣睡了一晚。

我知道這位老師畢業於名校，來自農村，也許她是第一次住賓館。這件事讓我思考許久，讀書固然重要，但見識也非常重要。在社會生活中，老師成了特殊的群體。出現培養出來的學生「高分低能」和「智商高情商低」的現象，除了有社會影響和應試教育的作用，我想，與部分老師的視野見識也有相關性。要讓老師見多識廣，就需要老師多參與實踐活動，多「行萬里路」。

那麼，怎麼解讀平常所說的「讀萬卷書，行萬里路」呢？古人所謂「讀萬卷書，行萬里路」，實則說的是一種胸襟與境界。讀萬卷書，強調的是涉獵廣泛；行萬里路，強調的是四處遊歷，是對已有知識的印證和重新感受，是能力。「紙上得來終覺淺，絕知此事要躬行」，則是說要想提高素質和獲得學識必須做事，既要多讀書多思考，又要親歷躬行。老師要忌閉門讀書，書中知識畢竟有限，又要做到學以致用。順序應為讀書在先，行路在後。讀書籍，看山水，其實都是認知、感受和體悟，都是人在路上，只是獲得知識的方式不一樣。

這裡說說「行萬里路」的意義。「行路」是指老師在實踐中學習。古代著名教育家孔子非常重視實踐在學習中的作用，並透過周遊列國來印證所學。李時珍、徐霞客、達爾文、哥倫布都是靠「行路」寫出了宏偉巨著或取得重大發現。可見，「行萬里路」是多麼的重要。

「行路」讓老師重新獲得感受。老師，一向崇尚讀書，無形之中也或多或少地存在輕視「行路」的想法，這是不對的，只有「行萬里路」，走出去親自看一看，體驗一下書中描述的情境，眼界才能打開，才會發現書中所說的與體驗到的有偏差，同時也使自身理解了作者對這種情境的感受，從而擴大知識面，只有這樣，讀書的效果才能體現出來。

學校既要重視打造書香氣、營造讀書環境，又要積極舉行實踐活動；既要帶著針對性問題走出去認真考察實踐，又要在回來後反思改進。

總之，「讀萬卷書」，是對知識學問的汲取，「行萬里路」，是對實踐的體悟。知行統一是人生發展中的一大哲學理念。「讀萬卷書」是所老師需要的，「行萬里路」更是不可缺失的。老師只有把「讀萬卷書」和「行萬里路」統一起來，知識才能化為力量，實踐才能出真知，個人能力和綜合素質才能提升，生命的價值才能得到體現。

「一專」才能「多能」

「一專多能」是說一個學科老師不僅要能教自己本學科，還要能教其他的學科。「一專多能」是現代老師專業化的發展趨向，要求老師不僅要「一專」，還要適應品格教育需要的「多能」，這樣才有利於引導學生的全面發展。

同時，一專多能也是客觀現實的需要，一是應對當下有的學校新開設的綜合課、選修課的需要；二是學生會把不懂的東西都拿來請教，特別是擔任班導的老師，如果八面玲瓏，就有利於威信的樹立，有利於自己的教育活動。另外，現代教育已讓老師告別了一支粉筆、一塊黑板、單兵作戰的年代，老師只有與時俱進，多才多藝，才能滿足學生的興趣愛好。

「一專多能」具體指什麼呢？「一專多能」包括兩個方面：一是指老師不僅能教好本專業的學科，還能夠教好其他專業的學科，有廣泛的興趣愛好；二是隨著教育事業的發展，「一專多能」也指在提高自己本專業水準的同時，將其他學科的知識兼容並包、為我所用，實施滲透式教學。

那麼，老師怎樣才能使自己「一專多能」呢？

建設一支高品質的老師隊伍是紮實推進品格教育的關鍵。品格教育的實施對老師提出了更高的要求。教育是特殊的職業，學生需求的多樣性和學科設置的不同，要求老師必須「一專多能」。作為新時代的老師，要想在學生那裡樹立威信，讓學生崇敬自己，就得擁有吸引學生或令學生信服的本領，這本領就是淵博的學識。淵博就是指知識既有深度又有廣度，即「一專多能」。

教育之美：老師掌中的 24 個度
視野要有廣度

　　數學老師孫維剛就是這樣。孫老師在數學方面的「專」有目共睹的，他曾經擔任中國數學學會理事，培養的學生還在國際奧林匹克數學競賽中獲得金牌，為中國爭了光。與此同時，孫老師又是一位多面手，他教過物理、歷史、地理，當過籃球、排球、乒乓球教練，還擅長長跑。他拉得一手漂亮的手風琴，曾當過學校的手風琴伴奏。他的博學多才，為學生的全面發展樹立了榜樣，為學生體驗人生的幸福和快樂打開了一扇智慧的大門。這樣的老師，怎能不讓學生欽佩，怎能不被同行羨慕？

　　時代的發展和進步對老師的要求越來越高。老師必須接受和運用新的教育理念，有效地滿足學生的全面需求。過去，我們說「要給孩子一杯水，老師要有一桶水」。後來變成了「要給孩子一杯水，老師要有一缸水」。再後來，人們認識到老師只有定量的水是不夠的，應該有涓涓不斷的細流才行。

　　這句話雖然幾經變化，但是不論怎麼變，它都說明了一個問題：要當一名好老師，就應該有豐富的知識，就應該「一專多能」。在生物課上運用音樂，在國文課上運用速寫，在化學課上把美術、數學、地理的相關知識靈活運用，這種學科間的教學互補，可以啟發思維、強化興趣，實現學以致用。如果老師不能「一專多能」，就無法讓自己的課堂豐富多彩、妙趣橫生，更難以成為讓學生喜歡的老師。

　　老師必須加強自學自研，不斷充電，不斷豐富和完善自己的知識結構，培養自己的興趣愛好，並把「一專多能」作為職業發展的需要來對待。不僅如此，老師要敢於把自己的本領展示出來，擁有「多能」而不願或不會展現，等於「不能」。

　　展示才能並非拿來炫耀，滿足老師心中的虛榮心，而是品格教育的客觀需求。老師要求學生掌握各種知識和技能，自己也應當相應地擴大自己的視野和知識範圍，在專業領域之外對於其他學科有所涉獵。這樣才能讓自己的課堂豐富多彩，讓自己的教育有趣有理有情。

　　要想成為「一專多能」的老師，不能只是想，必須不斷地學習。「活到老，學到老」，作為老師更應該如此。老師教育的過程，其實也是學習的過程。不僅要學習專業知識，還要學一些相關學科的知識，有心理學、美育、

德育的知識，盡量使自己具備現代老師的複合知識結構，同時，還要根據自己的愛好學一些樂器、書法、繪畫等藝術以陶冶自己的情操，提高自身修養，還要不斷學習新知，使自己成為「一專多能」的現代老師。只有努力做到「一專多能」，才能為自己的教育事業插上翅膀。

可見，「一專多能」是教育事業發展的需要，是提高教學效果的需要，是滿足學生成長的需要，是老師自身提高的需要。

興趣是最好的老師

蘇霍姆林斯基說過：「學校裡要有出色的園藝家，有醉心於機器的人，有電工技術專家，有細木工，有喜歡教學實驗園地作業的植物栽培家。一所好學校裡，每個老師都應當有從事某項勞動的熱情。」

老師應當多一些興趣和愛好。這樣不僅可以營造健康、高雅、和諧的校園文化，還能提高老師個人的生活品質，有利於促進老師的身心健康，幫助老師緩解職業倦怠，讓老師的生活豐富多彩，讓老師的生命綻放光彩，從而更加有效地提高教育教學效果。

比如，有的老師藝術表演在行，有的老師國畫書法漂亮，有的老師電腦操作嫻熟，有的老師文章寫得好，有的老師愛好籃球、乒乓球、羽毛球，有的老師喜歡象棋、圍棋、游泳。總之，只有當學生欣賞到老師的才藝時，才能欣賞到老師內心世界那片廣闊的美麗風景，才能在心底生出敬佩或崇拜之情。

老師的興趣愛好能豐富班級文化生活，為學生學習減壓。一位老師有興趣愛好，為成功接近學生提供了便利。老師會在平常的教學中無意識地滲透自己的興趣愛好，從而引起學生的興趣，激發學生效仿的熱情。有的老師還會有意識地培養學生的興趣愛好，組織開展一些主題活動。有的還會積極地帶領學生參與學校、社區的一些活動。這些都會讓學生們在快樂中成長。

老師的興趣愛好能為一些有特長的學生奠定未來人生道路的基礎。很多學生的愛好逐漸會演變為特長，如加以專業的指點，這些學生日後有可能進

教育之美：老師掌中的 24 個度
視野要有廣度

入專業的學校深造。現在高考中，藝術與體育生逐年增加，如果從小學、國中就培養學生的興趣愛好，對他們的升學也是有益的。

老師的興趣愛好也可以為自己減壓，更可以為自己的工作注入新鮮的血液，拓寬思路。很多愛好與興趣可以讓我們身心放鬆，思維活躍，有時會給以我們工作的靈感。我們強烈地感受到，許多優秀老師背後都有一些非專業的東西在支撐。

試想，如果老師在課堂教學之餘，能為學生們演奏口琴、鋼琴、笛子、二胡、小提琴，或者進行書法、繪畫、魔術表演，那將是何等的「風光」。這樣既豐富了老師的業餘生活，放鬆疲憊的心靈，又能拓展自己的思維空間，提高自己在學生心中的人格魅力。

老師的興趣愛好可以是教學理論的拓展，也可以是自己學科的延伸，如國文老師可多一些閱讀寫作，數學老師可進行數學建模，英語老師可設計一些情景劇，文科老師可組織主題辯論，理科老師可改編一些實驗，還可以發展旅遊愛好，做一些收藏，畫幾幅畫，演奏幾首曲子等。

如何培養老師的興趣愛好呢？

首先，政府、學校要加大投資，創造良好的學習環境。現在，很多學校進行擴建，學生使用的籃球場、舞蹈教室、美術教室等設施越來越完備，但供老師活動的設施和場所很少。因此，學校在建設中要注意為老師的業餘生活考慮，建教職員宿舍，設教師活動中心，開閱覽室，購買一批娛樂、健身器材，配備茶水服務，讓老師在緊張的工作之餘可以有地方看書讀報、健身。有這樣一個優雅、舒適的環境，老師自然願意參與。

根據老師的興趣和愛好，學校可利用節假日有計劃、有重點地聘請電腦、舞蹈、書畫、攝影等方面的專業人士舉辦講座，有意識地引導和培養老師發展高雅的情趣，形成特長，提高老師生活的品位。

其次，學校要多舉辦活動，豐富老師的業餘生活和愛好。校長應要求經常組織開展各種活動來提高集體的凝聚力，緩解老師因長期從事繁重的教學工作而帶來的身心疲乏和倦怠狀態，進一步引導和培養老師的興趣愛好。

如利用週休二日開展棋類、球類等比賽，利用婦女節、青年節等開展美食烹飪、健美操等比賽，讓老師在豐富業餘生活的同時陶冶情操，在活動中激發工作熱情。老師也可以根據自己的需要，邀請一些有相同興趣愛好或同一學科、同一年級的同事組成一個活動小組，大家相互探討。

　　為引導老師將讀書、寫作、教研等作為自己的興趣愛好，學校可透過舉辦演講賽和辯論會，開設「百家講壇」，派出參觀學習等方式，鼓勵老師專業成長、成就事業，激發老師的上進心。讓老師在拚搏進取之後能體驗到成功的喜悅、精神的歡娛、情感的滿足，從而把學校的要求、期望變為工作的內在動力，自覺地結合自己的專業特點，有意識地培養自己的興趣愛好。

　　另外，學校高層要積極參與相關活動，貼近上下級關係。老師教書育人是辛苦的，校長有責任提升老師工作、生活的幸福指數，帶領老師積極地對待人生的每一天，讓每一天都充滿快樂，讓老師充分享受人生。為此，學校主管不僅要滿懷熱情地支持老師擁有積極健康的興趣愛好，更要身體力行，積極融入，做好服務。

教育之美：老師掌中的 24 個度
胸懷要有寬度

胸懷要有寬度

　　所謂寬度，是指老師胸懷寬廣，對學生有寬容、包容之心。作為老師，尤其是班導，我們應該有「海納百川」的胸懷，有「登泰山而小天下」的胸襟，不放棄任何一個學生，不因為任何一個學生偶爾對自己的無理而心懷怨恨。

　　寬容是一種非凡的氣度，是對人對事的包容和接納。寬容是仁愛的光芒，是對人缺點的釋懷，也是善待自己。

　　教育家蘇霍姆林斯基曾講過這麼一個故事。他小時候住在一間雜貨店附近，每天都能看到大人們將一種東西交給雜貨店老闆，然後換回自己需要的東西。於是，有一天，他將一把石頭遞給老闆「買糖」，雜貨店老闆遲疑片刻後接下了石頭，把糖給了他。

　　蘇霍姆林斯基回憶說：「這個老闆影響了我終生。」他不是教育家，但他用教育家的智慧，理解和愛護一個小孩的精神世界，贏得了小孩的感激，影響了小孩的人生軌跡。

▍要有寬容意識

　　海納百川，有容乃大。雨果曾說過：「世界上最廣闊的是海洋，比海洋還廣闊的是天空，比天空還廣闊的是人的心靈。」

　　寬容是理解的橋梁，真誠是它的基石；寬容是芬芳的花朵，友誼是它的果實。寬容是一種美景，猶如狂風暴雨後天邊的彩虹；寬容是一種力量，支撐人們熬過數九寒冬，盼來陽春三月；寬容也是一種魅力，一顆寬容的心襯托出健全的人格。

　　著名節目主持人白岩松在寫給自己小兒子的《生命的郵件》一文中的重要內容就是學會寬容：「如果所有的美德可以自選，孩子，你就先把寬容挑出來吧。也許平和安靜會很昂貴，不過，擁有寬容，你就可以奢侈地浪費它們。寬容能放鬆別人，也能撫慰自己，它會讓你把愛放在首位，萬不得已才動用恨的武器；寬容會使你隨和，讓你把一些人很看重的事情看得很輕；寬

教育之美：老師掌中的 24 個度
胸懷要有寬度

容還會使你不至於失眠，再大的不快，再激烈的衝突，都不會在寬容的心靈裡過夜。於是，每個清晨，你都會在希望中醒來。一旦你擁有寬容的美德，你將一生收穫笑容。」

老師對學生的適度寬容是十分必要的。學生之所以為學生就是因為他們還矇昧無知，有缺點，不懂事，有的學生還常會犯錯誤。老師年長於學生，知識多於學生，涵養勝於學生，所以，老師理當寬容、理解和原諒學生的缺點甚至錯誤，這是對學生的一種期待。老師的寬容是學生自信心的保護傘，是學生發展的動力。老師的寬容為學生的成長留足了自主反思的空間。

一位懂得寬容的老師，不僅懂得教育，更會享受教育。當學生因犯錯誤被批評而產生心理壓力的時候，恢復師生之間的正常交流，喚起學生對老師的尊重、信任和理解所靠的就是寬容！一位缺少寬容態度的老師，總是看不到學生取得的成績和進步，即使意識到了學生取得的成績和進步，也會馬上要求學生要虛心不要驕傲，甚至會找出學生的一系列問題，打壓學生剛獲得的一點成就感，還美其名曰「嚴格要求學生」。缺少寬容態度的老師總是恨鐵不成鋼，抱怨這些學生難教，沒有悟性，在潛意識裡認為學生沒有希望了。未成年的學生，對心中極具權威的老師的表情、態度、言行很敏感。如果學生感受到老師的嚴苛態度，在面對學習困難的時候，極易採取放棄的態度。

老師的寬容不僅僅針對學生，還涉及對待同事，對待學校主管，對待學生家長。有一句格言能夠教給我們理智的方法，那就是：退一步，海闊天空。寬容蘊含著一種使人心悅誠服的力量。

寬容的老師，往往是自信的老師，往往是具有親和力的老師。相傳古代有一位老禪師，一日傍晚在禪院裡散步，忽見牆角有一張椅子，他一看就知道有位和尚違反寺規越牆出去了。他沒有聲張，走到牆邊，移開椅子，就地而蹲。一會兒，果真有一個小和尚越牆回來，黑暗中踩著老禪師的背跳進了院子。當小和尚雙腳著地時，才發現剛才踩的不是椅子，而是自己的師父。小和尚頓時驚慌失措，張口結舌。但出乎意料的是，師父並沒有厲聲責備他，只是以平靜的口吻說：「夜深天涼，快去多穿件衣服。」

寬容是美麗之源，就像天空是寬容的，它容忍了雷電風暴一時的肆虐，才有了它的深邃之美；也如時間是寬容的，它容忍了各色人等一時的虛擲，才有了它的延續之美。讓我們多一些寬容，那麼，學生的生命就會多一份空間，多一份陽光！

具有民主、平等情懷

教學中師生的地位問題，在世界教學史上曾出現過兩種具有片面性的觀點。以赫爾巴特為代表的「老師中心說」認為，老師在教學中處於中心地位，向學生傳授知識，進行教育，主張樹立老師的絕對威信，認為只要順從老師的教導，學生就能學到知識，養成良好品德，學生的獨立性、自主性反而被認為是有害的東西，這樣就造成教學進行得死板、枯燥。

以杜威為代表的「學生中心說」則主張把兒童變成教學的中心，充分發揮學生的主動性，教學的一切措施都圍繞著學生轉。顯然，這種學說把學生的地位推向頂峰，至於老師的作用——傳授系統性的知識，卻被放在次要的地位。走向了另一個極端，片面強調學生的學習主動性，忽視老師的主導作用。這就使學生的學習陷入盲目探索的境地，使學生只能獲得一些零星的知識，而學不到系統性的科學知識。

新課程改革要求關注學生生命、個性的張揚和能力的提高，賦予其不重複前人的、嶄新的人文本質。因此，老師應面向所有的學生，發展每一個生命體的創造個性，學生則應將個性、特長的發展放到重要位置，不再循規蹈矩、死記硬背、人云亦云，要敢於標新立異、獨闢蹊徑。老師要有與之相適應的新型師生觀，轉變傳統教育中形成的「師道尊嚴」「唯師是從」的師生觀，建構教學活動中相互尊重、相互信任、相互理解的平等、民主的師生關係。

老師和學生可充分瞭解和發揮自我發展的潛能，增強「教」與「學」的主動性與積極性。這樣，才能既有利於提高老師的教學能力，又有利於發展學生的綜合能力、實踐能力，促進學生全面發展。新時代的老師只有從觀念上更新，才能創造出師生平等、其樂融融、共享教學民主的氛圍，讓學生在學習中體驗到不受壓抑的愉悅情感，為他們張揚個性提供良好的教育環境。

教育之美：老師掌中的 24 個度
胸懷要有寬度

老師在課堂中要明確自己的角色和任務。只有堅持民主、平等的情懷，才能夠幫助學生維持學習過程中積極的心理狀態，協助學生尋找、搜尋和利用學習資源，引導學生設計恰當的學習活動，鼓勵和肯定學生對自身做出恰當的評價。老師還應隨時觀察和記錄學生的學習狀態以及出現的問題，適時地採取合理有效的教育手段調整課堂。

老師要敢於在課堂教學中提倡民主、平等的師生關係，為課堂營造一種積極合作的軟環境，開啟學生的智慧，潤澤學生的生命。老師要透過創設輕鬆活潑的課堂氣氛和引發思索的問題情境，鼓勵學生從不同角度提出問題或提出假設，發展學生的發散思維、創新思維；還要藝術地運用點撥，激勵學生以獨立的角色、建設性的態度對老師質疑、批評乃至爭辯。這一過程體現出師生之間情感的交流、知識的融合、思維的撞擊。這樣，既能夠積極地引發老師自身的思維活動，又能夠保護學生智慧的火花，激勵學生創造性思維的發揮，有效地提升學生的能力，發展師生間的情感，昇華師生生命價值。

教學過程中，堅持民主、平等是非常必要的，只有這樣才能夠形成良好的師生交往關係。老師面對的是鮮活的生命，堅持民主、平等，建立良好的師生關係需要老師的教育良知和師德的自覺約束。懷著愛心、耐心、責任心、寬容心面對學生，是每個老師實現這個目標的前提。

▌對待學生要寬嚴有度

處理學生的問題，進行班級管理是一門學問。如何處理好師生關係，確實是一個讓人頗為頭痛的事：如果對學生要求過寬，學生就會懶散，無所約束；如果要求過嚴，學生覺得老師冷漠，沒有人情味，行為就會過於拘謹，不利於學生個性的張揚、思維的發散。所以，老師要拿捏好尺度，力爭做到寬嚴有度。

首先談談嚴。說起嚴來，就很容易讓人想到一系列的詞，如冷峻、冷漠、面無表情、不苟言笑、喝斥、指責、批評等等，給人一種拒人於千里之外的感受。這其實是對應錯誤的理解，也是一種淺層次的「嚴」，是一種虛假的「嚴」，也是一種不負責任的「嚴」。對待學生的缺點和錯誤，表現出一副

疾惡如仇、窮追猛打的樣子，不批評得學生體無完膚就誓不罷休。這種「嚴」只能讓學生感覺到這位老師不可接近，只能讓學生感受到這位老師不近人情，這種「嚴」是不會產生好效果的，學生往往與老師的願望背道而馳，只能是「治表不治裡」。

真正意義上的嚴應該是在紀律、管理制度、原則性問題等方面的嚴。對待學生公平公正，沒有偏向；對待問題對事不對人，不因個人感情而有所偏袒。如此下來，學生就會覺得老師是一個公正、公平的人，是一個言而有信的人，是一個真正能夠嚴字當頭又讓人信服的人。這種嚴不但不會讓老師失去在學生心中的地位，不會讓學生覺得你不近人情，不容易接近，反而會隨著時間的推移，越來越讓學生覺得你是一個讓人尊重的人，是一個值得信賴的人。

再談談寬。寬是指在平時和學生的相處中，在學生學習生活等諸多問題中對學生的關心和愛護。在嚴格的班級紀律之外，老師完全可以和學生平等相處。老師既要看到學生的優點，也要容納學生的不足。對待學生要平易，談話交流要真誠。閒暇時，開個玩笑，玩個遊戲。給學生批改作業時，寫上幾句鼓勵學生的話。

在學生受到挫折時，多開導，多激發。在學生取得成績時，真心讚揚，要注意培養自己的親和力，培養自己的寬容胸懷。其實，所說的寬就是在生活、學習細節上，要學會關心愛護學生，學會保護學生的自尊心，學會尊重學生的人格，學會笑著和學生說話，學會和學生平等相處。

老師對學生的寬容絕不等同於對學生缺點或錯誤的一味縱容，也不是老師對待學生的問題無計可施，而是對學生的一種理解，是對學生能夠克服困難，改正錯誤，取得學業成就的信任。

總之，學生有缺點和錯誤是在所難免的，老師要帶著愛心、寬容心去看待和對待學生。只要用心去探索，用心去研究，認真地體會感受，多觀察、學習、請教，就能掌握好教育這門學問，做到嚴格而不嚴厲，寬容而不縱容，寬嚴有度。

教育之美：老師掌中的 24 個度
品性風格要有亮度

品性風格要有亮度

初來乍到時，也許你的形象、氣質、文憑就是你的亮度，可以暫時性地獲得認可。但時間一長，要想得到他人、團體的認可，獲得尊重，就要努力工作，且表現出一定的工作能力，做出能夠引起關注的成績；就要為年級或學校爭光，要讓身邊的人因為你的存在而獲得快樂和幸福。也可以這麼說，要想成為一名優秀老師，就要在工作中表現出能力，做出成績，最好是做出有特色的成績，給學校增添一抹亮麗的色彩。

在實際的教育工作中，老師的心態決定了生命的亮度。只有積極向上、胸襟開闊、勤奮好學、兢兢業業的老師，才可能讓自己的工作出成績、有亮度，從而彰顯生命的價值。

▎風格決定生命的亮度

生命應該有自己的亮度。生命的亮度體現於生命的價值，生命的價值體現在事業的成功上，而事業的成功往往由個人做人做事的風格決定。所以說，風格決定生命的亮度。作為一名老師，應該有自己做人的風格，育人的風格，教學的風格。

老師的風格來自老師的人格魅力，老師的人格魅力是教學風格形成的前提。如果老師沒有對真善美的追求，沒有純潔無瑕的心靈，沒有對教育事業的熱愛，沒有對老師職業的敬畏，沒有對學生的理解，沒有堅強的意志，沒有克服困難的勇氣，沒有戰勝挫折的決心，沒有善於思考的習慣，沒有敢於懷疑的品質，沒有創新的精神等，就不可能形成自己的教學風格。

一名優秀老師一定會在先進的教學理念指導下，經過長期教學實踐活動，逐漸形成符合自身特點的教學風格。沒有老師的人格魅力，教學風格就很難形成，而沒有與眾不同的教學風格就很難吸引學生。

老師的風格來自老師的文化底蘊。底蘊是指人內心所蘊藏的才智見識，文化底蘊則是指人的學識和精神修養。豐厚的文化底蘊是教學風格形成的基

教育之美：老師掌中的 24 個度
品性風格要有亮度

礎。一位老師只有具備豐厚的文化底蘊，才能具有較強的理解和駕馭教學的能力，才能使自己的課堂洋溢著濃厚的人文氣息，才能使學生受到濃烈的文化浸染，才能使自己的教學別具一格、非同凡響，才能使教育達到激發學生創造力、挖掘學生潛能、弘揚學生個性的目的。這樣的老師不是滿口諷刺挖苦，而是舉止文雅，渾身散發著書卷氣和催人向上的力量。一位有文化底蘊的女老師，可能不漂亮，但一定充滿了高雅的氣質；一位有文化底蘊的男老師，可能不瀟灑，但一定具有儒雅的風采。

老師的風格來自對理想的追求。老師只有在教育理想的推動下，才會熱情地工作，才會在工作中任勞任怨、不知疲倦，才會積極、主動、創造性地從事教學研究。老師的風格也就在這種工作狀態下慢慢形成。一個沒有理想和追求的老師，不但缺乏生存的動力，而且缺乏教書育人的動力，同時必然缺乏形成自己教育風格的動力。

老師的風格來自思考。一個能形成自己的教育風格的老師，肯定是善於思考的老師。思考是教育風格形成的橋樑。這種思考包括兩個方面，一方面是思考自己的個性和特點，諸如自己的興趣、愛好是什麼，自己的能力、氣質如何，自己的優勢和特長是什麼，自己的劣勢和缺點在哪裡等。只有深入思考自己，才能逐漸形成自己獨特的教育方法，形成自己獨特的教育風格。

另一方面是思考教育，包括思考教育理念、教育本質和教育對象，思考自己所教的學科，思考教學目標、教學設計，思考教學內容、教學情境，思考師生互動，思考問題設置以及教學評價等。只有深入思考教育，才能對教育有自己獨特的理解，才能形成個性化的教育思想，最終形成自己的教育風格。

老師的風格來自勇於創新。教育風格的形成是老師勇於創新的結果。一個老師，即使具備了一定的人格魅力，具有了較高的文化底蘊，樹立了崇高的教育理想，並且能夠做到善於思考，但是缺乏創新的意識、創新的思維、創新的能力、創新的實踐，也難以形成自己獨特的教育風格，也不會有工作的亮度。任何獨特性的東西都是創新的結果，任何教育風格也都是創新的結果。可見，勇於創新是教育風格形成的關鍵。

風格是生活的本質和內涵，一個有風格的人，往往具有較高的文化素養、高尚的道德情操、良好的生活習慣、高雅的生活方式和積極的工作態度。一個老師有了高雅的風格，就會使其教育洋溢出風采，充滿著生機。一個有風格的老師，具有理性精神，閃爍著人性善良的光輝，其博大的愛惠及與之接觸的每一位學生。

　　這樣的老師具有良好的生活習慣和道德修養，在生活細節方面表現出自身良好的教養，是有著良好、溫和而優雅性格的人。這樣的老師一定有自主意識，會用自己的頭腦去判斷、去思考、去行動，從而獲得一種獨立的人格，保持著內心的澄淨。

　　生命是寶貴的。寶貴的生命是需要亮度的，只有真有獨立個性、有自己獨特的教育風格的老師，才會讓自己的生命有亮度。

▎做有責任的人

　　任何人都必須履行自己的責任。作為確定的人，現實的人，你就有規定，你就有任務。一個人如果沒有了責任感，即使再聰明，再有才華，身體再好，也沒有用。一個人可以不偉大，也可以不富裕，但不可以沒有責任感。責任讓人堅強，責任讓人勇敢，責任讓人去創新，責任也讓人學會關懷和理解。當我們成為有責任感的老師時，自己的生命就有了亮度。

　　老師必須清醒地認識到自己的責任，並勇敢地擔當，這樣，無論對於自己還是對於社會都將問心無愧。老師要有責任感，有責任感的人才是值得信任的人。責任與老師如影隨形。既然選擇了老師職業，就必須義無反顧地承擔老師的責任。因為老師所要履行的責任關係到國家的未來，民族的復興。著名教育家陶行知先生說：「在老師手裡操著幼年人的命運，便操著民族和人類的命運。」老師如果沒有責任心，就難以承擔自己的職責，難以實現自己肩負的歷史使命。老師如果沒有責任心，就教不出有責任心的學生。所以，老師要增強自己的責任心。

教育之美：老師掌中的 24 個度
品性風格要有亮度

　　首先，老師要做到對自己負責。老師有了責任感，才能成就輝煌的事業，實現自己人生的價值。老師要想證明自己的價值，就必須履行自己的責任。老師有了責任心，就能遵守老師職業道德規範，注意自己的一言一行，以身作則、為人師表，做學生的榜樣。老師有了責任心，就能有自我發展規劃，明確奮鬥的目標，並為之不懈努力。

　　古往今來，許許多多老師或教育家在教育這塊神聖的領域做出成績，無不是責任心使然。陶行知受「教育救國」責任的驅使，創辦平民教育，「捧出一顆心來，不帶半根草去」；孟二冬用毅力證明了老師責任的可貴。老師只有對國家與社會有高度責任感，才能有戰勝困難的勇氣和智慧，才能使自己在人生的道路上找到前進的方向，確立奮鬥的目標，實現崇高的理想。

　　其次，老師要做到對全體學生負責。老師教書育人應針對全體學生。從老師踏進校門的那一天起，便要對每一位學生負起責任，必須關愛學生，尊重學生人格，促進他們在品德、智力、體質各方面都得到發展。老師在對待落後學生時，要耐心開導，要多一份關愛，使他們能夠感受到來自老師和同學的溫暖。老師要平等對待每一位學生，不要厚此薄彼，偏愛資優生，歧視困難學生。老師要民主地對待學生，切不可感情用事，獨斷專行。

　　第三，老師要做到對學生未來負責。十年樹木，百年樹人。教育是一門慢藝術，是一個長期發展的過程，同時又是承上啟下、環環相扣的過程。一個環節出現缺陷會給其他環節造成困難，從而影響學生的正常成長。教育工作是辛苦的，班導每天都進行著大量平凡瑣碎的工作，日復一日地備課、上課、管理班級，單調而缺乏新鮮感。但如果老師本著為後代著想，為家長負責、為學生負責、為國家千秋大業負責的責任感，就應該立足現今，著眼未來，以苦為樂，甘於寂寞，勤勤懇懇，甘當人梯，承擔起這個光榮而艱巨的任務。

　　老師有義務也有責任去關注每一位學生的成長和將來的發展。工作中既要嚴格要求每一位學生，也要善於欣賞每一位學生；既要讓學生學好基礎文化知識，練就足夠的就業技能，也要培養他們吃苦耐勞、勇於拚搏的品格；既要讓學生健康成長，也要關注他們未來的發展。要精心培育學生在未來社

會生活和競爭中立於不敗之地的核心素養：民族精神、社會責任感、科學與人文素養、創新精神與實踐能力等。只注重學生眼前成績和考試名次的態度和行為是對學生不負責任的體現。

第四，老師要對學生的全面發展負責。不僅要關注學生的學業，也要關心學生的情感、態度、價值觀；不僅要關注學生的學習，也要關心學生的生活、健康、品德和習慣。只重視學生的考試成績，忽視學生的思想進步，只教書不育人，這都是對學生不負責任的態度和行為。

第五，老師要做到對學生所傳授的知識負責。古人云：「近朱者赤，近墨者黑。聲和則響清，形正則影直。」老師所傳授的知識，對學生來說都是新知識。對知識的第一印象將給學生留下根深蒂固的影響，因此，老師的教學內容必須準確。教書育人是一項職責重大的工作，容不得半點虛假、敷衍和馬虎，不允許含混不清或有錯誤的概念出現。要保證學生掌握準確的知識，老師就不能用照本宣科、填鴨式的方法來教授知識。這就要求老師自身應當有淵博、通達的學識，應當能夠對科學知識有通透的理解，如此才能在教學過程中做到遊刃有餘，知識才能被學生理解，內化為學生自己的知識結構，並轉化為解決問題的能力，真正完成知識傳授的過程。

第六，老師還要做到對教法負責。有的老師認為，只要兢兢業業，任勞任怨，就是一名有責任心的老師了，其實這種想法很片面。品格教育要求老師對教育理念、教育行為、教育評估進行科學的思考，不斷調整自己的教學行為。

總之，老師的責任心最終是為學生負責。作為一名老師，責任心有多大，他的人生舞台就會有多大。責任心是師德的體現，是良心的體現，是老師心想事成的祕訣。具有責任心的老師，會收穫豐富而精彩的人生。

亮度是「做」出來的

老師的主要工作是教書育人，要讓自己的工作有亮度，就必須認真去「做」。

教育之美：老師掌中的 24 個度
品性風格要有亮度

第一，要找到自己的角色定位。教育工作與其他工作不同，有其特殊性和複雜性，每位老師要結合自身的條件和特點，找到自己的角色定位。想要做出工作亮度的老師要避免三點錯誤：

一是對自己的定位過高，高於自己實際可以承擔的角色；

二是定位過低，低於自己實際可以承擔的角色；

三是角色錯位，定位與自己實際可以承擔的角色不符。

老師的基本工作有教學工作、德育工作、教研工作。一名優秀老師往往三項工作都能夠做好，但在實際工作中許多老師的精力、條件、能力有限。最好先選擇自己感興趣的、自身能駕馭的一項。

第二，要擬定專業發展規劃。老師的專業發展規劃，是對老師專業發展的各個方面和階段進行的設想和規劃。老師要客觀地分析環境，選擇發展的路徑和目標，制定發展的行動方案，及時地反思和調整方案。老師的專業發展規劃對老師的成長是非常有意義的。

規劃對老師的發展與成長具有指導作用。「凡事豫則立，不豫則廢。」只有事先考慮和設計好目標和方向，才會讓工作置於理性的思考之上，才會有發展和追求的目標與動力。規劃能夠引導自己讀什麼書、參加什麼樣的活動、做什麼研究等，減少做事的隨意性，避免工作的盲目性和情緒化。

制定與實施規劃可促進老師不斷思考。制定專業發展規劃對自己是有幫助的，可以促使自己認真分析和反思；可以使自己有專業發展的緊迫感；可以促使自己不斷尋找自己在年級、在學校甚至在更大範圍老師中的位置，不斷激勵自己。動態的規劃能滿足老師不斷發展的需求。有人對專業發展規劃的作用表示懷疑，其中最主要的理由是「計劃趕不上變化」。計劃趕不上變化是客觀實際，但並不能由此否定規劃的作用。

首先，儘管社會和教育事業不斷變革，但教育是一個相對穩定的領域，它的基本任務、內容和方法是相對穩定的。老師成長的過程有一定的規律性，一般說來都要經歷探索期、適應期、成長期、成熟期幾個階段。其次，規劃有中長期和短期兩種，在內容上有區別。中長期計劃比較宏觀，短期的規劃

則比較具體。最後，老師也要有正確的動態計劃觀，計劃不是一成不變的，而是動態的。如果客觀條件變化比較大，我們就需要對計劃做出修正和調整。

做事有計劃對於一個人來說，不僅是一種做事的習慣，更反映了他的做事態度，是取得成就的重要因素。老師應該在學期初對新學期的班級工作深入思考，結合學校的要求，制定詳細計劃，從常規管理、特色活動等方面確定班級學期奮鬥目標及每月、每週甚至每天的教育、活動內容。遇到特殊情況，如班上出現了一個新情況，學到了一個新思想，班級計劃就要及時調整，增強計劃的可行性。有的時候，工作的好壞並不在於你有多大的熱情，而在於你如何有效地面對，得心應手地去處理每一件事情。

第三，要有認真的做事態度和有效的工作方法。老師要有現代精神和奉獻精神，要有未來社會所要求的開放意識、競爭意識和合作意識，思想上更新觀念，行動上勇於創新，學習上力爭上游。

老師要有育人能力與敬業精神，必須具備不斷學習和自我發展的能力，科學的預見能力，與時俱進、開拓創新的能力，實踐與交流能力，捕捉和使用訊息的能力。

老師要發揮人格力量的引導作用。烏申斯基說：「在教育工作中，一切都應以老師人格為依據。因為，教育力量只能從人格的活的源泉中產生出來，任何規章制度，任何人為的機關，無論設想得如何巧妙，都不能代替教育事業中老師的人格的作用。」可以這樣說，老師的人格力量是老師工作做出「亮度」的重要保證。

老師要用真心、愛心、耐心去開啟學生的心靈。既然選擇了老師這份職業，就要用真心去對待它。愛是一個永恆的主題，老師對學生的愛更是把全部心靈和才智獻給學生的真誠。

老師會有一些瑣碎的事情要處理，而面對這些瑣事的時候就需要有良好的習慣和耐心。很多時候，讓我們感到疲憊不堪的往往不是工作中的大量勞動，而是因為沒有良好的工作習慣，從而降低了工作質量，加重了工作任務，影響了我們對工作的興趣。

教育之美：老師掌中的 24 個度
品性風格要有亮度

　　我們要求學生做事要有條不紊，自己就更應該以身作則。比如，在每天下班之前，要養成清理辦公桌的習慣，把明天必用的、稍後再用的或不再用的文件都按順序放置，保持桌面的整潔，這會使繁重的工作變得有條不紊、充滿樂趣。

　　老師要有一顆求知的心，要有在無涯學海泛舟的進取心。老師要樹立民主科學的教育觀念。今天是一個日新月異的時代，老師與學生生活環境的不同，使得傳統意義上的教學、學習生活，從節奏到質量都發生了深刻的變化。現在的學生從多種渠道獲取的訊息和資源不僅數量大，而且內容多樣、視角多變、形態複雜。這樣就迫使我們老師必須想辦法適應學生，確定合理的教學目標和教學方法，把學生放在首位，形成民主、科學的教育方法。

　　老師要有團結協作的合作精神。要想做到團結，就必須大度、包容，有胸襟、有境界。

　　總之，老師只有定位好角色，找對方向，勤於思考，敢於創新，腳踏實地、兢兢業業地去做，才可能出成績，實現自己的目標。

職業堅守要有韌度

　　韌度，一般指物體抗磨損、抗拉伸、抗壓力等方面的特性。本書用來指老師對工作的堅持、堅守。韌度對一個人一生的發展來說是至關重要的品格。一個人有一顆像琉璃杯一樣容易破碎的心，你能指望他成就什麼偉大的事業？樹高千尺，是因為它曾無數次地經受住了狂風暴雨的洗禮；船行萬里，是因為它能一次次經受住驚濤駭浪的撞擊；一個人能成就功業，更是因為他能承受無數大大小小的失敗和挫折的打擊。失去了韌度的人，也將失去一個個得以展現生命價值的機會，失去輝煌的未來。

　　沒有了韌度，就宛如混凝土中沒了鋼筋，大廈建得越高就越是脆弱，難以經受任何撞擊！沒有了韌度，你就只能做一棵隨風搖擺的小草；沒有了韌度，你就只能做一條柔弱地附著於大樹之上的青藤。

　　韌度，正是老師工作中不可缺少的品格。

教育貴在堅持

　　老師做工作要持之以恆，堅持不懈，老師職業容易產生審美疲勞和厭倦之感，這就需要老師有強烈的事業心和責任心，有工作的韌度。老師切忌沒有耐心，對待學生簡單粗暴，做事情只有三分鐘的熱度，而要做到耐心細緻地教育，以情育人，以情感人。

　　蘇格拉底曾經給他的學生們出過這樣一個題，把手臂盡量往前甩，再盡量往後甩，每天甩臂 300 下。學生們都笑了，這麼簡單的事怎麼會做不到呢？過了一個月，蘇格拉底問他的學生們：「每天甩臂 300 下，哪些同學堅持住了？」90% 以上的學生驕傲地舉起了手。兩個月後，當他再次提起這個問題時，堅持下來的學生只有 80%。一年後，蘇格拉底再次問道：「請你們告訴我，最簡單的甩臂運動，還有哪些同學堅持每天做？」這時候只有一個學生舉起了手，這個學生叫柏拉圖，他後來成了古希臘的另一位大哲學家。

教育之美：老師掌中的 24 個度
職業堅守要有韌度

　　這個故事告訴我們，成功的關鍵在於堅持不懈，正如古羅馬著名學者塞內卡所說：「不是因為這些事情難以做到，我們才失去信心，是因為我們失去信心，這些事才難以做到。」教育工作亦是如此。古往今來，成功者之所以能取得業績，憑藉的都是堅韌不拔的意志和堅持不懈的努力，而不是偶然的運氣。

　　老師應該有自己的奮鬥目標。無論是為了晉升或成為優秀老師，還是成為名師、教育專家，若要心想事成，都必須堅持。教育實踐活動的過程就是一個不斷堅持、不斷累積的過程，是一個量變到質變的過程。只要有堅持做下去的決心和毅力，每位老師都能夠達成心願。

　　老師的工作不可能一帆風順，不如意之事十有八九，總會遇到這樣那樣的困難、挫折或失敗。在困難面前要告訴自己：堅持，再堅持，不要放棄，絕不能放棄，暴風雨過後就會有彩虹。挫折不可怕，經歷挫折後需要站起身來，總結經驗教訓繼續前行。失敗時，不要氣餒，更不要怨天尤人。也許困難、挫折或失敗還會接二連三，這時更是要有韌度，持之以恆地做下去。能夠做到這一點，就離成功不遠了。

　　老師要堅持的是一些具體、瑣碎的事，有育人方面的，有教書方面的，有人際關係方面的，有家庭方面的，如果一個方面沒做好，沒有耐心和勇氣堅持去做，都可能影響老師心願的達成。一般說來，老師要堅持以下方面。

　　（1）堅持做一個學習型的老師。老師從事的是傳道授業、教書育人的工作，老師如不自主進行學習，順應社會發展要求，適應當下資訊量大、知識變化快的特點，不積極掌握相關的新知識、新理念、新方法、新技術，就很難擔當起實施品格教育的重任，履行好老師工作職責。老師的教學智慧是讀書和實踐的結晶，會有一個學習和接受的過程，並非是刻板的教學模式本身所能包含的。

　　（2）堅持做一個創新型教師。教學是教與學的互動過程，是師生互相交流、啟發、補充的過程，是共享共進的過程。師生是平等、互利互惠的學習共同體。老師不善於學習，不去接近、研究學生，就不能創造出適應學生發展需要的新方法。老師要有紮紮實實、富有創意的課堂教學內容，就要不斷

發現和創造課堂教學的新思路與新方法。某些創新也許要花費很多精力，且短時間效果可能還不理想，但只要堅持下去，對學生的終身發展是有益的。有了老師創造性的勞動，才會有學生創新思維的發展，才會有真正活躍的課堂氣氛。

（3）堅持做一名認真備課的老師。在備課的過程中，要始終堅持以學生為主體，以學生的學習能力為標準，以學生的需要為出發點。在備課的每一環節都想著學生的發展，想著為學生的健康成長服務。認真地鑽研教材，設計彈性化的教學方案。在規定備課的基礎上針對自己班學生的特點進行重點備課，目標的設定要適合學生的水準，要充分考慮量和難度，讓學生能夠「跳一跳，摘到桃子」。

（4）堅持做認真反思的老師。對於老師來說，反思很重要。有人說「寫十年教案不如寫三年教學反思」。那如何反思呢？首先，要確定反思的目標。聚焦某一點，反思就有了針對性。其次，經常進行自我評價。透過對課堂上師生行為的觀察獲得反思的資訊，從不同的角度反思，並進行有效的調試。另外，記錄教學日誌有助於收集真實的資訊。最後，反思活動應該是持續的。反思型教師在追求自己的目標上，會表現出堅持不懈的精神。

（5）堅持做一名有愛心的老師。做有愛心的老師首先應有責任心，老師要關心、愛護每一位學生，為他們的學業、品德負責。老師應該放得下架子，師生之間相互尊重、體諒、合作，營造和諧的師生關係。老師遵守職業規範，恪盡職守，力爭做出出色的成績。

守住自己的沉香

隨著社會經濟的發展、綜合國力的增強，老師的待遇有所改善，成為令人羨慕的職業。

但是，一些老師並沒有更加安心教育，反而變得十分浮躁。有的老師不滿足，一山還看一山高，整天想著發橫財；有的老師「身在曹營心在漢」，始終看著公務員的薪資條。這些現象，有其社會原因，但更多的還是老師對

教育之美：老師掌中的 24 個度
職業堅守要有韌度

自身的職業認識不到位，事業心和責任心不強，只是簡單地把老師的收入拿來與那些收入較高的職業比較。

作為現代老師，嚮往美好的生活，關注和追求物質的滿足無可厚非，但一些老師對物質過分追求，是不正確的。老師職業特點決定我們對物質的追求是有止境的，而對精神的追求和享受是無止境的。上好一堂課，班級學生考出好成績，發表一篇論文等，都可能讓老師感到快樂和滿足，都可能贏得認可和尊重。

這讓我想到《木炭與沉香》的故事。

一個人去尋找寶物，他跋山涉水歷盡艱辛，最後在熱帶雨林中找到了一種樹木，這種樹木能散發出一種濃郁的香氣，放在水裡不像別的樹木一樣浮在水面，而是沉到水底。他心想：這一定是價值連城的寶物，就滿懷信心地把香木運到市場上去賣，可是無人問津，為此他深感苦惱。當看到隔壁攤位上的木炭很快就賣完時，他一開始還能堅守自己的判斷，但日子如水，時間最終讓他改變了自己的初衷，他決定把這種香木燒成木炭去賣，結果很快被一搶而空。他十分高興，迫不及待地跑回家告訴了父親，但父親聽了他的話，卻不由得老淚縱橫，原來兒子燒成木炭的香木──沉香，只要切下一塊磨成香粉，價值就超過了一車的木炭。

這個故事告訴我們，人如果沒有主見，經不住生活的誘惑，就會隨波逐流，最終失去自己最寶貴的東西。

老師應該有自己的職業道德和事業追求，但有的老師卻偏離了自己的人生航道，以至誤入歧途。

每位老師心裡都有一片淨土，但是有的老師卻不能守住它，一味地聽從非理智的情緒化的選擇，使自己的神經變得麻木，不再有對學生的熱情，沒有勇氣面對困難和挫折。

每位老師都有一段「沉香」，但有的老師不懂得它的珍貴，反而對別人的木炭羨慕不已，最終的結果只能是本末倒置，讓蠅頭小利矇蔽了自己的雙眼。

守住自己的沉香

　　世人常犯的錯誤就是不能堅守自己，而總是喜歡和別人比較。印度哲學大師奧修說：「玫瑰就是玫瑰，蓮花就是蓮花，只要去看，不要比較。一味地和別人比較，就可能動搖自己的心志，改變自己的初衷。而比較的結果，讓人不是自卑，就是自傲，總之是流於平庸。」

　　老師要學會堅守。堅守，看似簡單，其實也是最困難的，其困難在於堅守的過程會遇到無數的誘惑、打擾，浮躁的社會或多或少會侵擾我們原本堅定的心。堅守，是生命源源不息的力量。古往今來的執著堅守者，無一不在堅守之中收穫到了更明確的目標、更堅定的方向。只有守住自己的「沉香」並始終保持夢想的老師，才不會人云亦云，才不會放棄夢想。只有對事業堅持不懈地追求，才能產生面向未來的希望之火，才能獲得積極進取的力量。選擇堅守的人生才是豐富的人生，終究會收穫財富。

教育之美：老師掌中的 24 個度
言行舉止要有風度

言行舉止要有風度

　　風度，即美好的舉止、姿態或氣度。現代社會中，風度二字舉足輕重。外交家有外交風度，政治家有政治風度，明星更是無風度而不紅。印象中，風度總與那些公眾人物相配，而普通凡人，工作在平凡崗位上的老師，似乎與風度沒有什麼相關。其實不然，風度是一個人德行、品格、氣質的自然流露，也是人們對一個人的身段體魄、裝束打扮、表情神態、談吐舉止的一種綜合性的審美評價。

　　只有當內在的氣質之美得到完美的外現時，人才能夠具有風度之美。因為一個人的內心世界總要藉助於外形表現出來，同樣，一個人的外部表現總含有內心活動的內容。所以，風度既表現為人的靜態美，又表現為人的動態美。它是內秀與外美的高度統一，正如培根所說：「把美的形象與美的德行結合起來吧，只有這樣美才會放射出真正的光輝。」

　　現代教育要求老師要有較好的外在素質。所謂外在素質，就是老師要有良好的風度，它是老師各方面素質的綜合表現。中外教育家都十分重視老師風度的培養，一致認為老師風度是一種強有力的教育因素，在教育過程中具有不可替代的身教作用。

　　老師的風度對學生的品行有著直接的影響，同時對課堂教學也有直接的干預作用。從更廣泛的意義上看，風度對社會也具有一定意義。因此，合格的老師要具備適度的風度。

▌著裝有講究

　　老師的風度不僅表現在「行」和「言」，還表現在「形」上。這「形」便是老師的外在形象。培根說過，狀貌之美勝於顏色之美，而適宜並優雅的行為之美又勝於狀貌之美。這是美的精神。老師的儀容總體要求是：容貌健康，髮型樸實，著裝文雅得體。

教育之美：老師掌中的 24 個度
言行舉止要有風度

儀表美是老師職業的必然要求，衣著打扮又是儀表美的主要組成部分。衣著整潔得體是對老師服飾的基本要求。老師的衣著打扮，關鍵在於要適合身分，符合老師的職業規範。儘管適宜的身材、流行時髦的服飾對老師的形象美也起相當重要的作用，但這並不能代表儀表美的全部。只要他在教書育人的實踐行動中，衣著整潔得體、落落大方，同樣能夠透露出樸實端莊的美、整潔和諧的美、情趣高雅的美。

老師在衣著的選擇上，需要適當考慮到以下幾方面內容。

（1）選擇衣著要符合自己的身體條件。身材較矮的老師，衣著選擇宜簡潔明快，上下色彩一致或上淺下深的色彩為主，以便把身體反襯得高一些；頸部較細長的老師，衣著選擇宜以高領、筒領或翻領樣式為主，以便增強頸部的粗壯感；而頸部較粗短的老師則宜選擇 V 型領口一類的衣著，以便敞開胸口，增強頸部的加長感；體胖的老師，衣著選擇宜以冷灰色、深色為主，以便給人以緊束感，但不宜選擇緊身或束腰的衣服；體瘦的老師，衣著選擇宜以暖色亮色為主，或增加衣飾花樣皺褶等，以便增強擴弛感、厚實感。總之，老師衣著服飾的選擇要適合自己的身體特點。

（2）衣著選擇要符合自己的年齡特徵。年輕老師應該朝氣蓬勃，充滿活力，服飾選擇上宜以活潑明快為主，可以與流行顏色款式適當地靠近一些。年長老師德高望重，沉穩通達，衣著上宜以嚴肅端莊為主，但也可以根據實際情況，適當選擇一些既穩重大方，顏色款式又比較清新的服飾，這樣既顯得充滿成熟的魅力，又煥發出青春的活力。

（3）衣著選擇要符合環境特點。老師的衣著在整潔得體的基本要求下，也要隨著具體環境的變化而變化，課堂教學時衣著要整齊，遊樂時的衣著要簡便、舒適。

（4）衣著選擇要符合教學對象。老師的衣著選擇需要考慮到學生的年齡、性格、知識、能力等因素。對於中學生，老師的服裝要樸素、整潔，有利於培養他們的成熟的衣著行為，並同時給予思想情操方面的啟迪。對於小學生，根據他們天真爛漫、活潑好動的特點，老師應選擇一些顏色鮮豔、明快的服飾，更容易給他們以美的啟迪。

（5）要整齊清潔、講究衛生，不要衣冠不整、蓬頭垢面。這是衣著外表美觀的起碼要求。任何一個老師都要認識到，講究個人儀表的整潔衛生，不僅僅是老師個人道德修養的表現，更是教育好學生的需要。

（6）老師的衣著儀容要美觀大方、樸素典雅，不要奇特古怪、豔麗花哨。老師的衣著儀表要符合年齡特點、個性特點和職業特點。

總之，對老師而言，服裝是一種表現力很強的無聲語言，得體的著裝可幫助老師建立美好的形象，暢通地傳遞各種訊息，從而順利地完成教學任務。老師作為學生的引導者，言談舉止、衣著服飾會對學生產生潛移默化的影響。衣著語言是老師與學生相處時傳達給學生的第一訊息。老師的著裝應與社會大環境協調，體現時代感。

舉止要穩重端莊、落落大方

捷克教育家康米紐斯認為：「老師的職務是用自己做榜樣教育學生。」老師與學生的特殊關係、共同的目標等決定了老師自然是學生模仿和學習的對象。老師的一言一行、一舉一動對學生具有顯著的示範作用。因此，老師在日常生活中，特別是在學校工作中要嚴於律己，以身作則，要不斷地自我發展，自我完善，盡可能做到待人接物穩重端莊、落落大方，以自己正確的行為舉止去感染學生。

平常生活中老師的舉止應該做到以下兩點。

（1）老師的舉止要謙恭有禮，不能粗野蠻橫。如果老師對待學生彬彬有禮、溫文爾雅，使學生感到老師和藹可親、平易近人，就容易師生關係融洽，便於溝通。同時，還能讓學生從老師的禮貌行為中受到良好薰陶，有利於學生禮貌習慣的培養。相反，如果老師對待學生不講禮貌，粗暴無禮，氣勢洶洶，不尊重學生，不僅會造成師生間的感情對立，還會使學生從老師粗野蠻橫的舉止中受到不良影響，養成壞的習慣。

（2）老師的舉止要穩重端莊，不能輕浮放蕩。老師是學生的教育者，自己的舉止不僅要禮貌，而且要端莊、正派、適度、得體、優美，讓自己的舉

教育之美：老師掌中的 24 個度
言行舉止要有風度

止體現出良好的道德文化修養，讓美德表現在外部行為上。英國教育學家洛克說過，做導師的人應當有良好的修養，隨時、隨地都有適當的舉止和禮貌。老師的舉止基本要求是穩重。

穩重就是舉止得體，莊重瀟灑，不卑不亢，落落大方，體態活潑而不失端莊，具有可供學生效仿的作用。身教勝於言教，老師穩重的舉止，端莊的儀容，大方的體態，既給學生嚴肅穩重之感又不失親和力，有助於提高身教的效果。老師在與學生交往中，要向學生傳達自己行為中那些具有豐富內涵的美。老師走路的姿勢應步履穩健、抬頭挺胸，表現出朝氣蓬勃和積極向上的精神。

課堂是老師舉止集中表現的舞台，老師的一言一行直接造成示範作用，所以，老師務必重視這個舞台。

課堂上老師要舉止適度，動作文雅，表現出文明的氣度。和學生交往談笑，要熱情而有分寸，親切而講究禮節，表現出莊重隨和的品質。老師要特別注意做到不亂拋紙屑，不抽菸和隨地吐痰，不把腳擱到桌凳上等等。因為一個老師只有舉止適度、行為端莊，才有利於建立自己的良好形象，受到學生的愛戴和歡迎，為學生樹立良好的身教榜樣，給學生以良好的精神感染。

當老師自己心境不佳、身體欠佳時要控制自己的情緒，不要動輒發脾氣、拍桌子、砸東西，更不能把自己的不滿情緒轉嫁到學生頭上，將學生視為發洩憤怒的「替罪羊」。也不能因某些學生搗亂，或班級紀律不好，或師生之間發生誤會，或有學生不夠禮貌，就疾言厲色、暴跳如雷，而應該表現出寬容和肚量，用智慧和理性解決問題。

課堂上老師的表情、言語、教態要得體。學生心目中的老師是神聖的，老師應盡可能地減少瑕疵。學生對老師有著特別的期望和依賴，特別喜歡對老師「品頭論足」。老師的一件小小的善舉，會使他們感到無比的欣喜；老師的一點小小瑕疵，則會使他們產生莫大的失望，產生一種「放大效應」。

在課堂上，老師應根據教學內容的需要而適當變換眼神、手勢、表情、聲調、體態等，表明自己對真善美的褒揚，對假醜惡的貶斥，以此引導學生、

感染學生、啟迪學生，培養他們求真、向善、愛美的品德。在講課時，面部表情要莊重而親切，目光要溫和而慈祥，步態手勢要穩健而有力，注意隨時觀察學生的反應，傾聽學生的意見，與學生進行溝通。

在提問時，可輕輕皺眉，以表示思索；當學生答非所問，不專心聽講時，緩緩搖頭，以表示疑問；當學生回答令人滿意時，點頭贊同，表示鼓勵；當學生不能回答，出現冷場時，則示意學生安靜，認真聽講。不要唾沫橫飛，自顧自侃侃而談；不要東張西望，給人產生魂不守舍的感覺；也不要呆若木雞，一副若無其事的樣子；更不能手舞足蹈，像個跳梁小丑。

此外，老師在課堂上還要努力改掉舉止、姿態上的一些不良習慣，比如講課時搔首抓耳，與學生相處時勾肩搭背，翻書時用手指放在口中沾唾沫，站在講台上不停地摳鼻子、玩粉筆等，這些教態會貶低老師的形象，引起學生的哄笑或者厭惡，削弱老師在學生心目中的威信，減弱教育效果。老師得體的表情、言語、教態以及肢體語言，猶如春風化雨，潤物無聲，能夠造成不教而教的效果，使學生能夠自覺進行自我教育，自我反省，促使學生把道德規範、行為準則內化為自覺行為，健康、自由地發展。

總之，無論是課外還是課內，老師的言行舉止一定要莊重文雅。老師應具有高雅而質樸、賢明而開朗、莊嚴而和藹、自信而謙遜、愉快而冷靜的老師風度。

做到和藹可親、平易近人

具有和藹可親、平易近人的態度，是老師職業道德對老師的基本要求。無論是對待學生和家長，還是對待同事和領導，老師都要控制情緒，在工作和生活中表現出良好的素養和態度。

老師有了和藹可親、平易近人的態度，在教育學生時，就會表現出師長的愛撫和關切，目光會充滿熱情和希望，面容慈祥，態度誠懇，表情溫和，情緒穩定，給學生一種和藹可親、平易近人的感覺，這樣學生才打心眼裡喜歡老師，樂意接受老師的教化。

教育之美：老師掌中的 24 個度
言行舉止要有風度

學生違紀違規是常有的現象，甚至有的學生還一而再再而三地違背老師的願望。這時老師要善於控制自己的情緒，不要對學生疾言厲色，情緒和行為反覆無常，捉摸不定，這樣會傷害學生的心靈，動搖學生對老師的崇敬與愛戴之情，有損老師在學生心目中的良好形象。

如何才能做到和藹可親、平易近人呢？

首先，老師要尊重學生。美國心理學家馬斯洛的需要層次理論認為：人人都有被尊重的需要，都希望得到別人的承認和尊重。心理學家威廉·詹姆斯曾說過：「人性最深層的需要就是渴望別人的讚賞。」老師在生活和教育教學中要保持和藹可親、平易近人的態度，不頤指氣使，不剛愎自用。善於發現自己的不足，不掩飾、不迴避，積極聆聽學生的話語，尊重學生的意見和看法，將自己和學生放在同一位置上。

老師要信任、尊重和熱愛學生，要學會賞識學生，用欣賞的眼光來對待每一個學生，少一點苛求責備，多一些欣賞讚美。讓尊重、理解、關懷、信任如陽光一樣照耀在每一位學生的身上，使學生感受到親切和溫暖，從而產生心靈的和諧共鳴，產生愉悅的情緒反應。這樣就會牢固樹立起老師在學生心目中的「精神父母」形象，學生自然會願意接受約束，自主進行自我省察，不斷增強自我教育、自我修養的主動性和自覺性，從而促進學生自我發展、自我完善、自我提高。

其次，老師要活潑開朗。教育的職業特點決定了老師面對的是一群未成年人，他們活潑好動、精力充沛、求知慾強、可塑性強，要求老師也要有旺盛的精力、堅強的意志，反應迅速而靈活，情緒積極而沉穩。只有富有朝氣、樂觀開朗的老師才能給學生以生機勃勃、坦率豁達的良好印象。

老師只有既陽光、活潑、朝氣，又穩重、沉著、剛毅，才能在師生接觸中造成為人師表的作用，才能在和諧愉快的氣氛中與學生相處，才能引導學生積極向上。老師應該努力培養自己沉著安靜等內傾性特點，說話不可輕浮，舉止不可輕佻，遇事不可慌張。

第三，老師要熱情大方。熱情是人際交往的潤滑劑。老師的諸多素質在與學生的交往過程顯示出來。老師情緒體驗的快慢、強弱，感情的熱烈、淡漠以及動作的敏捷或遲鈍等，都在交往中顯現出來。老師與學生相處，應該熱情大方而不矯揉造作。除此而外，還要善於掌握分寸，盡量避免語言或動作失誤而引起學生的誤解與不快。

第四，老師要善良真實。老師的教育對象是學生，是有血有肉、有情感、有理性的人。老師只有善良和藹，滿腔熱情，才能讓學生產生真情實感，從而取得學生的配合和信任，掌握教育工作的主動權。為此，老師要像父母那樣親切地關懷每一個學生，不僅要關心他們的學習，還要關心他們的生活、愛好、興趣等方面。老師要認真處理學生之間產生的矛盾，不能因關係親疏、家庭差異而有所偏袒。

巧妙運用語言表達的技巧

老師和學生朝夕相處，無論是平常的教育，還是課堂上的教學，語言是師生交流和溝通的主要方式，老師的語言無時無刻不在影響著學生。由於學生的模仿性特強，所以老師要時時處處注意自己的語言。

老師的語言應該和氣、文雅、謙遜、溫和而有禮貌，不講髒話，不強詞奪理，不惡語傷人，教學和日常生活中的談吐不鄙陋粗俗。從某種意義上講，老師是語言工作者，老師的談吐形式上並不要求千篇一律，但老師所言必須言之有理，言之有禮，言之有物，言之有藝術。

老師的語言是傳遞知識和表達感情的重要工具。老師要啟迪學生的心靈，陶冶學生的情操，猶如琴師操琴一樣，只有運用生動藝術的語言才能夠撥動學生的心弦，引起強烈的共鳴。老師語言表達能力在很大程度上直接影響教學的效果。

許多優秀老師在教育學生時能取得顯著成效，除了具有較強的事業心、責任感，具有淵博的知識和豐富的經驗外，還善於運用豐富、生動、形象的教學語言。相反，有的老師語言單調乏味，內容空洞，模糊混亂，呆板冗長，

教育之美：老師掌中的 24 個度
言行舉止要有風度

甚至粗俗汙穢，惡語傷人，儘管他們也有教育好學生的良好願望，但由於語言表達能力欠佳，不僅不能幫助學生形成準確、鮮明的概念和思想，還不利於發展學生的思維能力；不僅影響知識傳授，還會影響學生的情感和意志。

低年級學生的思維具有形象性和富有感情色彩的特點，更需要老師語言生動形象和富於感情，而高年級學生則要求老師語言的邏輯性和哲理性強，所以老師的語言應當簡明、準確、生動、合乎邏輯，具有強烈感染力和說服力，做到以下幾方面：

（1）老師要有準確有標準的評價語言。老師準確有標準的語言能幫助學生正確認識、評價和接納自己。隨著年齡的增長，學生的自我意識在不斷提高，但他們還難以充分認識和正確評價自己。因此，在評價的過程中，老師要用發展性的眼光看待學生，評價學習的動機、行為、過程和結果，引導學生多角度、多途徑地認識自己、評價自己。

老師可以引導學生透過學生與學生的比較，學生與自我過去的比較以及從周圍環境中獲得有關自我的真實回饋，加深學生的自我瞭解，避免主觀誤判。學生除了要正確認識自己，評價自己，還需要接納自己。同時老師要引導學生擬定目標，樹立恰當的理想抱負。在這一教育活動中，語言表達起著極其重要的作用。

（2）老師要有藝術的批評語言。批評總是不受人歡迎的，而老師卻又是使用這個「武器」最頻繁的人，因此使用有藝術的批評語言很有必要。老師批評的話語要讓學生聽得進去，心中認可，並在日常活動和學習中加以改進，而不是對抗或口服心不服，甚至敵視老師的教育。

老師要思考在當前的社會環境下，如何對學生進行批評教育，如何從學生的家庭環境、心理因素、個性特點出發，使批評的語言能入耳入心，使批評收到較好的效果。俗話說得好：「良言一句三冬暖，惡語傷人六月寒。」可見用好語言是至關重要的。

（3）老師要多用引導性和激勵性的語言。引導性和激勵性的語言能在學生心田撒播理想的種子，激發學生的學習動機和求知慾。課堂上，老師要經

常鼓勵學生發現問題、提出問題、解決問題。對待落後學生，老師的語氣應柔和輕快，讓落後學生在談話中拋開包袱，愈顯輕鬆；同時，老師應多給他們一些關愛，善於捕捉落後學生的優點，並加以真誠的讚許和肯定。

（4）老師要以交談的語氣與學生家長溝通。老師在社會生活中要扮演多種角色，老師在與學生家長溝通時要用心傾聽，給予適度的互動，使家長願意信賴並傾訴內心話。另外，老師要積極主動與家長溝通，如果對家長教育方式有意見，提出批評或勸說時，切忌發生正面衝突，要用商量的口氣委婉表達。

「開言知肺腑，出口見精神」，語言精神的體現；「誠於中，形於外」，語言是內心的表白。對學生的調皮、違紀、錯誤要循循善誘，要「曉之以理，動之以情」，不要說一些狠話來刺激學生。也許老師的出發點是好的，但如果教育的語言不當，其結果會適得其反。

老師文明的、藝術的教學語言體現的是老師的素養，反映的是老師的風度。若一位老師能巧妙運用各種正確的語言表達技巧，必能讓老師的語言生動而有說服力和感召力，能引導好學生和班級，讓自己的教育獲得成功，同時讓自己的工作充滿快樂和幸福。

教育之美：老師掌中的 24 個度
教育行為要有力度

教育行為要有力度

所謂力度，一是指強力，二是指借力。

這裡所說的強力，是從教育工作效度的角度來說的，是指老師在教育學生時，具有針對性，不敷衍，使學生感受到來自老師的教育壓力。學生有了知曉事理和情感觸動的感受，才能夠接受老師的教育，繼而改變自己。教育的強力，還意味著教育學生時，並不求一次就解決問題，而是要透過反覆的訓練，在學生頭腦中形成一種意識，這樣教育強力的效度就有了。

老師還應當借力而教。這裡的借力，是指老師善於借用其他的力量，來為自己的教育提供有效的幫助。比如領導的力量，同事的力量，家長的力量，社會的力量，榜樣的力量等，但這些都是輔助的力量。

最根本的力量其實來自學生本身，只有把學生自身的力量「借」到手，老師才能既教得輕鬆，又做出成績；學生才能既學得愉快，又學有所獲。老師只有充分引起學生自我管理的主動性和積極性，才能讓學生在受教育的過程中體驗，在體驗中感悟，在感悟中自覺。自覺就是學生內因的變化和作用，是學生表現出的一種強大力量，有了學生的自覺行為，老師的工作會卓有實效。

▌以身作則是最有力度的教育

「其身正，不令而行；其身不正，雖令不從。」這句話肯定了老師以身作則的重要性。作為老師，自身的品行尤為重要。老師的思想、信念和道德修養，以及處世的態度、行為、儀表等方面，對學生的成長都產生著潛移默化的教育作用，這種教育方式比批評、責罵與訓斥的效果更好，能達到無聲勝有聲的境界。

老師要注意自身形象，要言行一致，表裡如一，以自己的良好言行為學生樹立榜樣。要當好學生的引路人，做好學生的思想工作，老師就要在學生

教育之美：老師掌中的 24 個度
教育行為要有力度

中處處造成表率作用。為了培養學生的綜合素質，使學生成為合格的公民，老師應嚴格要求自己，以身作則，充分發揮言傳身教的作用。

俗話說：「有什麼樣的老師，就會有什麼樣的學生」，老師在政治思想、道德品質、學識上都要以身作則，率先垂範。要求學生做到的，自己必須先做到；要求學生不能做的，自己堅絕不能做。為人師表對學生是一種無聲的教育，它的內在動力不可估量。

從某種意識上講，老師的境界決定了學生的境界。德國哲學家雅斯佩斯曾說過：「真正的教育是用一棵樹去搖動另一棵樹，用一朵雲推動另一朵雲，用一個靈魂去喚醒另一個靈魂。」

《老師博覽》刊登了這樣一個故事：一所偏鄉小學好不容易請到了一位名師來上一節公開課。學校裡的老師都沒有見識過名師，有的此不以為然，有的認為名師是憑關係、熬資歷出來的。

名師來了，沒想到竟是一位年輕美麗的女老師。她說，上課時她將隨便走進一間教室上課。誰也沒想到，她走進的恰恰是全校聞名的放牛班。講台上亂七八糟地散落著粉筆，桌面鋪著一層厚厚的粉筆灰。

老師用目光掃視一周後，迅速收拾好桌上的粉筆，然後走下講台，繞到講桌前面，背對著學生，面對著黑板，輕輕吹去桌上的粉筆灰。片刻的安靜後，教室裡響起一片掌聲，所有觀摩老師和學生用掌聲給她的「開場白」打了最高分。

課上她出了幾道題讓學生做，然後講解了這幾道題的做法。講完之後，她說了一句：「請做對的同學揚一揚眉毛，暫時沒做好的同學笑一笑。」此刻，所有的老師似乎都明白了什麼樣的老師才是好老師。

這位老師懂得「身教」。走下講台，繞到前面，背對著學生，面對著黑板，輕輕吹去桌上的粉筆灰，她的這一舉動無疑是用行動為學生們做出了一個完美的示範。這種以身示範，換來了學生熱烈的掌聲，從而達到了不教而教的最高境界。

現在的學生，獨生子女居多，個個都是「小皇帝」，零用錢多，愛吃零食，吃完後果皮紙屑隨手亂扔。這樣既對學校環境造成了汙染，也不利於學生的成長，儘管老師課上講了，課後督促，但還是扭轉不了這種隨地亂扔的局面。

有一次，學校剛剛大掃除之後，不知是誰在紅色的消防箱上放了兩個零食袋。學校校長路過看見了，他抬起頭看了看，走道和陽台上到處是學生在玩耍嬉笑，怎麼沒有人撿走呢？校長撿起袋子，往垃圾桶走去，這時一名同學來到校長面前，紅著臉說：「老師，我錯了。」說著接過校長手裡的零食袋，小心地放進了垃圾桶。後來校長向年級主任表揚那位同學知錯能改，而當年級主任表揚那位同學時，同學卻說是校長的行為讓他慚愧。可見，要育好人，必須從身邊的一些小事做起，勿以善小而不為。

學生特別善於觀察和模仿，可以說學生時代是榜樣和偶像的時代。學生對偶像有極高的認同感，樂於模仿偶像的行為習慣。老師是學生心中的偶像，要因勢利導，用好自己偶像的身分，用自己良好的行為習慣，去引導學生養成良好的行為習慣和學會做人。老師的一言一行對學生都有著深刻的影響，所以老師要以身作則，樹立良好的形象，這樣才能既教好書，又育好人。

▍說服教育要有力度

在教育實踐中，老師、家長要更從學生的成長需要上去探索說服教育的技巧，並把這種教育方式變成與學生的溝通方式。

說服中，要爭取別人贊同自己的觀點，光是觀點正確還不夠，還要掌握巧妙的交談藝術。說服教育是一個資訊傳播過程，是教育者與被教育者透過思想交流，解決認知問題與改正錯誤行為的教育方式。它以教育者傳播的資訊為開端，以引起被教育者相應的心理變化或心理反應為目的。說服教育是對學生進行思想教育最常見的方式，也是最便捷、最有效的方式之一。如果「說」沒有力度，就達不到「服」的教育效果。

說服教育法的具體方式可以分為兩大類。

第一類，運用語言文字進行說服教育，主要包括以下幾方面內容。

教育之美：老師掌中的 24 個度
教育行為要有力度

　　講述或講解：老師透過向學生敘述、描繪有關事實的發展過程，提高學生對問題的認識。這種方式比較形象主動，富於感染性。

　　報告或講演：這是一種比較有系統地向學生論述、論證、分析某個問題的方式，其特點在於涉及的問題內容深入，範圍較廣，所需時間長。這種方式可以開闊學生視野，激勵情感，活躍思想。

　　談話：針對學生的思想實際，就某一問題與其交換意見，並對其進行教育的一種方式。談話的針對性較強，便於師生之間交流思想感情、促進師生相互瞭解。談話是說服教育常用的方式，不受時間、地點、人數的限制，課內課外均可進行。

　　討論或辯論：是在老師的指導下，由全班或小組成員圍繞某個中心課題各抒己見、相互學習，經過充分的討論和爭辯，最後得出正確結論以提升認識。這種方式需要充分引發和依靠學生自我教育的積極性，有利於培養和提高學生識別、判斷、評價問題的能力和堅持真理、修正錯誤的勇氣。

　　指導閱讀：是在老師的指導下，學生開展閱讀書籍、報紙、雜誌等活動，以提高學生的思想覺悟，彌補口頭說理方式的不足，可與講解、講述、報告、談話、討論相結合。指導閱讀有利於培養學生自覺閱讀的良好習慣，從而提高學生的評價能力和辨別能力。

　　第二類，運用事實進行說服教育，主要包括參觀、訪問、調查等方式。

　　參觀：是根據教學任務的實際需要，組織學生到實地進行觀察和研究的方式，如參觀工廠、博物館、展覽等。

　　訪問：是結合某一種具體任務或研究課題，走訪有關的典型對象以豐富學生感性認識和情感體驗的一種方式，如走訪模範勞工、榮民、科學家等。

　　調查：是有目的、有計劃地獲取一些足以說明某些問題的第一手資料，以驗證和加深學生思想認識的一種方式。

　　參觀、訪問、調查均是透過老師的組織使學生接觸社會實際，用具體生動的實例進行說服教育的形式，其共同特點在於：

其一，可以加強中學教育與社會生活的聯繫，透過中學生的耳聞目睹、親身感受，吸取豐富的營養以彌補口頭說服之不足，增強教育的可信性與感染性。

其二，有利於組織社會上各種力量對中學生施加積極的影響。

說服教育的方式多種多樣，一般都相互配合、綜合運用。但是無論採用哪種方式都必須遵循以下基本原則：

（1）說服教育要有針對性，這是提高說服教育實效性的前提和條件。針對性即從中學生的思想實際、年齡特點、個性差異及心理狀態的實際出發，有的放矢地進行說服教育，為此要事先瞭解學生情況，根據對象特點確定說理的具體內容、時機、場合和方式等。

（2）說服教育要有感染性。感染性是指能激發學生內在的積極情感，以達到師生雙方心理相容，提高教育效果的目的。

要使說服教育具有感染性，一要從愛護和關心學生出發，抱著尊重和信任的態度，設身處地地為學生著想，循循善誘、推心置腹、坦誠相見，而不能以懲罰等手段強迫對方接受自己的觀點。

二要使說服富有知識性和趣味性。說服要注意教給學生以知識、理論，使他們受到啟迪、獲得昇華；同時選用的內容、表述的方式要生動有趣，使他們喜聞樂見，留下深刻的印象。

三要使說服真誠自然，不能言不由衷或裝腔作勢，矯揉造作只能引起學生的懷疑和反感。

（3）說服教育要講究科學性。所謂科學性，即老師所闡述的道理必須符合客觀真理，符合實際，要對學生講實話；老師所講的道理要符合客觀實際，所舉事例是真實可信的，而不是杜撰。

（4）說服教育要有藝術性。所謂藝術性，是說要靈活運用說理的方法和方式。注意營造相宜的環境和氣氛，注意選擇合適的方法；加強自身語言修

養，講究言辭和方式。特別重要的是在對學生進行說服教育時要使用「愛的語言」。

要讓自己的說服教育有效，能夠真正感染學生，這需要一定的技巧。

（1）合理地使用正反兩方面的材料。要關注學生的態度。若學生持積極態度，對所述觀點比較贊同時，適合提供正面材料；而當學生對所述觀點持懷疑態度甚至反對時，適合提供反面材料。還要關注學生的鑑別能力，學生的鑑別能力與學生的年齡直接相關。低年級的學生，鑑別能力較低，適合提供正面材料；而高年級的學生，鑑別能力高，可以提供正反兩方面的材料。

另外，在說服教育的過程中，還要注意順序，即先講什麼，後講什麼。一般情況下，開始和結尾講正面材料，中間放負面材料，這樣的效果最好，更有教育的力度。

（2）合理地使用感性材料和理性材料。如果學生程度較高，可提供理性材料；如果學生的程度較低，提供感性材料效果會更好。短期任務提供感性材料效果較好；長期任務則需要提供理性的相關材料。當然，在現實情況下，一般是兩者結合運用，只是在使用時要略有側重。

（3）利用得寸進尺法，向學生逐步提高要求。心理學家費里德曼和福瑞澤的一項研究證明，讓人們先接受較小的要求，能促使其逐漸接受較大的要求，這就是「得寸進尺法」。

有個小和尚跟師父學武藝，可師父卻什麼也不教他，只交給他一群小豬，讓他放牧。廟前有一條小河，每天早上小和尚要抱著一頭頭小豬跳過去，傍晚再抱回來。後來小和尚在不知不覺中練就了卓越的臂力和輕功。

原來小豬在一天天長大，小和尚的臂力也因此在不斷地增長，他這才明白師父的用意。在對學生進行說服教育的過程中，要結合學生自身的情況，先提出較容易達到的目標，然後逐步提高要求，不可急於求成。

當然，老師在斟酌「尺寸」時，也要考慮到學生的具體情況，因材設「門檻」，逐步提高要求。

(4) 利用「南風效應」。「南風效應」是一個社會心理學概念，出自法國作家拉封丹的一則寓言。北風和南風比威力，看誰能把行人身上的大衣脫掉。北風不假思索首先來了一陣冷風，凜凜刺骨，行人為了抵禦北風的侵襲，便把大衣裹得嚴嚴實實。而南風則不然，它徐徐吹動，使人暖意漸生，行人在不知不覺中先解開了鈕扣，繼而脫掉了大衣，結果南風獲得了勝利。

在進行說服教育時，要注意講究方法。使用「北風」式的方法批評教育時，往往會讓學生產生懼怕心理，效果短暫；而「南風」式方法，能夠和風徐徐地吹掉學生自我保護的「盔甲」，打破學生自我封閉的心理狀態，使學生敞開心扉。這樣一來，說服教育就容易進行了。

成功的教育依賴於真誠理解和相互信任的師生關係，因此在使用「南風」式說服教育前，應建立融洽和諧的師生關係，為運用「南風效應」奠定心理基礎。

(5) 尋找共同語言，引起共鳴，以縮小與學生間的心理距離。這樣彼此的談話就很融洽，通常會造成很好的教育效果。美國前總統雷根爭取選民的手法就變化多端，富有吸引力。在向一群義大利血統的美國人講話時，他說：「每當我想到義大利人的家庭時，總是想起溫暖的廚房，以及更為溫暖的愛。有這麼一家人住在一套稍顯狹小的公寓房間裡，但已決定遷到鄉下一座大房子裡去。一位朋友問這家 12 歲的兒子托尼：『喜歡你的新居嗎？』，孩子回答說：『我們喜歡，我有了自己的房間。我的兄弟也有了他自己的房間。我的姐妹們都有了自己的房間。只是可憐的媽媽，她還是和爸爸住一個房間』。」這個笑話明顯地拉近了他與選民的心理距離，有效地「推銷」了他的形象。

(6) 避免「超限效應」。「超限效應」是指刺激過多、過強或作用時間過久，而引起心理極不耐煩或叛逆的心理現象。馬克吐溫聽牧師演講時，最初感覺牧師講得好，打算捐款；10 分鐘後，牧師還沒講完，他就不耐煩了，決定只捐些零錢；又過了 10 分鐘，牧師還沒有講完，他便決定不捐了。在牧師終於結束演講開始募捐時，氣憤的馬克吐溫不僅分文未捐，還從盤子裡拿了 2 元錢。

教育之美：老師掌中的 24 個度
教育行為要有力度

　　刺激過多、過強或作用時間過久，往往會引起對方的不耐煩或反抗心理，從而事與願違。因此，老師在對學生進行說服教育時，一定要把握好分寸，把好「度」，過度的刺激，強硬、超時教育，不是科學的、有力度的教育，而是教育的愚蠢行為，會產生「超限效應」，達不到教育目的。

　　說服教育是堅持正面教育的一條有效途徑，說服教育時少不了舉例，老師在舉例時應努力做到以下五點。

　　(1) 宜真不宜假。說服教育是針對學生的錯誤思想或言行，用大量生動的正反兩方面典型事例，引導學生透過剖析、比較的方式，瞭解人與人、事與事的異同，使學生從中受到啟發，從而改正不良言行。如果老師所舉的事例是臨時編造的虛假情節，不僅容易出現漏洞，而且一旦讓學生識破，很容易引起他們的反感，導致說服教育的失敗。

　　為此，老師在舉例時首先應考慮其真實性，在這個前提下，不舉文藝作品中的人物、事件，多舉學生熟悉的真人真事。只有事實，才有真情實感；只有感人，才能增強說服力，使受教育者心悅誠服。

　　(2) 宜新不宜舊。老師在運用事例開導學生時，如果一味地舉一些過時的事件或經常講述同一個人所做的同樣的事，往往會給學生一個老師只能老調重彈的印象，從而失去吸引力，導致學生對老師的說服教育抱無所謂的態度。

　　因此，老師在舉例時應注意從新人新事中發現典型事例，講述時注意事件的新穎性、針對性和典型性，這樣就能增加吸引力，讓他們在對事件的比較中有新鮮感和實在感，從而增強學生明辨是非的能力，積極主動地改正不足之處。

　　(3) 宜近不宜遠。老師所舉的事例要給學生以強烈的震撼，引起他們心靈深處的反思。如果老師所舉的事例是學生認識範圍以外的事件，距離學生的生活實際較遠，一則學生因不熟悉而無法產生共鳴，二則會給他們造成一種老師又在編造的不真實感，達不到說服教育的目的。因此，老師應隨時觀察學生身邊發生的好人好事，做好各類素材的收集，在說服教育時就能多舉

一些本地區、本學校和學生身邊的感人事例,這樣學生就較容易感知和接受,從而克服不良心態。

(4)宜點不宜面。在說服教育舉例中,一是列舉犯錯誤的學生的其他事例,二是列舉與教育該生有關的他人事例,在這兩方面的列舉中,老師應本著一次解決一個問題的原則,抓住一個新的典型事例,作為說服教育的突破口,次要事例放在適當的時機列舉或從輕處置,不宜面面俱到。

因此,在說服教育犯錯的學生時,切忌抓住其犯錯這一點就全盤否定的不良做法,應抓住他們所犯錯的這一類事,有針對性地進行教育。在列舉他人事例對其進行教育時,切忌不針對學生的主要問題,泛泛而談與問題無關的其他事例,即使是有益的正面事例,也容易分散學生的注意力而影響教育的效果。

(5)宜詳則詳,宜略則略。老師在說服教育時,應把握所舉事例的全過程,分開對待,找出事例中具有教育意義的經典環節或細節,有的放矢地進行教育。例如在介紹某一英雄人物或優秀學生的事例時,可細緻生動地介紹他們事跡的經過,增強感染力。如果有些不需要甚至不必讓學生瞭解的細節,老師應點到為止。比如在講述反面事例時,就不應對犯罪過程做細節性介紹,避免產生副作用。

區別威信和威風

二者都含有「威」字,都有使人服從的含義,但二者有本質的差別,它們的力量源不一樣。

樹立威信,是每個老師追求的目標。那何謂威信呢?即聲威信譽,眾所敬仰的聲望。可見,威信是一種聲望,且是眾人所欽佩、敬仰的聲望。老師的威信就是得到學生的認可、信賴、尊重,產生擁護和愛戴之情。

一個老師的威信直接影響其教育的力度。作為一個班集體,老師是一堂課、一個班級的責任人和管理者,要使管理有效,老師務必在班級中有威信,學科成績、班級發展的好壞與老師的威信直接相關。

教育之美：老師掌中的 24 個度
教育行為要有力度

　　老師的威信是指老師的一言一行扎根於學生心田而引起的正反應現象，是師生生命碰撞的良好結果。老師樹立威信的主動權在自己手中，而威信度是從學生身上反映出來。

　　老師的威信與自身修為、知識、能力，以及適合學生心理感受的陽光形象緊密聯繫在一起。老師必須愛學習、有美德、有愛心、興趣廣泛、樂觀自信、心胸開闊，懂得充分展示自身的鮮明個性，能夠揚長避短，把自己積極的一面留給學生。對於老師而言，決定其威信的因素莫過於知識的多少。如果老師所具備的知識不足以勝任老師的工作，就很難樹立威信。對學生來講，老師是知識的化身。學生需要知識來滿足自己，哪怕僅僅是取得好成績、好名次，得到家長或同學的讚譽。當然，隨著學生年級的升高，對社會家庭、對理想前途有所認識，對知識的認識變得深刻起來，他們需要知識的武裝。

　　老師的威信與老師的人格緊密相關。就教育工作的性質而言，一位老師不但應該具備專業權威，而且在人格上也須具備某種程度的感召力量，如此才能贏得學生的信賴和信仰。在實踐中，不同的老師所擁有的威信不盡相同，這種差別不完全是由老師本身所具有的知識量決定的，更多受老師人格因素的影響。人格是一個多因素的複合體，表現在對人、對事、對己等各個方面，比如老師的組織能力、語言表達能力、個人作風等，對於老師威信的形成起著增強或削弱的作用。

　　另外，年齡因素也是影響老師威信的又一因素，由於師生之間年齡上的差距，師生之間存在長幼之分，從而使老師在師生互動過程中存在心理優勢，這種優勢對於老師威信的發揮起著積極作用。老師的威信受老師的教育藝術影響很大。

　　老師是育人的工作，面對的是活生生的生命，他們正走在成長的路上，不成熟，心理、生理變化快，這就要求老師不僅要滿腔熱忱地工作，還要有教育的藝術，比如愛人的藝術、寬容的藝術、信任的藝術、等待的藝術。

　　老師的言行要讓學生感受到陽光雨露、和風細雨，感受到生命被潤澤，心智被開啟，也只有這樣的教育，老師才可能樹立起威信。老師的威信有兩個層次，如果老師僅憑著自己的知識能力、理性涵養來樹立威信，這種威信

是淺層次的。只有再加上老師努力地工作，施展教育的藝術，有對學生生命的尊重、關注和悅納，才能在學生心裡留下深深的感動，才能夠樹立深層次的威信。

有威信的老師，講話時學生們愛聽；交代的事學生們會遵照辦好；制定的班規班紀，學生們樂於遵守。老師的一言一行，對學生有較大的影響作用，在長久的潛移默化中，學生的行為思想都越來越像老師。因而，有威信的班導，所帶的班集體一定是「政通人和」的。

然而，耍威風的老師不是這樣的。一個耍威風的老師是讓學生「怕他」，學生的反應是畏而不敬，口服心不服。

耍威風的老師有知識有能力，但不能算是好老師，至少欠缺兩點：一是不懂得學生心理學，教育的藝術還需加強學習；二是工作責任心不足，以粗暴簡單的方式處理問題，以求自己省事，沒有把學生當作鮮活的生命來對待。還有的老師自身能力不足，得不到學生的尊重和愛戴，就以耍威風來壓服學生，想從精神上找回失去的「師道尊嚴」，但結果往往適得其反、事與願違。

樹立威信和耍威風這兩種教育方式很容易混淆，都會觸動學生的內心世界，都會引起學生生命的波瀾。不過，前者是積極的，有利於學生身心的健康和生命價值的生成，而後者是暫時的「聽話」，留有不確定的隱患，不利於學生的健康成長。

▎用好老師的權力——獎與懲要有度

老師權力主要表現在對學生的心理影響和行為約束上，而這種影響和約束具體體現在獎和懲兩個方面。這裡的獎，即獎賞。獎起的是引導作用，以獎引人從善。這裡的懲，即懲罰。懲起的是警戒作用，以威勸人棄惡。這兩者都是教育中必不可少的。

對於老師來講，這兩種方法是老師手中兩把鋒利的寶劍，卻也是容易誤傷學生的劍，必須小心謹慎地使用。

教育之美：老師掌中的 24 個度
教育行為要有力度

就獎賞而言，老師慣用的方式是認同、表揚和獎勵。獎勵指的是物質獎勵，如筆記本、筆等，而用得較多的或用得方便的是其他兩項。也許有人會認為，無論是認同還是表揚，無非是一種最廉價的方式，對學生的影響不大。其實，老師的表揚與其他人的表揚相比，更具誘惑力。因為老師所表揚的學生是多數中的一個或有限的幾個，何況班級中的成員都屬於同輩群體，成員之間更具有可比性，更容易產生成功感、優越感。

但是，在班級中，當老師對某個學生的成績給予表揚時，如果這個學生發現其他同學與自己成績一樣卻得到老師更高的讚賞時，這個學生就會覺得老師獎賞的不公平。久而久之，就會造成學生漠視老師獎勵的狀況。

所以，老師在獎賞時要做到有度。獎賞如果太吝嗇，學生就會受到冷落；獎賞如果太慷慨，學生就會覺得麻木；獎賞如果壓低了，學生感到沒意思，獎的意義體現不出來；獎賞如果提高了，一些學生又覺得不公平，事與願違。

就懲罰而言，有的人認為老師無權懲罰學生，尤其是在推行教育改革的今天，老師應當充分肯定學生、賞識學生，這樣才能激勵他們進步，所以不能批評學生，更不能懲罰學生，因為批評和懲罰會對他們的心靈造成傷害。但也有人提出，每個人走上社會後都會因為做錯事而受到相應的批評和懲罰，為什麼學生在學校就不能受到批評和懲罰呢？沒有懲罰的教育是不完整的，並不利於學生的成長。

當然，也不能過度的懲罰，不能把理性的懲罰推升為情緒化的體罰，摧殘學生身體；也不能採用「心罰」，對學生進行「語言暴力」，進行心靈的折磨。中國傳統的教育素以嚴格著稱，古訓曰「嚴師出高徒」，並有戒尺相伴，對犯了錯誤的學生進行懲戒。這種嚴是一種優良的傳統，它體現了老師對學生的愛和期望。但有的老師並沒有繼承與發展這個優良的傳統，而是走向了極端，漸漸變成了個別老師對學生實施的體罰。

所以，老師在懲罰時也要做到有度。懲罰過少，不足為訓；懲罰過多，消極悲觀；「量刑」過輕，助長惡習；「量刑」過重，傷害身心。

總之，老師在對學生獎或懲時，需要老師的智慧，要向學生做解釋和疏導工作。教育，一旦超越了「度」的獎懲，肯定是非理性和不專業的，很可能是反教育的。因此，獎懲的程度和頻率必須調控得當，要與學生的行為相適應，要用得靈活，用得有理，用得有度。

教育之美：老師掌中的 24 個度
師生生命碰觸要有溫度

師生生命碰觸要有溫度

　　溫度是表示物體冷熱程度的物理量。就人來講，保持一定的溫度是人的生理需要，過冷或過熱都讓人產生不舒適感。同樣，在人與人的交流中，一方的行事說話會讓對方有愉悅或厭惡的感受，會造成「冷」或「熱」的效果。

　　一個人只有把握一定的說話做事的熱度，才可能讓人接受、認可，這個熱度就是人與人相處需要的溫度。有了溫度，我們的生活才會溫暖，才會溫馨，才有感情；我們的工作才會舒心，才有熱情。

　　話語是有溫度的，一句有溫度的話，能溫暖人心。在一個人失敗的時候，送上一句溫暖的話語，能讓人重新站起來；在一個人成功的時候，獻上一句溫暖的話，能讓人幸福。在別人需要的時候給以幫助，會讓人成功，也會讓自己快樂。

　　教育是一種特殊的工作，教育的對象是未成年人，他們可塑性和依賴性較強，對許多問題的認識和看法還不成熟，情緒變化大。所以，師生生命交流和碰觸中一定要有溫度。一位老師只有把握好師生情感的溫度，才可能有效地開展工作，做出成績。

▍建構有溫度的師生關係

　　教育是心靈對心靈的啟迪，精神對精神的感化，離開了和諧的師生關係，啟迪與感化便只是一番空話。只有建構和諧平等的師生關係，營造有「溫度」的師生情感氛圍，才有利於學生心靈的舒展、愉悅。當學生具備了舒服、愉悅的心理感受時，老師的教育便成功了一半。

　　建構有溫度的師生關係並非易事，除了要求老師把學生當成平等的獨立的生命個體，熱愛並尊重每一位學生之外，還要掌握一定的教育藝術和技巧。

　　由於傳統的「師道尊嚴」和現代社會浮躁情緒帶給部分老師的現實主義、功利主義的影響，部分老師強化自己在教育活動中的權威與尊嚴，強調老師為中心的思想，抹殺了學生的個性，導致了師生之間缺乏民主和平等的溝通

教育之美：老師掌中的 24 個度
師生生命碰觸要有溫度

對話。老師當眾羞辱、挖苦諷刺學生的現象屢見不鮮。有的老師在潛意識裡總抱著「嚴師出高徒」的心態，對師道尊嚴割捨不下。

有的老師為了追求個人的功利，比如評優評獎、職稱、獎金等，不遵循教育規律，不顧及學生個性特點，把自己當作「匠人」，把學生當作物化的產品，把分數、升學當作工作的第一任務，大搞「題海戰術」，大量侵占學生的休息時間，大肆補課，教學中以「灌」為主，育人中「居高臨下」，師生之間缺少了生命與生命的情感交流。這樣，必然導致師生關係存在隔閡。

在現代社會裡，老師的教書育人活動，一定要體現新課綱的要求，師生關係應該是民主、平等的，學生尊重老師，同時老師也應該尊重學生的個性和人格，師生之間形成互相尊重、互相關愛的有溫度的關係。

首先，尊重學生是建構師生有溫度的關係的基點。無論是教書還是育人的過程中，老師所具有的民主、平等的意識是建構有溫度的師生關係的重要前提。

在教育活動中，師生雙方誰也不能控制、操縱誰，或者把自己的意志強加於對方，而應建立一種平等、自由、合作的關係。著名教育家葉聖陶認為，師生之間應該確立像朋友一樣的和諧關係。他說：「無論是聰明的、愚蠢的、乾淨的、骯髒的，我們都應該稱他們為小朋友。我要做學生的朋友，我要學生做我的朋友。」老師首先就應該把自己的學生當成一個個有血有肉、有情感、有靈魂、有志向和理想的人，走進課堂，所想到的不只是為了教會他點什麼，更重要的還應該想到喚起他作為一個人的崇高感和神聖感。老師的臉上要常常帶著對學生的讚許的微笑。

現代教育的民主性原則，要求老師把自己放在與學生平等的地位，用心靈換取心靈，只有這樣才能真正密切師生關係，提高教學效率。當學生畏於老師的威嚴，戰戰兢兢地站在老師面前時，有疑問還敢向老師求教嗎？著名教育家愛默生說：「教育成功的祕密在於尊重學生。」老師對學生的最高獎賞莫過於對他們的尊重和信任。保護、尊重學生的人格和自尊心，這是許多教育專家、老師的成功之道。

其次，師生心靈和諧是建構師生有溫度的關係的支點。贊科夫曾說過：學生對老師給予他們的好感，反應是很靈敏的，他們是會用愛來報答老師的愛的。」老師對學生的好感和愛，可以說是構築師生和諧心靈世界的兩個重要支點。老師的好感猶如春風一般吹向學生心靈，使其復甦，而愛則是讓他們獲得成長能量的溫暖陽光。

當然，構築師生心靈的和諧世界，只有這兩個支點還遠遠不夠。老師還必須具有較高的素質，因為師生心靈的和諧是雙向的，如果學生對自己的老師缺少必要的敬畏或敬佩，和諧也是建立不起來的。

心靈的和諧，是師生間有時不需要語言就能感受到的一種默契，是從一個點頭或一個微笑中就能感受到的一種溫馨，是相處時能夠感受到的心靈的輕鬆。為了建立這種新型的師生情感關係，老師在與學生的交流過程中要善於用親切的眼神、和藹的態度、熱情的話語來縮短師生間的距離，取得學生的信任，讓他們無拘無束地表達自己的內心情感，使他們親其師，信其道，樂其教。

總之，把握好師生關係的溫度，找好溫度的基點和支點，建構和諧、融洽、有溫度的師生關係需要我們每位教育工作者不斷地去鑽研、去探索。老師一句關心的話，一句溫暖的問候，一次鼓勵或一份獎勵，都會讓學生難以忘懷。老師要有熱愛學生、無私奉獻的精神，學生才會熱愛老師，師生之間關係才能和諧，兩者才會產生感情上的共鳴。我們只有把工作做實、做細、做出成效來，用愛心去對待學生，並不斷創新思路，才能取得更好的教育教學效果。

學生正是因為不完美才需要老師的教育和指導。建構有溫度的師生關係能極大地引起學生的學習主動性，提高學生參與活動的積極性，有利於學生個性的發展。而這種有溫度的師生關係，可以說正是一個老師教學藝術的最直接展示。

教育之美：老師掌中的 24 個度
師生生命碰觸要有溫度

▌說有溫度的話，做有溫度的事

「說有溫度的話，做有溫度的事」是對老師和學生文明素養的要求。老師說話做事不僅要正確、靈活，還要有溫度。「說有溫度的話」不只是簡單地說一聲「對不起」「謝謝」之類的話，還要伴以溫暖的態度，才能真正拉近師生之間的距離。在師生日常的交流中，老師要引導學生學會並擅於運用有溫度的語言，從而讓師生保持溫潤的學習生活熱度。

什麼是有溫度的話呢？就是能讓你感動，讓你覺得很親切的話。當對朋友說這樣的話時，你們的關係就會拉近。當對家人說這樣的話時，家庭關係會更和睦。當失敗時，別人獻上一句溫暖的話，會讓你心裡暖暖的。當勝利時，別人獻上這麼一句話，會讓你更加快樂。

一位同學在作文中寫道：「國二期末的那次考試沒考好，我很傷心，這時是你送上一句：別灰心，總結這次失敗的原因，把它運用在下次考試中，相信你的實力，你一定會考好的。這句話雖然很平常，但對當時的我來說有不平常的作用。它讓我重新站了起來。」卡內基曾指出：「使一個人發揮最大能力的方法是讚賞與鼓勵。」在課堂中，學生除了有渴望被認同、被讚賞的心理需要以外，他們還需要從老師那兒得到尊重、寬容和教誨，當他們得到時，他們就被溫暖了。

回顧我們自己走過的路，不難發現正是我們的老師、同學、同事那一句句激勵的、溫暖的話語，讓我們走出困境，獲得成績，走向成功。可見，溫暖的話對人多麼重要。沒有它，就沒有激勵；沒有激勵，就沒有我們一點一滴的進步。所以，老師應該多給學生和周邊的人一些溫暖的話，促使他們一點點進步，一點點成長。

在教育實踐中，老師的評價語言應該從學生的年齡特點和心理需求出發，盡可能地多一些欣賞和鼓勵的語言，透過評價讓學生品嚐到成功的喜悅，喚起他們學習的熱情和動力。比如，當遇到學生因緊張一時語塞或說錯的時候，老師要說：「別急，再想想，你一定會說好！」、「你讀得很正確，若聲音再洪亮點就更好了。」

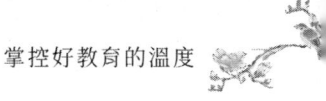

什麼是做有溫度的事呢？就是老師透過自己的行為讓學生感受到來自老師的關懷、支持、幫助。我們的學生來自不同的社會階層，有不同的生活環境，他們在學校的學習生活中也表現出不同的狀態。老師要用自己特有的身分和威信，用積極的行為去影響和感染學生。老師尊重學生，做事公平公正，教育時的寬容和仁愛就會溫暖學生。

　　當學生獲得成績時，老師給一個微笑或豎起大拇指；當學生遇到困難時，老師用自己的行為給予幫助，會讓學生感受到溫暖。一位班導把一位被大雨淋濕的學生叫到辦公室，借來吹風機，像母親一樣給這位學生吹乾頭髮和衣服時，感動的不僅有這位學生，還有全班學生，甚至感動了同事和學生家長。

　　做一名讓學生感到溫暖的老師，就要發自內心地無條件地愛學生。只有真正的愛才能讓學生感動，被真愛感動的學生，才會懂得感恩。正如盧梭說的：「在敢於擔當培養一個人的任務之前，自己必須要造就成一個人，自己就必須是一個值得推崇的模範。」朱永新說：「教育不光是給孩子們知識，更重要的是培養學生一種積極的生活狀態，以積極的生存心境，積極的人生態度對待生活。教育本身就是生活。」

　　如果我們的學生在學習中被老師的溫暖感動，那他們也會去溫暖別人。這樣，我們的教育才是成功的。

▌掌控好教育的溫度

　　掌控好教育的溫度是指處理學生問題要有「冷」有「熱」。不同的學生有不一樣的成長環境和理解能力，對老師教育的接受度也不同。老師在處理問題時一定要掌控好溫度。處理有的問題需要有熱度，快處理；而有時也需要有冷度，慢處理。

　　所謂熱度，一是指熱愛，一是指熱情，也就是說老師要熱愛自己的工作崗位。只有熱愛教育工作，有為它付出一切的心理準備時，才能積極面對工作中的一切困難，才有克服這些困難的決心和勇氣，才能夠在克服困難中體驗到成功的快樂。

教育之美：老師掌中的 24 個度
師生生命碰觸要有溫度

當然，熱愛還包括熱愛自己的學生，要以「幼吾幼以及人之幼」的心態來對待學生，把他們當成自己的親人，這樣，不管工作有多麼辛苦，內心卻充實、快樂。熱情則是指面對看似辛苦繁雜的工作，能做到以積極的心態去面對，熱情洋溢地投入其中，這樣，老師不會當不好的。

所謂冷度，首先指冷靜。「冷」，就是要理智客觀地去工作，要按照客觀規律辦事。從教育對象上看，我們面對的是未成年人，是身心還不成熟的孩子，他們的身心特點決定了他們的舉止行為往往是幼稚的，甚至是「令人生氣」的，此時，「冷」處理會使我們不被情緒左右。從工作本身來看，一個成熟的老師，他的工作是有目標、有規劃的，只有冷靜地規劃工作，一切才會井然有序。「靜」，就是要寧靜、沉穩，不浮躁。

處理問題不能停留在事物的表面，更不能急功近利。問題出現後，先理性地觀察和分析，然後找出解決問題的辦法。可以說，寧靜和沉穩是當好老師的基本功。其次，還有冷峻的意思，也就是說，工作時我們不能感情用事。常常見到有的老師好心地替學生做一些他們原本力所能及的事情，這不能不引起我們的思考。

作為老師，更多的時候，我們是學生的引導者和合作者。老師，特別是班導老師，兼具著幾種角色：當學生需要愛的時候，我們是他們的親人；當學生需要交流傾訴的時候，我們又是他們的朋友；當學生需要狂歡的時候，我們又要當他們的玩伴……當角色需要轉變的時候，我們該怎麼辦？

我想，我們必須給自己一個準確的定位——給自己的角色定位，給自己的教育行為定位。我們要關心愛護學生，做學生的良師益友，而良師是需要理智的思考和行為的，任何剝奪學生鍛鍊機會的替代或縱容都是充滿「愛」心的誤人子弟。

掌控好教育的溫度，一方面要有一定的「熱度」，即要以真實的情感去感染學生，達到教育的目的。羅姆認為，愛是情感誘導的基礎，沒有愛就沒有教育。因此，老師必須用誠摯的情感去熱愛、尊重、信任每一個學生，瞭解每一個學生的心理，掌握每一個學生的思想、學習、生活中的熱點和興奮點，真正達到師生心心相印，只有這樣才能產生教育的「熱效應」。

另一方面，掌控好教育的溫度要有一定的「冷度」。因為人在感情衝動時，往往會產生強烈的排他性及牴觸情緒，即使是正常的好言規勸也難以入耳，此時最忌諱的是硬碰硬，打「遭遇戰」。有這樣一個例子，有一次，班級中一位調皮的男同學在自習課上違反紀律，班導當著全班同學嚴肅地批評了這位同學，剛開始這位同學還滿不在乎，可後來臉色逐漸變了，故意用力開關桌子抽屜以示不服，這使得班導火冒三丈，批評的火力急速加強，最後的結果是這位同學的情緒達到更難以控制的局面，狠狠地折斷自己手中的筆，根本聽不進去任何話。

這讓我認識到了教育「冷度」的重要性和必要性。老師面對犯錯誤的學生及班級出現的問題，會在自己內心掀起感情的波瀾，這時就需要克制，使自己盡快冷靜下來，因為只有這樣，才能比較理智地思考、分析面臨的問題，尋找教育契機，選擇適當的教育方法，達到預期的教育效果。

教育離不開師愛，但如果愛過了頭則是對學生的一種傷害。有一位班導，班裡有位情況特殊的學生，父親販毒被抓，母親離家出走。她與爺爺奶奶相依為命，靠社會救濟度日。於是，這位班導在各方面都給她以關愛，時常拿些東西給她，經常和她閒話家常，有時寵著她慣著她，對她的小過錯也只是點到為止。經過了一個學期，有同學向這位班導反映，說這位同學有班導的寵愛，平常顯得有點放肆。有科任老師也向班導訴苦，說這個學生被班導寵壞了。

班導反思自己的教育行為後，明白對這位學生愛的溫度是有些過了。此後，班導對這位學生的愛降了溫。當發現她趾高氣揚、驕傲自滿時，班導就及時提醒她，「動之以情，曉之以理」地向她講做人的道理。在班導嚴格而慈愛的教育下，這位同學有了明顯變化，變得會為人處世了，變得陽光了。三年後，這位同學考取了明星高中。

當老師能調控教育學生的溫度時，就掌控了教育的主動權和方向。

教育之美：老師掌中的 24 個度
師生生命碰觸要有溫度

■「愛」「嚴」要有度

不少老師在教育學生的過程中，往往把握不準對學生「愛」與「嚴」的尺度。不是對學生愛得過分，失去老師的尊嚴，就是管得太緊太死，以致學生「談師色變」。對學生恰當的「愛」和適度的「嚴」是教育的藝術。

老師對學生的愛是由道德和理智凝聚而成的教育情操，不同於父母對孩子天然的愛，它蘊含更多的社會內容，具有廣泛的社會意義。老師對學生的愛是一種態度，是一種行為，更是一種肯定的評價。因此，學生往往把老師對自己的關懷、愛護、信任與老師對自己的評價聯繫在一起。老師的一句話有時候能改變一個學生的一生。

當學生意識到老師是真心愛護他、關心他，為他操心時，無論你是耐心地幫助還是嚴厲地批評，學生都會樂意接受。反之，如果沒有取得學生的信任，即使你教育目標正確，教育方法合理，也無法達到期望的教育效果。

因為在教育過程中，學生既是老師作用的對象，又隨時顯示出一種反作用，這種反作用表現在老師在教育學生和提要求時，都要經過學生情感的過濾和催化。如果師生沒有彼此信任，沒有愛的親近，學生對老師的教育就會無動於衷，對老師提的要求無所謂，嚴重時學生還會產生牴觸情緒和對抗行為。

在教育活動中，老師對學生愛的方式很重要，方式不同，學生接受的情感也大相逕庭。熱愛學生絕不是溺愛學生，而是從嚴要求，從嚴治學。只有真正熱愛學生的老師，才會對學生提出嚴格要求，因為，嚴格要求是師愛的重要體現。誨人不倦、不放任自流，實質上是全心全意地為學生服務的表現。注意不要成為以下幾種類型的老師。

（1）家長型：表現在老師的言行專制。學生稍有不順從，就批評、訓斥、體罰，這些老師認為，嚴厲管束是對學生的愛，顯然，這種愛是很難被學生理解和認同的。

（2）保姆型：這些老師對學生的情感近似於溺愛，事事插手，不給學生鍛鍊的機會，是對學生能力的剝奪。這類型的老師是「吃了虧」，卻不見得「討好」。

（3）保溫瓶型：這一類老師表現為外冷內熱，他們熱愛自己的學生，處處為學生著想，但為了維護其威信，在學生面前過於嚴肅，不苟言笑，結果使學生對這類老師敬而遠之。

（4）勢利型：這些老師對優等生與落後學生的愛呈現明顯的兩極分化。老師喜歡優等生本屬正常，但這種「嫌貧愛富」則有失教育公平，不利於學生的均衡發展。

沒有愛便沒有教育，老師唯有心裡時時裝著學生，學生心裡才會有老師。尤其是問題學生，愛之深，才能喚起他們奮發向上的勇氣和信心。但愛而不嚴，沒有了對學生的約束也是不行的。如果和學生打打鬧鬧、嘻嘻哈哈，則會損害最基本的老師尊嚴，將會造成學生對老師的要求不執行或執行不力，因為學生會認為反正我與老師關係好，做不做老師都不會責怪的，這樣的話，良好的班風就無法形成，老師在學生的心目中也沒有什麼威信可言了。

老師對學生嚴，是理所當然的，是培養人的需要，任何時候對學生嚴格要求都是正當和必要的。正如馬卡連柯所說：「如果沒有要求，那就不可能有教育。」常言道：「嚴師出高徒」，「教不嚴，師之惰」。嚴有時是規矩、是紀律，「無規矩不成方圓」；嚴有時是風雨，「不經歷風雨，哪能見彩虹」。

嚴是老師的責任和義務。教育不只是一個面，而應該是一個立體，教育的方法不是單一的，而是多面的。如果教育只有輕鬆、好玩，老師只有微笑、溫柔，那將很難促使學生茁壯成長。

但一些老師在育人實踐上對嚴的曲解、誤用，令人深思。在日常教學中，嚴演變為體罰和變相體罰。心雖善，動機也好，但嚴而無「格」，愛必無「成」。學生的自尊、人格、上進心被嚴厲的霜風冷雨擊碎，心靈受到創傷，久而久之將形成反抗心理。這種嚴於事無補，於人無益，是對學生個性發展的隱性扼殺。

教育之美：老師掌中的 24 個度
師生生命碰觸要有溫度

真正為學生好的「嚴」，應該是嚴而不厲。缺乏嚴格要求，放任自流，是對學生的不負責任，但嚴格不等於嚴厲，嚴厲意味著老師態度強硬、武斷、偏執甚至是剛愎自用，有時還表現出冷漠，嚴厲會讓學生產生懼怕、退縮的心理。因此，老師對學生的態度應該是嚴格，而不是嚴厲。

但是，老師對學生一味地嚴格，不給學生以關懷和體諒也是不正確的，是缺乏愛的表現。表面看來，學生非常聽話，能遵守各項制度，甚至做得很好，但時間長了，學生見了老師就像老鼠見了貓，除了害怕還是害怕。學生長時間處於被動和壓抑之中，將對學生的身心產生不良影響，從而導致學生厭學、逃學，最後往往會發展為退學、輟學等。

老師要嚴而有格，「格」就是範圍、尺度。就是老師要根據具體情況向學生提出自己的要求和主張。老師如何做到嚴而有格呢？

（1）嚴於律己。老師要做到嚴而有格，首先要言行一致，樹立自己的威信。要求學生做到的自己也要做到，做學生的榜樣。

（2）嚴在理後。老師對學生提出嚴格要求時，要向學生說明理由，特別是在學生不願意的情況下。只有在得到學生理解和支持的基礎上，老師的要求才可能順利地開始，圓滿完成。

（3）嚴而有法。老師不要簡單地或情緒化地要求學生，而應注意傾聽學生的心聲和意見，培養正確的是非觀念，以愛心感化和引導。另外，要因材施教，把握好尺度。

（4）嚴無偏見。老師的嚴應該一視同仁，不能厚此薄彼。

老師面對的每一位學生，身心都處於一個迅速發展的階段，在心理上表現出幼稚或半成熟狀態，再加上有些家庭的過分溺愛、社會的不良影響，往往使他們好逸惡勞，心理承受能力極小，心理素質差。面對學校和老師繁雜的規範要求，沉重的課業負擔，飽和的時間安排，有些學生往往會走向極端：一種是過分服從依賴，唯恐做得不對，整天只是機械地埋頭苦學；另一種認為自己無法成材，成功無望，面對老師的教育，反抗仇視，為所欲為。針對這兩種性格的學生，老師要及時理清情況，把握「愛」與「嚴」的尺度。要

從學生的心理需要和心理發展規律出發，採取個別談心，舉辦集體活動等方式進行引導和調適，不斷提高學生對社會的適應和辨別的能力，對外來刺激的適應能力，對心理活動的平衡協調能力。

另外，學生大部分時間都精力充沛，易於接受新鮮事物，但其辨別是非的能力不夠，難免會沾染上一些不良的習氣，有的甚至誤入歧途，從而陷入矛盾、痛苦、迷惘的境地，為此背上沉重的思想包袱。

對此，老師不能只堅持原則，嚴格要求，要及時開導他們，既不過分計較，也不過分急躁。幫助學生找出導致錯誤的根本原因，循循善誘，引導學生改正錯誤，不讓失誤、失敗成為學生的枷鎖。

因此，老師對學生不僅要給予關心、愛護、幫助，還應時常鼓勵、鞭策、指導，使師生關係融洽、自由、平等、和睦。平時要對學生嚴格要求、嚴加管教，既讓師生之間有一定的距離，又能成為學生心目中值得信任的人。對學生的教育，唯有做到寬嚴適度，嚴愛統一，才能有效地培養學生良好的思想品質和行為習慣。

在教育學生時，愛與嚴是辯證統一的。老師要適時地把握對學生「愛」與「嚴」的度。老師要做到愛中有嚴，嚴中有愛，愛而不寵，愛而有度，嚴慈相濟，嚴而有格，讓學生體會到真誠的愛。

老師要有親和力

在學生評教中，我們發現，學術能力、教學水準與學生的滿意程度並不一定成正比。有一位老師，其所帶班級的考試成績總是處在年級前列，個人也常有研究文章見報，但學生評教的滿意率卻很少能達到平均值，為此我們曾開過一個小型學生座談會。學生反映，對該老師的教學方法、教學能力他們都能接受，但老師太過嚴肅，少有笑臉，與學生談話總是盛氣凌人，學生有事找他，他表現出來的也是一種愛理不理的態度。這位老師之所以不受學生歡迎、師生關係緊張，是因為他缺乏必要的親和力。

教育之美：老師掌中的 24 個度
師生生命碰觸要有溫度

親和力是兩種或兩種以上的物質結合成化合物時互相作用的力。從心理學的角度看，它是指「在人與人相處時所表現的親近行為的動力水準和能力」。老師親和力的高低常常取決於他的性格特徵，如有的人生來不愛笑，有的人從小不愛親近人，有的人天性愛熱鬧，有的人具有豐富的幽默細胞等。

但親和力又與親和動機密切相關，親和動機強，比如，迫切需要得到學生的友誼，得到他們的支持合作的老師，其親和力就高；親和動機弱，比如，無視學生的存在，或把學生當作知識的容器，把自己的權力放在至高無上的地位等，親和力就一定很低。

老師的工作性質要求具有高度的親和力。只有讓學生接近你，接納你的意見，最終才能接受你的教育，也只有這樣才可以贏得學生的尊敬和信任，獲得學生的寬容與理解，即使某些老師在教學方面有所欠缺，但只要具有了親和力，能帶領學生熱情地學習、主動地思考，還是能獲得最大程度的教學效果。反之，有的老師雖有教學能力，但如果學生敬而遠之，那這位老師是不可能獲得最佳教育效果的。

一個缺乏親和力的人，可能是一位好的教學人，也可能是令人尊敬的專家學者，但絕對不可能成為一名出色的教育家。有的老師自視甚高，不顧學生的感受，唯我獨尊，很容易引起學生的反抗心理，即使他學問很好，講得很好，最終也得不到令人滿意的教學效果。

可見，良好的親和力有助於形成和諧的教育氛圍，師生關係才會真正的民主、平等。老師有親和力，是人本思想滲透的結果，也是新課程下師生關係的精髓。

那麼老師怎樣提升親和力呢？

親和力應從細處做起。俗話說，潤物細無聲。無論課內課外，老師的一言一行，都像一滴一滴的甘泉，滋潤學生的心田。在平凡的生活細節中，在教學環節的細微處，注意一些小技巧可以幫助老師提升自己的親和力。

比如，課堂上，學生低頭做小動作時，老師邊講邊走過去，用手撫摸一下學生的頭，或輕輕地敲桌子，給學生一個善意的提醒。這會造成心靈交流、

增強親和力的神奇作用，學生就會感覺老師就是他們的朋友，就生活在他們中間。

親和力表現在語言上。因為言語交流是師生互動的基本方式，語言是實現這一交流的最直接工具。具有親和力的語言是老師開啟學生心靈的鑰匙，是對學生進行語言訓練的一面鏡子。要使語言有親和力，就要注意平時言談和藹可親，如春風化雨，如清泉小溪；課堂上和學生進行知識和思想的交流，語言要自然親切、熱情明快，做到活潑而不庸俗，文雅而不晦澀；對學生的提問、輔導、解答要不厭其煩；課下可以融入學生中去，和學生進行無拘無束的交談。學生學習上有失誤或做了錯事能夠循循善誘，給予正面指導。學生生活中有苦惱或痛苦，老師要給予關愛，即使只是一句溫暖的話語，也會讓學生心中燃起暖暖的愛意。

親和力的核心是民主、平等的思想。把學生當作自己的親密朋友，尊重學生的人格。現在的學生生活在訊息快捷的時代，學習機會多，獨立性強，自我意識濃厚；他們渴望與他人合作，被他人尊重和重視。老師對學生的說教占據很大的教學空間，如果這個度把握不好，就有可能讓整個班集體產生牴觸情緒。我們要把對學生的說教變成一種溝通，把對學生的管教變成一種商討式的參與。在與學生的交流中，多一份平等，就會讓學生產生一份責任感；多一份尊重，會拉近彼此的距離，多些合作的機會。

親和力需要尊重，最主要的是尊重學生的人格。對學生採取諷刺、挖苦、體罰等手段，只能引起學生的反抗心理和對抗情緒。記得教國二時，一位數學老師對回家在電腦裡找答案的同學一陣發火，當著全班同學批評他，還請家長來，結果本來數學成績還好的這位同學，與數學老師有了距離，數學成績明顯下降。後來經過師生交流，多次談心，這位同學感受到了老師對他的尊重與理解，師生關係才恢復到以往，這位同學的數學成績才回到之前狀態。可見，只有尊重學生，才會獲得學生的尊重。

親和力需要真誠。真誠地對待學生，才能贏得學生的真誠。老師要勇於面對自己，把自己的精神世界展示在學生面前。老師難免會有過失，放下架子作自我批評，學生會覺得你是真誠的，親和力就會向著健康方向發展，同

教育之美：老師掌中的 24 個度
師生生命碰觸要有溫度

時也使學生學會自我批評、自我完善。一句「對不起，老師有事耽擱了，遲到了幾分鐘」一定會贏得學生對你的信任；一句「對不起，我錯怪你了」一定會收穫一份尊敬和愛戴。在交流與自我批評中，定會收穫更多的真誠與信賴。

親和力需要寬容與自控。老師的發火和指責，往往不能激發學生的學習熱情、進取心和榮譽感，反而會傷害學生的自尊心，疏遠師生的心理距離。老師應該還有一顆寬容的心，能容忍學生的缺點與錯誤。在突發事件面前，不能感情衝動失去常態，要控制自己的情緒，保持平靜的心境，有分寸、有節制、有辦法地處理問題，做到以理服人、以情動人。

沒有微笑就沒有親和力。微笑具有暗示和感召作用，能表現老師對學生的友好態度，縮短老師與學生的心理距離。帶著微笑進課堂，定會收穫好心情，因為微笑能創造出和諧的教育環境。

沒有讚揚就沒有親和力。老師引領作用的發揮程度直接影響學生學習的狀態與效果。由於課堂的動態性，老師要及時關注學生的變化，善於發現學生個性中的優點，及時讚揚和鼓勵。當然，讚美要言之有物，深入挖掘學生品格，不能虛浮空洞。

教育教學要有靈活度

所謂靈活，就是敏捷、不呆板，善於應變。教育是一門科學，也是一門藝術。要實現既定的教育目標，收到預期的教育效果，除了應該具備一定的工作能力外，還必須講究一定的教育藝術，具備恰當的工作方法。從某種意義上講，教育的藝術主要就表現於靈活性。

學生是有差異的。由於學生所處的家庭環境、社會環境和自身經歷的不同，學生的心理素質、文化素質存在著很大的差異。老師要因材施教，對不同的學生應有不同的教育方法。

批評學生的語言要有彈性，既要指出學生的缺點，又要看到學生的優點；既要讓學生看到希望，又不至於把學生一棍子打死。在工作中，老師應以肯定為主、否定為輔的教學方法，批評學生要把握一定的尺度。

沉著冷靜、機智果斷地處理偶發事件。偶發事件在預料之外，沒有充裕的時間思考對策，必須根據事態靈活處理。

蘇霍姆林斯基說，愛是最好的教育；王曉春說，光靠愛的教育是蒼白的；魏書生說，教育主要靠科學管理；李鎮西說，主要靠人文關懷；孟凡杰說，要做智慧型教師。看起來似乎矛盾的觀點，卻告訴我們一個很明確的道理，老師是這個世界上原則性最強的，也是靈活程度最高的管理者。

▌班級管理的靈活性

創建優秀班級並且使優秀班級獲得可持續發展，是老師工作的重要奮鬥目標。怎樣實現這個目標呢？這需要老師的熱情和睿智。班級工作沒有固定模式、統一標準。只要能獲得最佳效果，就是妙招，就是技巧。所以說老師的工作要有靈活性，老師也只有具有了教育的靈活性，才能收穫教育成果。

時代在前進，學校在日新月異地變革，教育管理在發展，這就需要老師的工作要適應形勢，靈活多變，及時面對可能出現的各種問題，為學生提供

教育之美：老師掌中的 24 個度
教育教學要有靈活度

多種形式、多種途徑的服務和有效的幫助。因此，靈活多樣的教育方式，是老師必不可少的追求。

首先，老師提要求要粗細靈活有度。老師宜提出整體要求，不宜太多、太細，這叫做「粗」。一方面，這種「粗」是集體中每一個人都做得到的基本要求，它有益於團結班集體；另一方面，也給全體學生在形成班集體過程中留有創造與發揮的餘地，有利於學生自我管理、自我教育能力的培養。正如英國史賓塞在《教育論》中指出的：「記住你的教育目的應該是培養成一個能夠自治的人，而不是一個要別人來管的人。」不包辦，不發號施令，放手讓學生去做，讓學生在學中做，做中學，把班集體當作他們除了學習文化知識之外的培養各種能力的實驗場所。但「粗」並不是撒手不管，放任自流，而是抽出更多的精力，細心地觀察每一個學生，瞭解他們的特點、思想和需要，從而激發學生對某一方面活動的興趣，使其個性得以充分發展。」細，正是在「粗」的框架下對「粗」的完善與豐富，也是因材施教、培養個性化不可缺少的。

其次，老師要靈活地用好師愛。尊重學生、關心學生是一種愛，嚴格要求學生也是一種愛，一種深沉的愛。對學生要嚴格要求，一絲不苟，不遷就，不放鬆。對學生的嚴格要求並不是指老師提出要求時要有嚴厲的面孔，而是指要求應嚴格，並做到切實可行，堅持不渝地貫徹到底，而且要嚴在理中，嚴中有愛。

用任小艾的話說：「以愛動其心，以嚴導其行。」但在管理方法上要活，這是由於每一個學生的心理、生理等都存在個性差異，即使是同一個學生，由於環境與自身條件的變化，個性也會隨之發生變化。所以老師在工作方法上要靈活變通，做到因材施教，因人而異，因事而異。

第三，老師處理事情要有輕重緩急，靈活機智。根據學生的年齡特徵和個性差異，在處理問題時如果能針對學生的心態，做到緩得適時，急得恰當，將會收到事半功倍的效果。比如對個性倔強、自尊心強的學生應採取延長教育法，循序漸進，讓他們自我思索、自我對比、自我反省，以激發他們的內在驅動力為目的。

如果操之過急,往往會使他們喪失學習和生活的信心。但強調緩的作用,並不是說時時處處都以緩為好。相反,急的重要性同樣不可忽視。比如當學生做了一件好事時,他迫切想得到老師的表揚,如果老師不能抓住時機,及時表揚,即使後來再補上,效果也不夠理想。

第四,老師在對學生進行教育時,應抓住教育的有利時機。內容、方式相同而時機不同,效果也常常會不同。老師要善於選擇和捕捉最佳教育時機,以求得最佳教育效果。而要捕捉最佳教育時機,老師就要敏銳地覺察學生的細微變化,及時預見教育效果。有時,學生出現的問題,如果不是最佳解決時機,那就要等待或創造最佳時機。

比如,有位老師注意到班上一名優生近期學習熱情降低,作業品質變差,上課精神狀態不好,經家庭訪問才瞭解到家長在該生生日時滿足了孩子的願望——買了電腦。誰知該生竟沉迷其中,放學一回家就上網,常常要玩到深夜,家長教育沒效果,正為之傷腦筋。當這位老師得知這一情況後,感到時機不夠成熟,未立刻教育。時值半期考試,其結果正如所料,該生成績明顯下降。當這位老師在班會課上分析總結時,發現該生有失落感,他感到最佳教育時機已經到來,下課後即與該生談心,動之以情,曉之以理,該生認識到了沉迷網路的危害,當即表示一定合理安排時間,以學習為重。果然,下半期該生學習成績又回升了。因此,能否捕捉最佳教育時機,有時甚至是教育成敗的一個關鍵因素。

第五,老師要因材施教,對不同的學生應有不同的教育方法。老師,特別是班導,是一個班級的領導者和組織者。要取得良好的教育效果,就必須講究靈活教育的方式。學生是有差異的,由於家庭環境、社會環境、自身經歷的不同,學生的心理素質、文化素質存在著很大的差異。老師對於品學兼優的學生要從嚴要求;對單親家庭的學生要進行愛心教育;對於問題學生要進行信心教育以尋找優點;對於過早社會化的學生要進行正確的人生觀、世界觀、價值觀引導;對於心理有障礙、情緒偏激的學生要進行心理健康教育,使其正確看待身邊的人和身邊的事;對於自私的學生要進行集體主義教育;

而對於性格孤僻、內向的學生則要進行交往教育，讓他們經常參加一些集體活動。如果教育方法過於簡單化、模式化，教育內容再好，也難獲實效。

第六，老師實施教育時的材料要鮮活。老師對學生的教育具有全方位性，其內容既要積極健康，又要針對學生實際；既要豐富多彩，又要讓學生樂於接受。因此，在選擇教育內容時，不能拘泥死板，囿於成規，而要匠心獨運，機智靈活。不能今天談《班規》，明天講《守則》，今天板著臉訓誡「不能如何如何」，明天瞪大眼警告「不能怎樣怎樣」，這種單調空洞的說教，學生是反感的，效果是有限的。

因此，材料要有鮮活感、時代感，報紙雜誌上、電視網路裡以及我們身邊，都有許多的鮮活素材、典型案例是對學生進行教育的極好材料。要符合學生的年齡特徵。只要有選擇性、有針對性地利用這些材料，靈活多樣地對學生進行教育，學生就會參與熱情高，也易於接受。靈活選取教育內容，常常能獲得良好的教育效果。

老師要明白教學有法，教無定法。不要拘於傳統的管理模式，要積極探索，大膽創新。要抓住現象、分析本質、尋找規律、對症下藥。接著就要去實踐，要腳踏實地一步一個腳印地做。當然，做的同時要思考原方案的利弊，隨時調整、豐富和完善。

靈活地選擇教育內容，靈活地採用教育方式，靈活地把握教育時機，是老師工作靈活性的主要表現。教育工作是一門藝術，靈活性是其中的一種技巧。老師應充分發揮自己的教育智慧，科學地掌握和運用這門藝術，避免工作中的低效勞動甚至無效勞動，為創建優秀班級並使之獲得可持續發展而努力。

▎教學方法要靈活

老師工作的對象是複雜多變的鮮活生命，他們不同的知識基礎、接受水準、個性特點等決定了老師的教學過程不可能完全按照預先的設計進行，也

不可能有一個固定的模式。老師教學的方法必須是靈活的。這種靈活性表現在：

（1）需要對不同的學生因材施教。不同學生表現出不同的學習狀況，需要老師在教學時靈活，要有快慢、詳略、難易之分，要「一把鑰匙開一把鎖」。

（2）需要靈活地運用、選擇和處理教學原則、教學方法、教學內容。教育有規律可循，有原則可依，但無教條可套。教學有法，但教無定法，貴在得法，說的就是這個道理。在什麼時候、什麼情況下運用什麼原則以及怎樣運用，很大程度上取決於老師的靈活性。老師備課要在深入鑽研教材和瞭解學生的基礎上對教材進行靈活加工處理。

（3）需要對突發性教育情境隨機應變，做出迅速、恰當的處理。教學的過程並不是千篇一律的，教學的情境不可能毫無差異地重複出現。正如馬卡連柯所說：「一般來說，教育學是最辯證、最靈活的一種科學，也是最複雜、最多樣的一種科學。」這句話不僅反映了教育的特點，而且也充分說明了老師需要靈活性和創造性。

在靈活運用教學方法時，老師要遵循以下原則：

（1）擇優性原則。每一種教學方法都有它的優點，亦有它的不足之處。

一般說來，採用不同的教學方法所取得的教學效果是不相同的。老師應該根據教學內容、教學對象和教學環境等具體因素，靈活地選擇比較合適的教學方法。

（2）綜合性原則。在教學過程中，學生的知識獲取、智力發展和非智力因素培養，不能只靠一種教學方法，而應該博採眾法之長，加以綜合運用。一般來說，一節課應以一至二種教學方法為主，輔之以其他的方法。老師要靈活地發揮各種不同教學方法的特點，揚長補短，相互配合，相輔相成。

（3）相關性原則。制約教學方法運用的因素是多方面的，老師應靈活地權衡利弊，抓住有利的主要因素，避免不利因素的消極影響。比如，有的課運用實驗法雖費時較多，但對激發學生的興趣和培養動手能力有好處。如果

教學時間允許，就要用實驗法進行教學。但是，如果教學時間實在難以調劑、安排，還是應把這節課的主要內容完成。

在教學實踐中，有的老師富有創新精神，勇於探索新的教學方法，但對教學效果考慮得比較少，也有的老師只習慣於某一兩種教學方法，擔心進行教學方法改革會影響教學品質。提倡教學的靈活性，就是要求老師既要有改革創新精神，又要著眼於實際效果。只要老師們堅持不斷地學習教育科學理論和累積經驗，在教學實踐中完善自身的知識結構，提高教學水準，就能得心應手地靈活地優選和運用好教學方法。

教學方法是實現教育目的、完成教學任務的基本手段。它對於教學的成敗、學生智力的發展都起著重大的作用。老師們已總結出了許多實用的教學方法，只要學會靈活運用多種教學方法，就一定能提高教學品質，培養學生學習興趣，活躍教學氣氛，增進師生交流。常見的教學方法可分為七類。

第一類方法：以傳遞資訊為主的方法，有講授法、談話法等。

第二類方法：以直接感知為主的方法，有演示法、參觀法等。

第三類方法：以實際訓練為主的方法，有練習法、實驗法等。

第四類方法：以賞析活動為主的方法，有閱讀法、陶冶法等。

第五類方法：以引導探究為主的方法，有發現法、探究法等。

第六類方法：以情感交流為主的方法，有角色法、遊戲法等。

第七類方法：以邏輯思維為主的方法，有程式法、辨證法等。

賞識教育也有度

鮮花因被人欣賞而美麗，學生因被人賞識而奮進。人人都需要讚賞，如同人人都需要吃飯一樣。讚賞屬於精神食糧，屬於滿足。人性中最深切的需求，就是被人賞識的渴望。卡內基說：「使人發揮最大能力的方法，就是讚美和鼓勵。」作為老師，應對學生多加鼓勵和讚揚。

透過賞識教育，可以維護學生的自尊，建立良好的師生關係，保護學生的學習積極性；可以挖掘學生學習生活潛能，充分引發學生學習做事的主動性；可以培養學生的獨立性、耐挫力，建構和諧的教學環境；可以幫助學生樹立信心，激發學生奮進的勇氣和力量。賞識教育就是引導學生向著更健康的方向發展。反之，如果該賞識時老師沒有賞識，勢必錯失教育的良機。如果老師不懂賞識，只是一味否定、嘲諷則會澆滅學生希望的火花。

俗話說：「人上一百，形形色色。」每個學生都有著自己的個性特徵和對思想品德要求的接受方式，同時，在他們的個性特徵中又有一點是共通的、具有普遍性的，那就是他們都強烈希望得到他人的尊重、鼓勵和讚美。

老師在平常的教育教學中要學會和運用賞識教育法，要有一雙發現美、欣賞美的眼睛，要善於抓住賞識學生的機會。即使是問題學生，也只是成長的經歷和環境不同，但他們身上都有其優點。因此，老師在進行賞識教育時應做到以下幾點：

（1）賞識要有度。賞識教育對於改善師生的關係，引起學生學習的主觀能動性有積極的作用，但把它作為教育的萬能藥就有失偏頗。賞識要正確客觀地分析學生的身心需要和心理狀態，根據真實需要實施賞識教育。賞識要恰到好處，過度的「賞識」，也會「捧殺」學生，要麼會導致學生對自己沒有正確的認識，產生驕傲自滿的心態；要麼讓學生感覺老師的賞識是虛假的。賞識是欣賞、認可學生的優點和進步，但不能忽視學生的缺點和弱點。

如果濫用了賞識教育，不但不會對學生產生激勵，相反只會讓學生產生自負、傲慢的情緒，唯我獨尊和經不起批評，沒有一點抵抗挫折的能力。教育是一門科學，有自身的規律，運用賞識教育一定要有度，在加強對學生教育的同時，賞罰分明可能更有作用。

（2）賞識要有法。首先，應讓學生感到老師的信任與期待。其次，賞識學生要給學生設計適當的目標。人只為可能達到的目標而努力。如果目標過高，就會使學生失去自信；而如果目標過低，他們則會不感興趣。第三，課堂教學是賞識教育的重要場所，發現學生在課堂上的每一點進步，能使他們的學習興趣得到提高，主動性得到發揮。第四，要瞭解學生、親近學生，深

入到學生當中去，隨時捕捉學生的優點。另外，賞識的語言要有藝術性，賞識要持之以恆。

（3）賞識要有效。老師要多學習、多觀察、多體會，按照教育的規律辦事，這樣賞識才會成為有效的教育手段。

首先，最根本的前提是老師在學生心中有份量，有威信。一位自己都不被學生賞識的老師，學生又怎麼能接受和在乎你對他的賞識。

其次，要和學生建立良好的師生關係，只有當師生的關係很好時，賞識的話語學生才會聽進去。如果師生沒有良好的關係，再好的賞識語言也沒有用。

第三，表達的時機要恰當，看到學生有良好的表現時，一定要立即表揚，因為，這樣才會把被表揚的良好感覺和做的這件事在頭腦中聯繫起來，讓學生樂於重複地去做被肯定的事或行為。

賞識是一種理解，更是一種激勵。賞識教育，是在承認差異、尊重差異的基礎上產生的一種良好的教育方法。賞識教育是幫助學生實現自我價值，發展自尊、自信的動力基礎。賞識教育是讓學生積極向上、走向成功的有效途徑。有度、有法、有效的賞識教育是良好的師生關係與和諧的教學氛圍中不可缺少的。

「小題大做」和「小題不做」之間

「小題大做」，出於明清時代的科舉考試中。現在有兩種意思：一是用小題目做大文章，二是把小事當作大事來處理。後者有不值得這樣做或有意擴大事態的意思。

教育工作有其特殊性，決定了老師工作的複雜性。老師面對的是一群精力旺盛的鮮活生命，他們是未成年人，有的個性十足、好表現，有的沉穩安分、能守紀，有的「活蹦亂跳」、行事不定、口無遮攔等。

「小題大做」和「小題不做」之間

　　老師要教好書育好人，就得根據具體的教育情境、教育對象，有針對性地用好教育方法，採用合理的教育方式開展教育工作。教育行為中的「小題」沒有現存的答案，只有教育的經驗和智慧。

　　現實的教育活動中，有的老師「小題大做」了，結果教育的效果不佳，有時事與願違、適得其反。有一天，辦公室的一位數學老師，正批改著學生昨天的作業，邊改邊說：「這道題是難了點，成績好的幾個同學都不會做。」隔了一會，突然說：「他怎麼會做喲！」接著又說：「成績好的都不會做，他肯定是在哪裡抄的！」下課鈴響了，數學老師把這位同學請來辦公室，問他這道題是自己做的，還是抄襲的。

　　這位同學我認識，叫賈航，綜合成績在年級屬於偏上，平常表現較好。老師問他時，他低著頭，不說話，老師很生氣，拍打著作業本，威脅說：「不說，就請家長來。」於是，賈航支支吾吾地說：「我做了一會兒，也做不出來，就在網上看了一下。」老師一聽更是火冒三丈，指著賈航說：「這節課不要上了，馬上叫家長來。」無論賈航怎麼央求，老師還是拿出電話通知了家長。二十幾分鐘後，賈航的媽媽來到學校，老師把情況向家長講了，家長也生氣了，指著賈航數落起來，說賈航不爭氣，再不准賈航碰電腦了，要賈航寫保證書。兩節課後，才把這事解決好。

　　後來我還幾次聽數學老師說：「賈航的作業越來越不認真了！課堂上也不愛聽講了。」賈航的變化引起了我的關注，我找賈航談心，賈航表現出對數學老師的不滿，不想聽他的課。我批評和引導了賈航，賈航意識到了自己的錯誤和偏激。這件事讓我感悟到，有時對學生的教育不要「小題大做」。

　　要是數學老師以溫和的態度問一下情況，合理地布置作業，客觀地看待學生抄襲作業的動機，參照平常學生對待作業的態度，是否「小題大做」，也許產生的教育結果會截然不同。其實，這件事老師也沒有必要發火生氣，當學生誠實回答了，更沒有必要請家長。

　　作為未成年人的學生是在不斷地犯錯誤和改正錯誤的過程中逐漸長大的。而在他們這個年齡段內，有許多應該是允許的甚至是「正常的」錯誤，因為他們思維、心智都還不成熟，判斷力、約束力、表現力等還相對較差。

教育之美：老師掌中的 24 個度
教育教學要有靈活度

只要不是道德人品問題，或屢教不改、有意頂撞老師，或做出超出這個年齡範圍允許的事，也就無須「小題大做」，反而應該小題「小」做和小題「中」做，或現在「不做」，觀察一段時間後再「做」。如果老師有分寸、有寬容，善於尊重學生，就能化解師生之間的矛盾，這樣會產生更佳的效果。

誠然，也不能「小題不做」。有的老師忽視小事、不管小事，這也是不對的。「小題不做」，結果該生或該班養成不良習慣，久病成疾，這是老師的失職。班級管理往往就是從日常的小事和管理的細節開始的。

同時，教育中的有些事應該「小題大做」。學生生命健康安全，即學校生命教育涉及的事，和前面談到的有關學生道德品格問題，即「做人教育」方面的事，那就無小事，都是大事，教育起來就應該「小題大做」。老師要善於在日常學習生活中加強引導，培養學生良好的生活習慣；要在問題發生之前及時消除學生消極的思想和不良行為，要防患於未然；要在與學生交往的過程中，時刻嚴於律己，用老師的嘉言懿行薰陶和感染學生；要處處留心，消除一切安全隱患，防微杜漸。

總之，上課時亂講話、做小動作，不交作業、作業「偷工減料」甚至抄襲，遲到曠課，同學之間產生矛盾糾紛或升級為打架事件，頂撞老師，中學高年級學生可能出現抽菸、早戀等，這些「小題」在不同時間、不同情境、不同學生身上發生，老師教育起來應依據實際情況而定，要把握好教育的靈活度。

對學情和班級情況要有靈敏度

所謂的靈敏度，就是反應靈活敏捷達到一定的程度。在心理學上，靈敏是能力的一種外在表現形式，分行為能力和語言能力。這裡指老師在教學生活中具有容易受影響、受感動的能力，能對極其微弱的刺激迅速做出反應的能力。

陶行知老先生提出：「教育的責任就是：不辜負機會；利用機會；能用千里鏡去找機會；會拿靈敏的手去抓機會。」這句話啟發我們：機會來自生活，只要擁有了一雙慧眼，生活中的點點滴滴都能成為老師發現問題、解決問題的好素材、好情境。

課堂教學要有靈敏度

老師要想在單位時間內讓學生最大化地獲得知識，提高能力，豐富情感，感悟生命，就要做一個有「心」的老師。要對班級學生的行為表現和學習情況有洞察力、靈敏度，自己上課前、上課中、上課後的方方面面都要有所思考和準備，要用獨特的眼光去觀察，用真情去感知學生們特有的個性、求知慾和心理情況，每一節課都用飽含感情的話語去開啟學生的心智。

老師只有對學生的表現有高度的靈敏度，才能在課堂教學中確保知識的準確度，問題設計有梯度，文本挖掘有深度，拓展探究有廣度，知識內化有力度，課堂評價有角度等。

課堂教學要確保準確度，不僅指課堂不能出現常識性錯誤或科學性錯誤，還指在其他方面都要做到準確精當。

第一，老師的語言表述要準確。老師傳授知識，語言表述要準確，如果表述不簡潔，不準確，會給學生帶來誤導，得不償失；如果方言連堂，詞不達意，肯定會使課堂的薰陶作用大打折扣。

教育之美：老師掌中的 24 個度
對學情和班級情況要有靈敏度

第二，老師整體把握要準確。老師要正確地把握教材，準確地把握學情，合理地設置教學目標、教學重難點，恰當地選擇教學方法，有效地利用教育時機等。

第三，老師的分析推理要準確。如果一位老師知識歸納不完整或者不準確，分析推理又不嚴密或者邏輯混亂，那就很難讓學生信服。學生也難以理解知識、增長能力並無法受到正面的薰陶與啟迪。

第四，老師矯正錯誤尤其要準確。學生回答問題出現錯誤是避免不了的，老師要及時給予正確的引導與糾正，才能讓學生認識錯誤，提高自己。

如果以錯糾錯，那只能是錯上加錯。最後，老師板書的內容要精練準確。板書內容往往造成歸納提煉課堂教學內容，凸顯課堂教學核心問題的作用，可以給學生留下一個完整的積極的訊息提示。如果板書出錯，那麼，產生的負面作用將是持久的。

要做到準確教學，首先，老師必須具備一定的知識功底與專業技能；其次，老師在執教前必須認真備課，反覆推敲，做到徹底貫通教材，理解學生；最後，還需要老師在課後經常反思，發現問題及時補救。在神聖的三尺講壇上，文過飾非的行為是不行的。

老師要認真設計教學問題，提高教學活動的針對性、目的性和實效性。要使所提的問題既能緊扣教學的重難點，又符合學生的認知規律，有利於學生思維活動的充分開展。

要注意，問題設計無論是用來引導還是用來探究，都要有一定的梯度，要符合人們認識事物會由點到面、由淺及深、由感性到理性、由個別到一般的規律。必須根據不同的學情，採取不同的提問起點，把握不同的提問梯度，以便不同水準的學生都能在獨立思考後解答問題。

一般情況下，簡單的問題比較容易解決，而這些問題的解決會讓學生有新知識的獲得和累積，而這新知識不僅解答了前一個問題，也能為解決後一個問題提供幫助，成為解答後一個問題的工具或手段。這樣，所學知識就能融會貫通，知識便是活性的。

這需要老師巧妙地創設平台，對學生進行引導，開展師生間、學生間的探究互動。只有這樣先易後難，循序漸進，整節課才會讓學生在有序思考的氛圍中獲得新知。

當然，不能一味地降低提問的難度，讓學生不假思索就能回答好，也不能一味地提高提問難度，把學生難倒，這兩種做法都會損害學生學習的積極性。正確的做法是，結合學生實際情況，設置難度適中的問題，讓學生嘗到「跳一跳，摘到桃」的幸福與甜蜜，讓學生每節課都能收穫思考帶來的樂趣。

就國文教學而言，文本挖掘要有深度。一方面，有些老師對學生自主閱讀的教學篇目只進行淺層面的指導，這實際是一種功利性的「速食式閱讀」，是在提倡閱讀上的「一次性消費」。有的可能是因為老師閱讀與分析能力有限，難以深入探究；有的可能是老師思想上輕視這一類課文，不想充分探究，備課也不充分。

造成的結果是師生在課堂上探究不深入，學生對有的問題一知半解，難以真正走近作者，理解文本，分析文本，汲取文本中的思想智慧與精神養料。

另一方面，有些老師喜愛分析研究問題，想在上公開課時顯示自己知識淵博與分析探究能力強，便不顧教綱要求與考綱規劃，把精力放在挖掘文本深度上面。不是類比引申就是拓展討論，不是深入探究就是總結歸納，總之，把課堂的重心放在了相當高的高度上，在一定程度上，忽視了基礎知識的掌握與基本技能的培養，忽視了學生的接受能力與教學效果。

其實，這兩種做法都是單純地從老師「教」的維度上考慮問題，是自顧自的教學方式，不能從學生「學」的維度出發來組織教學，教學手段自然不算高明。有經驗的老師是不會這樣做的，他們往往是在備課的時候，就充分地研究教材，理解文本，既深入文本內部咀嚼鑒賞，又會跳出文本的思路限制，做高屋建瓴式的客觀審視，從宏觀與微觀兩個方面準確把握教材。

同時，還會根據教綱要求，根據自己對學生接受能力的觀察研究，根據學生的年齡特點與志趣愛好，設計好具體而適當的教學目標，靈活而有操作性的教學方法等，從容不迫地去上好每一節課。在具體的授課過程中，有經

教育之美：老師掌中的 24 個度
對學情和班級情況要有靈敏度

驗的老師還會根據學生學習時的訊息回饋，大膽而合理地調整教學思路與教學容量，而不會照本宣科地完成教學設計，全然不顧學生的學習接受情況。

老師們要認識到教書不是教課本，而是用課本教，課本只是老師引導學生求知的一件主要工具而已。因此，在上課中，老師在以文章為本的同時，又不能被文章束縛了手腳，限制了思維。要在文本的啟發下，進行同類話題作品的比較閱讀，從而生發許多新的有意義的聯想與推理，加深對原作品的理解，探究出許多具有形成性、邏輯性、思想性規律性的知識。而要做到這些，就要求老師在引導學生鑒賞完一篇課文後，進行適度的拓展探究。

如何把握拓展的廣度是每一位老師要認真思考的問題。拓展得太窄，難以打開學生的思路，不能讓學生全面認識研究對象，並進行分析鑒賞，起不到拓寬知識視野與培養分析研究能力的作用，導致拓展的收益較小。

反過來，拓展過寬，打開了學生的思路，展開了思維，激發了課堂教學，又有可能分散學生的注意力，削弱學生對文本的感知與消化。如何在文本拓展之前找到拓展幅度的平衡點，需要視具體的文本內容而定，要視拓展探究的具體目的而定。不可信馬由韁，使拓展轉變為課堂教學中的洪水猛獸，肆意吞噬一節課的教育靈魂。

課堂教學中，也有許多老師捨本逐末，刻意追求教學手段的新奇而不斷翻新花樣，結果造成「課堂上熱熱鬧鬧，課堂後難見實效」的局面。特別是各級各類教學公開課，有的老師為了追求課堂「熱鬧」的效果，常常導致內容上很空洞，學生沒有累積到知識，基礎知識與技能不牢，這種現象必須改變。新課程改革理念下的課堂教學比較注意讓學生感悟，但這種感悟也很容易演變為偏離文本依託的純抽象感悟。

知識的內化、能力的提升、品質的形成是一個過程，這一過程不是僅憑簡單地運用教學技巧就能完成的。因而，老師要關注具體教學手段的實施，更要關注具體的教育過程的生成，在運用中調試，在調試中探索，在探索中前進。

課堂教學要有靈敏度

恰如其分地運用評價語言是一門科學，也是一門藝術。在評價方面，老師們一般比較側重正面評價，而且多是形成性的評價，較少使用批評性的評價，也較少使用生成性評價。評價的語言是生動的鮮活的，主要表現為既有形成性的評價，也有生成性的評價；既有肯定的賞識性評價，也有否定的批評性評價。

學生在課堂中要動口、動手、動腦，要開展自主、合作、探究性的學習活動，老師要對學生的表現和狀況作評價。這個評價很重要，評價不好就會挫傷學生的積極性與創造性，甚至有可能令課堂陷入沉悶。這就要求老師在評價時選擇好角度，組織好語言，踐行多元化評價理念。

在學生回答問題的瞬間，老師要思考學生答案與正確答案之間的差異與聯繫，並從不同的表達角度把它明示出來，適當時還要把學生的答案簡單引申，使它與正確答案產生更緊密的聯繫，讓所有的學生都能看到該學生的答案中的合理成分。

這樣一來，學生答案的錯誤與合理之處都展示出來了，老師的批評與表揚也暗含其中了。這樣的評價往往也能被學生接受。

老師在課堂評價時，從不同的角度出發，得出的評價是不一樣的，產生的效果也絕不相同。在思考評價角度的同時，還要考慮到褒揚的程度，不同的學生進步的程度不一樣，接受表揚的心理不一樣，因此，老師的評價標準也應該各不相同。

另外，老師還要探究用不同的行為去提升評價產生的積極效應。比如，可以用豎大拇指、報以掌聲、贈送具有代表意義的小物品等方式彰顯評價的作用。

總之，課堂教學是一門博大精深的藝術，要靈敏地把握好各個「度」。也只有隨時隨地把握好了「度」，課堂才是鮮活的、準確的，才能做到潤澤學生生命，才能產生效度。

教育之美：老師掌中的 24 個度

對學情和班級情況要有靈敏度

▍處理問題要有靈活的應變能力

應變能力是老師應當具備的一種教育能力，反映著老師的機智和聰明。它是指老師要善於因勢利導、隨機應變，靈活處理各種意料之外的問題的能力。有了這種能力，老師就能急中生智，發揮自己敏捷的思維能力和語言應變能力。能在複雜多變的情境中，做出最合理的決定，採取最恰當的教育方式。能擺脫困境，化險為夷，化拙為巧，收到意料之外的效果。

正如馬卡連柯說的那樣：「在我這裡沒有兩種情況是完全相同的。」老師要想取得良好的教育效果，就必須在處理學生問題時有靈活的應變能力。老師要根據學生問題的情況選擇恰當的教育方式，做到處理問題準確、及時、適度。老師靈活的應變能力表現在以下三個方面。

老師要靈活機智地回答疑問。老師的教育對象是個性不同、心理各異、知識程度不一的學生。他們是活生生的生命個體，特別是在當今科技飛速發展的時代，他們視野開闊、思維活躍、反應靈敏，遇事喜歡分析，敢於展示自己的觀點。這就給我們的課堂教學加大了難度，要求老師不僅僅具有豐富的知識修養，而且還要具備靈活運用知識、機智處理問題的能力。

老師要胸有成竹地處理問題。在老師的教學活動中，也常常會遇到一些突發事件。這時，老師的應變藝術就表現在善於控制自己的情緒，冷靜地審時度勢，胸有成竹地尋求適當的解決方法。如在課堂上發現一些學生在做小動作，這時大聲地喝斥其實也沒有很大的意義，與其這樣，還不如請思想開小差的學生起來回答問題，這樣的方法既可以讓他們在比較平靜的課堂氣氛中學會一些知識，又可以讓這些學生意識到老師對自己的尊重。只有冷靜、理智地控制自己的情緒，課堂才會在自己的掌握之中。

老師要沉著冷靜地應付「怪事」。幾乎每一位老師都會碰到一些偶發事件，而且以「怪事」居多，往往使老師感到「意外」，甚至「出洋相」「當場出醜」。此時此刻，老師一定要沉著冷靜地對待「怪事」，實事求是地分析和評價「怪事」，千萬不能為了維護自尊而胡亂處理，應該讓學生在沉著的分析和冷靜的評價中受到教育的啟迪。我曾經讀過這樣一篇教學案例。

處理問題要有靈活的應變能力

一個大雪紛飛的冬日，天寒地凍。許多同學上課了還不斷地跺腳，老師站在講台上並不生氣，反而說：「跺吧，跺吧，我已經聽見春雷滾動的聲音了。」許多同學都被他的話逗笑了，感覺這位老師幽默、風趣而又平易近人。大家很快平靜下來，老師說：「春雷過後，春天就要到了，這節課我們就先來學習朱自清先生寫的《春》。」老師先給同學們示範讀課文，他讀得聲情並茂，讓學生覺得渾身也暖和起來。教室裡非常安靜，同學們都被富有磁性的嗓音所吸引，一個個坐得很端正。老師剛把課文讀完，一位同學突然輕輕地唱了一句「春天在哪裡呀」。

雖然很輕，可同學們全都聽見了。此時，大家都把目光投向這位同學，有的臉上現出厭惡的神情，大概覺得同學這樣搗亂太不應該；有的笑了起來，或許覺得又有好戲看了。面對這突發情況，老師沒有慌張，他慢慢地走過來，也沒有訓斥唱歌的同學，而是笑瞇瞇地說：「現在雖然不是春天，但卻孕育著春的生機。詩人雪萊有一句名言──『冬天到了，春天還會遠嗎？』這位唱歌的同學，你還記得嗎？」聽了老師的話，大家無不為他的教學機智所折服。

正在這時，一陣風猛地把教室的門吹開了，一團雪花隨風飄了進來。老師快步走向教室的門前，伸出雙手，接住了幾朵雪花，大聲地說：「瞧，雪花迫不及待地來告訴我們，春天就在它的後面！」「嘩──」全班同學都為老師這句精彩而富有詩意的話鼓起掌來。唱歌的同學的臉立刻就紅了起來。老師關了教室的門，看了那同學一眼，又笑著說：「看，你的臉多紅呀，豔若桃花，相信從此以後，春天會永駐在你的心裡。」這個教育故事，讓我看到一個機智靈敏、幽默詼諧的優秀老師形象。

老師應變能力強，引導得法，處理得當，就可以對教育過程中的突發情況迅速做出準確判斷和正確處理，這不僅可以「化險為夷」，甚至可以「錦上添花」。根據變化的情況改變教育方法和內容，機智靈活地處理過去沒有遇到過的新問題，這對新時期的老師來說十分重要。

教育之美：老師掌中的 24 個度
對學情和班級情況要有靈敏度

▎老師要具備敏銳的觀察能力

　　老師做好工作的前提是瞭解學生，瞭解班級。要瞭解學生和班級，老師不能事事依靠別人的介紹，或透過學生本人來回答解釋，主要還是靠老師自己的觀察。贊科夫說：「敏銳的觀察力是一個老師最可貴的品質之一。對一個有觀察力的老師來說，學生的樂觀、興奮、驚奇、疑惑、恐懼和其他內心活動的最細微的表現，都逃不出他的眼睛，一個老師如果對這種表現熟視無睹，他就很難成為學生的良師益友。」烏申斯基說：「如果教育者希望從一切方面去教育人，那麼就必須從一切方面去瞭解人。」而要瞭解人，就得善於觀察，培養觀察能力。所以，深刻敏銳的觀察能力是老師的重要能力。

　　老師的觀察是因材施教的依據。觀察是一種直接瞭解和研究學生的最有效的辦法。老師只有透過各種活動細心觀察，深入細緻地瞭解每個學生在成長過程中出現的紛繁複雜的情況，分析研究他們心理和個性特點形成的原因，才能逐漸掌握每個學生的特有興趣、專長、性格與脾氣，然後採取不同的指導方式。

　　一個人的思想、內心活動總是會在行為活動中表現出來，尤其是青少年學生情緒比較外露，往往還不善於掩飾自己，老師從學生表現出來的各種神態和表情中就能捕捉到學生思想感情的變化，及時地發現他們身上隱藏的極其微小的發光點，找到還處在萌芽狀態的錯誤苗頭，從而使優點得到及時扶植，發揚光大，將壞苗頭消滅在萌芽時期。

　　同時，老師具有敏銳的觀察力，還能及時覺察社會上各方面的思潮對學生的影響，及時發現和瞭解在某一時期、某一階段預防何種「患」，如何防「患」，從而把握住教育學生的主動權。

　　特別是面對問題學生，要善於發現問題學生身上的優點，激起他們的上進心和自尊心，在一定程度上可以說是對老師觀察力最好的考驗。「用其所長，克其所短」，這是轉化問題學生的根本經驗。每個學生身上都有長處和積極的因素，是可以遷移到學習、勞動和各種有益的活動上來的。如果把這

些心理品質發揚起來，不斷鞏固和擴大，就完全可以控制、克服各種消極因素，最後達到取長補短的目的。

而一般說來，問題學生的優點往往被短處、缺點所掩蓋，再加上老師們對他們形成了固定的看法，他們身上的優點往往被忽視。老師只有具備良好的觀察力，才能找到教育問題學生的突破口。因此，作為一名老師，應該隨時關注每一位學生的成長歷程，做學生學習和生活的正確引領者，只有這樣，學生才能得到真正的全面發展。

作為老師，該如何培養自己的觀察能力呢？

首先，老師要有目的地觀察。在進行觀察時，要明確觀察什麼，怎樣觀察，達到什麼目的。做到有的放矢，才能把注意力集中到事物的主要方面，以抓住其本質特性。目的性是觀察力的最顯著的特點，有目的地觀察才會對自己的觀察提出要求。

其次，老師要有準備地觀察。在觀察前，對觀察的內容做出安排，制定周密的計劃。如果在觀察時毫無計劃、漫無條理，那就不會有什麼收穫。因此，我們進行觀察前就要打算好，先觀察什麼，後觀察什麼，系統進行。觀察的計劃，可以寫成書面的，也可以記在腦子裡。

第三，老師要把觀察的內容具體化。觀察力是思維的觸角，要培養自己的觀察力，就要善於把觀察的任務具體化，從現象乃至隱蔽的細節中探索事物的本質。

第四，老師要走進學生世界。老師要想有敏銳的觀察力，捕捉到來自學生的訊息，只有真正投入到學生的活動中去，傾聽學生的心聲，懂得包容學生、學會支持學生，才能和學生們一起成長。只有真正走進了學生的世界，才能瞭解他們的需求與困難，才能解讀他們的一言一行，才能及時接住學生拋過來的球，引領他們去探索生活。

總之，觀察力是老師應具備的基本能力，自產生老師這一職業以來，就對老師提出了這個要求。觀察力是做好老師的基本功，是老師做好教育工作不可缺少的心理品質。

教育之美：老師掌中的 24 個度
教育工作要有梯度

教育工作要有梯度

所謂梯度，這裡指依照一定次序分出的層次。梯度教育的實質就是實行有差別化的教書育人，就是孔子說的「因材施教」。

品格教育的宗旨，就是我們的教育必須「著眼於受教育者及社會長遠發展的要求，以針對全體學生、全面提高學生的基本素質為根本宗旨，以注重培養受教育者的態度、能力，促進他們在德智體等方面生動、活潑、主動地發展」。

換句話說，就是要針對全體學生，以每個學生已有的知識、情感、價值觀為基礎，充分利用一切有利的外部條件，差別化地使學生主動地把文化知識、情感態度、技能技巧等內化到他們的生命中去。老師不僅要輸出資訊，更重要的是能夠回饋資訊，主動及時地、有的放矢地調整自己所輸出的資訊，使教育活動能夠和諧地朝著既定目標邁進。

學生個性的差異是客觀存在的，老師要根據這種差異努力地設計教育和教學方案，來布置和檢查不同的作業，來正確地評價學生的進步和成績。

▍德育要有梯度

人類文明是有層次的，思想道德是有高低的，德育也應該是有梯度的。所謂德育的梯度，就是指德育的任務目標有高低之分，德育內容有其自身發展進程，德育過程中知、情、意、行有其先後順序，德育評價要有區分度。

面對升學競爭，有的學校重智育輕德育，老師管教不管導，有的學校團隊、班級思想教育活動花架子多，內容虛無、浮誇，沒有造成實際的教育作用，學生往往消極應付，甚至產生反抗心理。當下，德育處於「策略上重視，戰術上忽視，說起來重要，做起來不要」的尷尬狀態，德育地位得不到有效的保障，形成一種教育現狀——「圈養」，用繁重的課業把學生困在教室內，校園和教室成了「飼養場」。在「飼養場」裡，老師並不顧及學生的飢飽與

口味，而是定時定量地「餵食」。有些學校的德育目標往往缺乏明顯的層次和梯度，品德教育演變為空洞說教，導致德育效果蒼白無力。

加強未成年人思想道德建設，提升未成年人思想道德水準，是學校每位老師的工作責任，是學校教育的一項長期而又艱巨的任務。

老師要認識和把握德育工作目標的梯度，不能對德育打折扣。學校德育自然要針對全體學生，全方位育人，以培養學生健康的心理品質與健全的人格為宗旨。可事實上「十個指頭不一樣長」，學生出身的家庭不同，生活的環境不同，經歷的成長過程不同，再加上各自不同的年齡、個性特點，他們的感知能力、心理特徵、原有的道德水準都是有區別的，因此，他們在學校接受老師的道德教育和幫助後產生的效度也有不同。

這就要求每一位老師站在高處、看在遠處、著手小處、做在實處。研究和探索新形勢下學校德育工作的新辦法、新措施，加強和改進學校德育工作，培養學生良好的日常行為習慣和思想品德意識，提高學生的文明程度，為社會培養合格、有用的人才。

老師在德育實踐中，要把握力度和梯度。首先，老師要有洞察力，注意觀察、細心留意學生在學習生活中的表現，思考自己的學生在價值取向、情感態度、做人做事、學習方法、學習意志力等方面是否出現問題，因為這些既是德育內容，也是學習的非智力因素，在學生成長和掌握知識的過程中起著重要的作用。況且，提高非智力因素也是思想工作的主要內容。

所以，透過提高學生對待德育的熱情，制定班級和個人德育階段目標，提出相應的要求，學生們能看到自己努力後的進步，就能產生生活和學習的信心。同時，對不同的學生所提要求要不盡相同，有大小難易之別；對不同的學生實現目標的快慢程度也要不盡相同。在德育過程中，老師要有艱苦細緻、耐心反覆、循序漸進的工作思想。既不能急躁，也不能理想化地「把黃鱔泥鰍扯成一樣長」。

德育工作要細化到「一把鑰匙開一把鎖」。要以漸進的方式循環往復向上，要讓學生始終看到生活和學習的希望，要逐步拓寬教育的內容，加大教

育的力度，增大教育的梯度。這就要求德育實施工作中既要有力度，又要有梯度。在現實中，有的學校或有的老師把學生當作德育要求的接受器，學生沒有情感訴求，也沒有自主建構；有的老師習慣於用一個時代的英雄人物來進行正面教育，或用典型的反面人物來進行反面教育，習慣於用「超人」和「壞人」來教育學生。

德育內容應該回歸凡人生活，貼近凡人現實，要拉近學生與凡人的距離。要充分重視多元共存的社會中普通人的思想狀態，努力培養他們對多樣化的尊重，開放與寬容的心態，培養他們自主判斷與自主選擇的能力。

老師在處理學生問題時要有教育梯度。老師在教育學生時要寬嚴適度，對學生提出的要求，學生透過努力要能夠達到或基本達到，特別是對問題學生的教育，表揚鼓勵要先於、多於其他同學，哪怕是微不足道的進步，也應進行鼓勵。老師在批評方法上也要有梯度。要選擇適當的時機，採用適當的方法。

不能小題大做、舊事重提，甚至揭學生的傷疤，那只能激起學生的反感，不會引起學生的自我反省。只有有意識地促使學生產生內疚感，形成自責意識，進行自我批評，學生才能真正接受老師的批評。如果教育梯度小了，就沒有體現出因材施教的理念，教育的質量就無法提高。

德育評價也要有梯度。有的學校對德育工作的評價和對學生綜合素養的評價，仍缺少操作性強的評價機制，從而導致德育工作的評估流於形式或直接以智育代德育，「一俊遮百醜」。學校、家庭、社會三方面應共同營造良好的育人環境，真正做到學校教書育人、家庭情感育人和社會環境育人的三方統一，努力增強教育的實效。而有的學校或班導遇到棘手的學生教育問題，就與家長相互埋怨，相互推諉。

有的學校的教育與社區教育割裂開來，老死不相往來，不通力協作，這也是德育低效的重要原因之一。學校要建構學生德育評價體系，加強對評價過程的管理，要形成每一項評價的特有程式，讓評價科學、有效地進行，真正關注學生個性特長的發展，關注學生日常表現和成長過程，以提高學生綜

合素質為目的，形成德育評價的梯度，使學生始終對評價有熱情，避免評價流於形式。

班級目標有梯度

老師要制定班級工作目標和計劃。班級工作目標和計劃的目的性要明確，層次要分明，既要有長遠目標，也要有近期目標，換句話說，就是要有梯度。

要根據各個年級學生的特點制定相應的計劃。對剛進國一的新生來說，總體目標是「爭取創造優秀班級」，近期目標是「爭做規舉中學生」，養成良好的學習習慣，幫助國一新生盡快適應國中學習生活。班導在制定計劃過程中要注意小學與國中的銜接。進入國二，隨著學生生理和心理的發展，應著重對他們進行審美教育、理想教育，幫助他們端正學習態度，掌握正確的學習方法，養成自覺的學習習慣。

在制定目標時，總體目標不變，近期目標要在現有基礎上，穩中求進，保持良好的行為規範。到了國三，良好的規範已養成，學生的身心變化較大，已顯露出不同的個性，同時學生面臨升學考試，壓力較大，工作重點應放在如何幫助他們確立自信心、樹立正確人生觀以及正確看待挑戰上。

班級目標的梯度還表現在班幹部的選拔和培養上。國一選拔班幹部，在具體工作中，班導著重示範。國二開始，放手讓班幹部獨立開展工作，並採取輪流班長制，負責班級管理，記載班級日誌，檢查衛生，管理課間紀律。鼓勵問題學生參與班級管理，能加強學生的自我約束能力。同時，經過一年的鍛鍊，班幹部已成為班級的核心力量，在學生中有較高的威信，能正確引導班風、學風。

班導在制定班級發展的德育目標時，要考慮到生命成長的階段性特點，和學生可能達到的程度，有機地與學校的德育目標相結合。比如，我在國一時，針對國一學生的年齡、心理特點，教育他們要健康安全、寬容理解、學會感恩、培養好習慣。在國二時，加強「誠信、細節、毅力、愛人、合作」的教育。在國三時，進行「責任、自信、信念、快樂」教育。

另外，在具體到每個個體的時候，要引導學生根據階段性目標，結合個人實際需要，制定出相應的個人發展重點，這樣在體現出階段性和梯度性的同時，保證針對性。

作業布置要有梯度

每位學生的學習方法，影響和決定了他們各自具有特殊的一面。老師要尊重每一個學生的獨特個性，同時要明白特殊性就意味著差異性。不同的學生在學習同一內容時，實際具備的認知基礎、情感準備以及學習能力、學習動機不同，決定了不同學生對同樣內容、任務的學習速度及所需要的幫助是不同的。如果要求所有的學生在同樣的時間內，運用同樣的學習條件，以同樣的學習速度掌握同樣的學習內容，並要求達到同樣的學習水準和質量，就必然造成有的學生「吃不飽」，有的學生「吃不了」，有的學生根本不知從何「入口」。

因此，老師布置作業就要根據本班學生的實際水準，採用靈活多樣的方法，因班而異，因人而異。在設計和布置作業時要有梯度，要分開層次，不拿同樣的作業去對待所有的學生。應有滿足不同層次的基礎題、適度變換條件題、靈活多變題和提高升級題。要做到這一點，老師就要深入瞭解學生，分清層次。

既要徵求學生意願，又要把握原則。如果一概而論，不考慮學生的實際情況，必然造成一些基礎好、接受快的學生「吃不飽」，而基礎不紮實、接受慢半拍的學生「吃不了」的現象。有一些落後學生，對於一時沒能理解或無法解決的問題或作業，會因種種原因不去向他人求教，最終只能是不做或者迫於老師的壓力而抄襲他人的作業。為了激勵全體學生，當學生進步一階時，就要求他們做上一階的題。老師要以同樣的態度去表揚各層次作業優秀的學生。這是一種賞識教育，也是一種愉快教育，是品格教育的具體體現。

老師在設計、布置作業時應考慮到單科作業質量與數量的關係、單科作業量與學科作業總量的協調。根據學生的情況，可以與任課老師一起商議，把學生分為三個層次，這樣做既可以讓學生從做作業的過程中找到樂趣，又

可以減輕老師的負擔，不至於讓老師在布置作業和檢查作業時花費太大的精力。根據學生程度，作業分為難、中、易三種層次。

難易程度要拉開一點，層次感要大一些，基礎知識也要多一點。要讓學習困難的學生不覺得要求過高而產生挫敗心理；讓學有餘力的學生學習得更加深入和廣泛，適當提高作業難度；讓多數學習中等的學生「跳一跳，能摘到蘋果」，要重視基礎性、增加選擇性。給學生提供選擇的機會，讓學生根據自己的需要、能力、喜好選擇最適合自己的作業。

很多老師認為，只有讓學生多做作業才能提高自己的教學成績，而事實上並非如此。如果老師不加篩選地、隨意地、盲目地加大學生的作業量，往往起不到應有的作用。當前，各類輔導材料鋪天蓋地且良莠不齊，很多資料又是大同小異。

因此，老師在設計和布置作業時，應認真篩選，把具有代表性、典型性、趣味性和富有生活氣息、充滿時代感的作業挑選出來，把那些重複性、機械性、陳舊過時的作業砍掉，力求少而精，布置有淺有深、由淺入深的作業。既要有與概念、定理相關的基礎知識作業，又要有提升能力的作業，做到質高量精，又有難易梯度。

老師在設計和布置作業時，往往不考慮或是很少考慮其他科目的作業量。如此一來，如果只是某一科目的作業量小了，而其他科目的作業量依然如故，問題還是得不到解決。這就需要班導出面協調，力爭掌握班級作業總量，做到各學科平衡。要充分考慮到學科的特點和應試學科分值的大小，科學地布置作業。

教學需要一定的梯度

梯度教學的指導思想是老師的教要適應學生的學。學生是有差異的，所以，教學也應有一定的差異。學生可以分為不同的層次，教學也可以針對不同層次的學生進行分層，要最大限度地利用學生的差異，促進全體學生的發展。

首先，一堂課確立怎樣的教學目標，是一個極為複雜的問題。雖然從杜威的教育思想來說，從較長的時間來考察，教育目標只能出現、形成於教育過程之中，但就具體一堂課而言，教學目標是能夠也應該獲得清晰界定的。但是，在確定目標的時候，老師或由於對課程標準的理解不透，或由於文本和教材解讀能力不足，或由於經驗缺乏，在確定教學目標時往往難以正確把握。

仔細閱讀教材，我們可以發現，課後習題其實就蘊含了各類教學目標。但正如我們前面談及的那樣，教材在大多數時候是不自覺與不清晰的，至少它沒有把目標清晰地標示出來，確定更為清晰的教學內容。事實上，這本來並不是老師的職責，應該是教材的組成部分，明確地讓學生和老師知道的。所以教學目標的正確、科學成了課堂教學的關鍵。

所以我們應該在理解三維目標的基礎上，將目標分為層次井然、具有梯度的三類目標。

A類：基礎性目標，為核心目標搭梯的知識，是必須解決的障礙性知識。

B類：教學核心目標，即課堂重點要教學的內容，一般為單元所規定的知識與技能，為解決某類問題而開發的方法，與知識一樣，往往是課堂的核心教學內容。

C類：附著性目標及延伸性目標，一般而言，思想情感價值觀多屬於此類目標。

那麼梯度教學是怎樣實施的呢？這主要體現在教學要求上的不同，對新知識掌握、運用的要求不同。根據學生的自主學習能力，智力因素、對基礎知識的掌握情況等，老師要把學生們分為三個梯度。

課堂教學是教與學的雙向交流，引發雙邊活動的積極性是完成分層次教學的關鍵所在，課堂教學中要努力完成教學目標，同時又要照顧到不同層次的學生，保證不同層次的學生都能學有所得。課堂教學要始終遵守循序漸進、由易到難、由簡到繁、逐步上升的規律，要求不宜過高，層次落差不宜太大。要保證C層在聽課時不等待，A層基本聽懂，得到及時輔導，即A層「吃得

教育之美：老師掌中的 24 個度
教育工作要有梯度

了」，B層「吃得飽」，C層「吃得好」。此外還要安排好教學節奏，做到精講多練，消除「滿堂灌」的教學方式，把節省下來的時間讓學生多練。

課堂提問內容的難易梯度和回答問題的學生能力梯度要統一。實踐證明，當學生能由已有的知識輕而易舉地得到答案時，思維並不活躍；當提出的問題必須藉助尚未掌握的知識才能解決時，思維過程也不會活躍，最優化的問題應該接近或略高於學生的智力水準，以激發學生思考。提問內容設計上要做到「精、巧、新、活」。

課堂訓練的梯度設計，應使學習困難生有所悟，有所獲，優等生有所求索。課堂教學的知識點是有難易之分的，易中有難，難中有易，易與難又是相對而言的。每項知識的掌握都離不開必要的訓練來加以鞏固。老師根據學生對新知識掌握的熟練程度，以及學生知識能力及理解能力的差異，設計訓練題也應有梯度。要讓學生有所思、有所為，同時也照顧了全體學生。

教學評價的梯度要巧妙靈活。教學的梯度做好了能激勵全體學生「比、學、趕、幫、超」。絕不能因為學習困難學生做的題簡單而不屑一顧。學習困難學生做對低階題應該及時肯定，而學習困難學生做對中階題時，更是要大力鼓勵和表揚，並適時鼓勵他多做中階題以此上升到中階。而中、優階的學生要鼓勵他們向更高峰攀登。

在教完一個概念、一節內容後，學生要透過做練習來鞏固和提高，因此，課後布置多層次習題是梯度教學不可缺少的環節。課後作業只一種，往往使A組學生「吃不消」，C組學生「吃不飽」。根據不同層次學生的學習能力，布置不同的課後作業，一般可分為三個層次：A層是基礎性作業；B層以基礎性為主，同時配有少量略有提高的題目；C層是基礎性作業和有一定靈活性、綜合性的題目。布置作業要精心安排，保證學生在 20 至 20 分鐘內完成。

單元考核要有梯度。每一單元學完後，均安排一次過關考核，它以課本習題為主，著重考查基本概念和基本技能，根據A、B、C三層次學生的實際水準，同一份試卷出不同層次的測試題，提出不同的要求，供三個層次學生按要求自由選擇完成，也可直接註明部分題只要求A層學生完成，部分題只要求C層學生完成。

此外，課後做好學生的心理建設，與家長密切配合，與班導協調，以及老師的責任心、態度、語言、作風、人格等都會對分層教學產生一定的影響，在分層教學的實踐中值得注意。

總之，進行梯度教學，雖然對老師的要求更高，老師工作量更大，但能讓不同層次的學生都得到恰當的教育。由於對學生們的要求不同，他們就可以根據自己的能力，輕鬆解決學習中碰到的問題，在不斷攻克難題的過程中，嚐到勝利的甜頭，成功的快樂，找到了自信。能讓學生的學習目的性更明確，自覺性更強，學習興趣更濃厚，達到縮小兩極分化、提高教學品質的目的。

教育之美：老師掌中的 24 個度
對學生的評價要有準度

對學生的評價要有準度

　　評價的準度，指老師對學生在學習生活中的表現和行為給予的評價有針對性且利於學生積極向上。

　　老師在尊重、理解學生，保護學生自尊心的前提下，給予的科學的、正確的評價能夠引起學生共鳴。有的評價讓學生產生自信，「百尺竿頭更進一步」；有的評價引發學生思考，認識到自身的不足，意識到自己的行為與他人的差距，「擇其善者而從之」，進而去努力追求更好的發展。

　　老師要特別注意及時評價，及時回饋，才能使學生切實瞭解自己的情況，自覺地發揮自身的優勢，克服不足。沒有準度的評價，會導致學生自尊心受損，出現自卑、冷漠等不良反應，甚至會出現逆反或自暴自棄的行為。

　　老師要善於發現、挖掘每個學生身上的優點，客觀地對他們做出評價，從而促進學生身心和諧發展。

▌表揚和批評要有準度

　　表揚和批評是老師對學生常用的評價手段。老師評價學生，不僅僅是一個等級，一個分數，而是要在老師尊重和關愛學生的基礎上，透過科學合理的評價，促進學生有所改變或提升，實現教育的目標，幫助學生認識自我，發現自己的潛能和特長，建立自信。

　　那麼，老師在教育活動中如何實施評價，才能既保護學生的自尊心和積極性，又能提高學生原有的認知水準呢？表揚和批評是法寶，老師只要能靈活地、準確地運用好它們，教育就會有收穫。

　　表揚要有準度。烏申斯基曾說過：「成長中的學生，迫切地想得到別人的肯定與讚美，肯定自身的價值。」如果受到的表揚出自老師之口，更會讓他們提升對自己的認識，增強自信心。一句讚美或鼓勵的話可以改變一個人的一生，老師何樂而不為呢？那麼，老師在讚美鼓勵時要注意些什麼呢？

教育之美：老師掌中的 24 個度
對學生的評價要有準度

讚美要發自內心，要有真情實感。教育家陶行知說過：「教育是心心相印的活動，唯獨從心裡發出來的，才能打動心的深處。」古人也說過：「感人心者，莫先乎情。」由此可知，無論什麼樣的評價必須動情。有位老師上課，在學生回答問題後，一直用「好」「不錯」來表揚學生，遺憾的是，老師在表揚時，一臉嚴肅的表情，甚至連看也不看學生。冰冷生硬的表揚，只是流於形式，敷衍了事，「好」「不錯」僅僅是口頭禪。這樣的讚美不僅缺乏個性，更談不上師生之間情感的交流，又怎能讓學生歡欣鼓舞呢？

鼓勵要及時，針對性要強。老師給予學生及時、恰如其分的讚美，能對學生產生強化的作用，因此，老師要有敏銳的觀察力，隨機應變的語言運用能力。

批評也要有準度。老師在教育學生時，往往少不了批評這種方式。如何批評學生，才能夠令學生虛心接受？有的老師火氣比較大，很容易發脾氣批評學生，有時弄得自己也很難堪，而且採用這種方式批評學生，即使學生表面上服氣了，但實際上只是懾於老師的威嚴。這就與批評的目的相悖。批評的最終目的，是讓學生接受道理，改正錯誤，因此，批評學生時，老師只有走進學生的心靈，準確把握學生的心理動態，巧妙使用委婉的批評語言，才會收到更好的教育效果。

老師的語氣，要讓學生感到溫暖。老師要有崇高的職業道德，把每個學生當成自己的孩子，師生之間建構一種朋友式的關係，用心去說服、教育學生。批評學生要充滿愛心，有強烈的責任感，學生才會接近你，理解你，樂於接受你的批評。正所謂「親其師而信其道」，老師只有處處流露出對學生溫暖的關懷和無私的愛，充分信任學生，學生才會敞開心扉，跟你說真話，接受你的批評指正。

現代教育提倡「以人為本」，在批評學生時，我們也要遵循這一理念。面對不同的學生，我們要看到他們之間的個性差異，並根據差異採用不同的教育方式，因勢利導。如對性格內向、敏感、疑慮較重的學生，我們可用提醒、啟發或提問之類的語言與學生交談，也可用微笑、眼神等體態語言暗示性地批評學生。對於性特別向、反應較快、脾氣暴躁的學生，則可採用商討式的

語調平等地和學生交流，循序漸進，心平氣和地把批評的訊息傳遞給他們，讓他們逐步認識到自己的錯誤，做到自我約束、自我管理，不斷取得進步。

老師批評學生時，要擺事實，講道理，以理服人，注意分寸和尺度，說話要留有餘地，必要時可先用表揚代替批評。人總是喜歡聽好話的，學生也不例外。在批評前先表揚他，讓學生明白，老師不但看到了他的缺點，也看到了他的成績。這樣，學生便能在老師的引導下，改正自己的缺點，收到良好的教育效果。

總之，老師的表揚和批評，不應該拘於一種形式，應因人而異，因課而異，因事而異。老師應全身心投入，瞭解分析學生的特點，學會有技巧性、藝術性地表揚或批評學生，使學生樂於接受，從而努力學習，積極主動地參與學校、班級活動。反之，如果沒有明確的評價目標、準確的觀察、恰當的表揚或批評，最後就會導致老師的評價是盲目的、無效的甚至是負面的。因此，無論是表揚還是批評，都應恰如其分，把握好度。

▎準確評價學生的課堂活動

馬卡連柯曾指出，老師的評價，不只停留於表層的簡單肯定，而是指出錯在哪裡，好在何處。評價語要同教學意圖結合得相當緊密。老師課堂上準確而得體的評價語言一定會讓學生積極主動地與文本對話，遨遊在瑰麗的知識殿堂。

評價學生的課堂活動，就是依據課堂教學目的，對學生的學習活動進展情況進行檢查，做出評判。它是和回饋、矯正等過程密切相關的，貫穿於老師主導作用和學生主體作用運行過程的始終。

準確地評價學生的課堂活動，可使學生隨時從老師那裡瞭解自己，從而產生強烈的學習慾望；即使產生了挫折感，也會使學生及時檢查並調節自己的思維方式、表達方式和操作方式，繼而產生新的學習動力。對學生課堂活動進行評價是教學的具體內容，是老師發揮主導作用的關鍵環節。

教育之美：老師掌中的 24 個度
對學生的評價要有準度

　　學生常出現兩種傾向：一是對自己估計過高，過於自信，「自我感覺良好」；另一種傾向是自我評價過低，過於自卑，以為自己「處處不如人」。這兩種極端傾向均對學生的自我發展不利。因此，課堂教學中老師對學生的評價，必須以學生的發展為本。

　　準確評價學生的課堂活動，主要體現在如下幾個方面。

　　有的老師在提出問題的同時就已經為學生預設了一個「圈套」，然後就千方百計地引導學生進入「圈套」，而且必須是完全進入。在這個過程中，老師的評價就常帶有主觀隨意性。學生答對了，馬上笑容可掬地問：「他答得對不對呀？」學生答錯了，立刻緊鎖眉頭地問：「這樣答對嗎？」再輔之以語氣變化，學生無須思考，單從老師的語氣和面部表情就能判斷出答案的正確與否。在這裡，老師忽略了評價的客觀性，沒有給學生一定的思考和判斷的時間。長此以往，學生就會用辨別老師的語氣和表情來代替思考和判斷了。

　　有經驗的老師在學生回答之後，往往不置可否，欲揚先抑，進一步傾聽學生的意見，培養學生的求異思維。

　　對學生表達的評價應該有層次性。這也是評價的順序機能的具體體現，其主要作用是鼓勵學生的學習向縱深和高層次發展。如果不注意評價的層次性，學生的學習就會停滯於低級水準。層次性評價，會使學生在學習過程中，由淺入深，不斷發展，使那些有獨到見解和有創新意識的學生不斷得到鼓勵，使他們的聰明才智得到鍛鍊和發展。當然，評價的層次性還應根據學生的學習基礎而定，不同的學生也要有不同層次的評價。

　　學生在回答問題時，會出現這樣或那樣的錯誤。儘管原來想的不錯，但會由於緊張，將想好的內容或語言忘記，或由於突然的思維障礙而停頓。這就需要老師的評價富有激勵性和啟發性，幫助學生掃清思維障礙，消除緊張因素，糾正錯誤之處。有的老師只圖省時省事，一個學生答錯了或講不下去了，就叫另一個，不斷換人，不獲「答案」，絕不收兵。這樣就影響了學生思維的深入，也會使課堂形成「猜謎」的局面。

學生最怕的是老師空洞的評價。例如，學生回答之後，簡單的一句「錯了」「不對」；朗讀課文之後，一句「平平淡淡」「沒有感情」等。這樣的評價無法落到實處。怎樣才對，怎樣才感情充沛？學生從老師的評語中無從尋找。一般來說，老師的評價應是具體的，使學生有章可循。

結論性評價是在肯定學生回答的同時，進一步強調或充實學生的表達，使重點更加突出，語言更加精確，內容更加豐富。這多用於幾個同學回答一個問題或一個問題有不同意見之後。沒有這個結論性評價（儘管老師和部分學生心裡有了準確答案），一些學生就會茫然不知所措。

總而言之，準確的課堂評價是培養學生學習能力、發展學生創新意識的重要環節。只要老師深入鑽研教材，不斷提高課堂應變能力，就能準確把握評價的尺度，真正達到提高教育效率的目的。老師一句恰當的話語，可以使學生受益終身；相反，老師一句不恰當的話語也可令學生遺恨終生。因此，在課堂教學中，老師的評價除了具有鮮明的教育性、深刻的啟發性、強烈的鼓勵性、濃厚的趣味性和充分的靈活性之外，還必須具有明確的目的性。

如何掌握評價藝術

老師都希望準確地評價自己的學生，以產生積極的影響，促進學生的發展。如何才能使老師對學生的評價造成應有的作用呢？

客觀公正地評價學生是老師評價工作的基本要求，要掌控好度，既不能濫用溢美之詞，「廉價」地表揚；也不能一棍打死，輕易否定。如果見到什麼、聽到什麼，不加分析、主觀臆斷，隨意肯定或否定，就會造成評價的失準，引起學生的反感，這就喪失了評價的權威性和嚴肅性，會產生極大的負面影響。學生的表現是多種多樣的，很難預測和把握。對於他們在學習生活中的「出格」和「反常」的表現，老師要弄清事情的來龍去脈，全面瞭解，細心分析，才能避免主觀武斷，才能把握住事情的是與非，給予學生準確的評價。

實事求是地去評價學生，這是評價的基本要求，但僅僅正確是不夠的，還要充分考慮評價的可接受性，真正使老師的評價「內化」為學生的行為準

教育之美：老師掌中的 24 個度
對學生的評價要有準度

則，在學生內心引起共鳴，使學生樹立起堅定的信心，並經過努力達到預期目標。因此，老師對學生進行評價時要抱著誠懇的態度，使學生從內心深處感到老師是在關心、愛護、幫助自己，尤其是指出學生的錯誤和缺點時，要誠懇，要心平氣和，使學生從老師的評價中感受到溫暖和親切，有所收益。

傳統教育評價標準單一，忽視了學生學習的主體地位，忽視了學生在學習過程中的變化和成長。分數成了學生的命根，老師的法寶。新課改下對學生的評價，要從多個角度、多個方面進行，要看他的學習方法，要看他的學習習慣和心理狀態。老師不能從功利目的出發，只看重學生的學習成績。

老師在對學生進行評價時，要充分意識到學生正處於成長發展的過程中，切忌以程式化的、僵化的眼光去看待和評價學生，應堅信學生是有發展潛力的，注意發現學生的微小進步，並及時地加以肯定，運用評價的導向性，使學生明確自己的前進目標，萌生「經自己的努力也能行」的信念。在評價標準的掌握上，要具有一定的前瞻性。

在學生的「做」與「學」的過程中，往往會出現與目標有一些差距或較大差距的情況，在經過努力後，還不能有明顯的進步，這時學生極易出現自信心降低的情況。老師應適當地採用能夠增強學生的自尊心、自信心，激發學生的主動性和自覺性，鼓勵他們不斷上進的評價方式，如果學生在原有的基礎上有進步，要及時地給予肯定性評價，適當高於學生的實際水準，這種評價會有效改變學生原有的自我認知以及自我調控力，造成積極的作用，促進學生發展。

總之，老師正確的、恰當的評價能給學生帶來巨大的動力，學生是發展中的人，有著無限的發展前景，對學生的評價應該堅持「沒有最好，只有更好」的指導思想，用好這一工具，讓評價體系更加健全。

對學生的期望要適度

　　對學生的期望適度，是指老師以學生已有的情感、態度、價值觀和知識能力為前提，以師生所處的客觀環境為基礎，為滿足學生的個性發展要求而提出有可能實現的期望目標。「超標」和「低標」的期望都不利於老師和學生的發展。如果老師把學生當作沒有生命的籌碼，只把為自己添光增彩的考試分數或升學作為期望，這就不利於學生人性中固有的美好品質的生長和發揚，不利於學生按照社會要求全面發展，也許短期的目標實現了，但絕不利於長期目標的達成。

　　期望是一種呼喚，它傳遞著老師對學生的肯定、滿意、讚賞和希望；期望是一種契合，它溫暖著師生心靈；期望是一種激勵，它促使學生主動發現自我，提升自我。老師的期望要適度，在產生期望之後，不能只是「等」望」，而要熱情地鼓勵和科學地引導，要腳踏實地地去做。

　　老師務必從學生的不同情況出發，在學生學習生活中有意識或無意識地寄以適度的期望，透過師生間各種活動，讓學生在耳濡目染、潛移默化中，把要達成的目標內化為努力學習、積極進取的動力和自覺行動，使學生逐步靠近老師的期望目標。

▌實現期望的參考要素

　　要使一個學生或一個班級發展得更好，就應該給他們傳遞老師的期望。期望對於學生有巨大的影響。積極的期望能促使學生向好的方向發展，消極的期望則使學生停滯不前，甚至向壞的方向發展。

　　老師只有誠心誠意寄希望於學生，學生才會按照老師的期望去發展。老師對學生的期望，是一種信任，一種鼓勵，一種愛，有如催化劑、加熱劑。如果老師幫助學生建立起適度的目標，就如在學生心中點燃了前進路上的一盞盞閃亮的明燈，無論是風吹雨打，還是風和日麗，都將促使他們不斷前進，不斷攀登。但是，並不是所有的學生都能按老師的期望發展。學生的氣質、個性特點不同，原有經歷不同，知識基礎、智力水準各有差異，對自己的要

教育之美：老師掌中的 24 個度
對學生的期望要適度

求也有高有低。因此，老師要因材施教，要結合學生自身條件，對每位學生提出適度的期望，這樣才會給學生動力，才能增強學生學習的自覺性，取得良好的效果，才能完成好班級目標，實現老師的期望。

老師的期望要目標明確。只有目標明確具體、操作性強，學生才能準確地估計其實現的可能性，才能表現出積極性。能產生積極期望的目標是老師根據對學生的認識做出的符合客觀實際情況的推斷與預測，這種期望既要關注學生學業成績、課堂行為，又要關注對學生個性發展有意義的方面，如情感、意志、性格、興趣、才能等。期望能開發和喚醒學生的潛能，對學生的個性發展起著導向和強化的作用。

老師的期望要適當。老師對學生的期望不能有態度差對高期望、低期望及無期望的學生的不同態度和行為，會導致這些學生的不同反應。他們會覺得不平衡、不公平，對老師感到失望，因而會以消極的態度和行為對待老師和學習，甚至還會拒絕老師的要求，導致他們的成績變差。所以，老師選擇和確立的期望值要滿足學生個性發展的需要，讓學生覺得這目標有價值。只有滿足學生發展需要的目標才能達到誘發學生內在動力的作用，使學生在目標引導下獲得一次又一次階段性的成功。這就要求老師必須深入到學生的學習生活中去，及時瞭解他們的特點、個性、愛好、當前的需要等，把握他們的思想動態，幫助學生制定一個在他們心目中有重要地位的、有動力的目標。

老師的期望與學生的自我期望不能相悖。老師的期望透過學生個人認知活動產生效應，從而影響和改變學生的自我觀念，影響學生學習的自信心和自覺性。一般來說，學生總是根據自己的認知能力、興趣、理想等來確定自我期望。如果老師的期望滿足學生的個性，與自我期望一致，就會產生正效應；反之，則會產生負效應。

老師要不斷強化對學生的激勵。通常學生對老師寄予的期望會積極回應，因為他們從老師對自己的期望中能夠領悟到自身的發展潛能，這會激勵他們努力按老師的期望去塑造自己。但是，實現老師期望是一個艱辛的、長期的過程。這一過程有成功，也有失敗，需要老師的不斷激勵與指導，如果缺乏激勵，學生會喪失進取的熱情和勇氣。激勵的過程是實現由老師積極期望向

學生自我期望良性發展的動態過程。老師對學生的積極期望體現了對學生人格的尊重、能力的信任、發展的關心，學生覺得老師真正走進了自己的空間。他們期望得到別人尊重、理解、幫助的願望得到了滿足，於是對老師產生了近乎崇拜的「向師性」。這決定了學生樂於接受老師的教誨，並努力按老師期望的方向發展，從而形成積極的自我意向，建立自我期望。

老師要加強對學生的具體指導。期望的實現建立在一點一滴的小事上，要督促學生腳踏實地，按計劃實現各個階段的目標，磨煉自己的意志和毅力，增強其動力。老師不僅要幫助學生制定切實可行的奮鬥目標，讓學生根據自己的實際水準不斷實現現階段目標，還要給學生以及時具體的回饋，努力營造各種支持性、引導性的氛圍，讓學生在實現目標的過程中時刻感受到老師的關注、期望、信任與鼓舞，獲得成功的喜悅。

老師的期望要合情合理，要符合國家、社會、學校和個人的需要，符合時代的潮流。合理的期望對社會和個人的發展具有積極的作用。

老師的期望要具有可行性。可行性是指符合學生的主客觀條件，即具有實現的可能性。如果從客觀上講是合理的，而學生實際行為上是不可能的，這種期望還是不能轉化為學生的需要，更不能內化為學生的動力。

老師的期望要具有挑戰性。只有那些具有挑戰性的，超出原有水準但透過努力可能達到的期望，才有吸引力，才有激勵性。可望而不可即的或唾手可得的期望都是不可取的。

老師的期望要注意內隱。老師的期望不應當是交易，而應當是溫情脈脈的感化；不應當是口頭上的說教，而應當是含而不露地潛入學生的心靈。大喊大叫、婆婆媽媽只會激起學生的反抗心理。

老師的期望要持久。期望要有信心、決心和耐心，即使一時看不出明顯的效果，也不要灰心喪氣、半途而廢。要知道學生領會老師的期望需要一定的時間和一個過程，教育是慢藝術，任何急躁情緒，都將適得其反。

總而言之，老師的期望與學生的進步是一對矛盾體，它們處於矛盾衝突和相互促進之中。期望只有不斷調節，才會不斷完善；只有不斷完善，才會

對學生產生影響，才會促使學生不斷進步。老師的期望是一種巨大的教育力量，是一種呼喚，是一種契合，是一種激勵，將期望效應廣泛應用在教育、教學中，相信會收穫更多。

如何發揮期望效應

　　給予學生期望是老師不可缺少的教育藝術，會產生期望效應。老師的期望就是學生要追求的目標。它會牽引學生朝著老師所期望的方向發展，形成一種良性循環；它能調整師生間的關係，形成認識、情感及思維上的共鳴；它能促進老師由傳統的教育觀念走向現代的教育觀念；它能幫助學生解決在探索知識、心理發展過程中遇到的困難。發揮期望效應是我們每位老師所追求的教育方法。

　　首先，老師要力求瞭解學生。瞭解學生是有效發揮期望效應的前提。學生是一個個有靈魂、有血肉、有思想的獨一無二的鮮活的生命個體，他們每一個都是一道獨特的風景。他們身上有無窮魅力和無限潛能，有待老師去發現和開發，但他們的個性是千差萬別的，這就要求老師必須深入地、有計劃地去瞭解每一位學生，瞭解他們的心理特點、行為表現、興趣愛好、價值觀念等並進行綜合分析，捕捉學生個性中的積極因素，並以此為出發點，設置符合學生個性的、學生經過努力能夠實現的期望，逐步引導他們前進，體驗成功的喜悅。

　　老師只有瞭解學生，才能在師生互動交流過程中，相信每一個學生都有巨大的發展潛能，知曉他們獨特的興趣、愛好、特長，才能尊重每一個學生，才能平等地對待每一個學生，為每個學生的表現給予鼓勵，為每個學生的行為提供幫助。

　　老師只有瞭解學生，才能在班級管理中實現「不管」的最終目的，培養學生的自我管理能力，引起學生本人的內在動力，使學生朝著既定的目標努力，逐漸實現老師的期望目標。

其次,老師要做到以情動人。情感教育是發揮期望效應的關鍵因素。感人心者莫先於情,有了適合學生實際的期望,還必須利用情感因素實現這一期望。沒有了情感,沒有了愛,就沒有教育。情感在教育中的作用是由教育的本質和特點決定的,它不僅在學生的心理活動中具有廣泛的影響,而且在學生的認識活動和實踐活動中具有十分重要的作用。

老師的積極期望作為外在的誘因,能夠讓學生在積極情感的作用下努力進步,體驗成功,並喚醒其內心潛在的自我價值意識和進取向上的要求,促使學生主動確定發展的目標和前進的方向。一旦實現一個目標,老師應給予略高於實際的評價,讓學生不斷提高對實現後續目標的自我期望,向自我期望的方向發展,從而提高學生的自我教育、自我發展能力。

情感教育能提高老師在期望效應中的威信。提高老師的威信,首要一點就是與學生相處過程中,要嚴於律己,具有高尚的品德,其次就是要鑽研業務、具有淵博的知識,這是老師贏得威信的前提。老師要有慈母、伯樂兩種角色意識,隨時不忘「人師」的導向,成為學生人生路上的良師益友。老師要做到以心換心、以誠對誠,與學生共歡樂、同煩惱、同憂愁,從關心學生的成長入手,以情熱情、以情育情,為實現期望效應奠定有利的感情基礎。

情感教育能增加期望效應的實效性。只有深入學生生活,與學生主動溝通,瞭解學生所思、所想、所悟、所感,才能與學生有共同語言,才能從中因勢利導,與學生產生感情共鳴,使期望內容轉化為學生的內在意識,進而轉化為外在行動。同時,老師在困難和挫折面前表現得冷靜、沉著、堅定、自信,就能穩定學生的情緒,並給予極大的鼓舞。也就是說,情感訊息有更深刻、更直接的感染力。因此,老師應有意識地運用情感,提高期望效應的實效性。

情感教育在師生互動交流過程中,能為學生提供可以感受到的積極期望訊息。老師在思考問題、處理問題、表達情感時,要充分考慮學生的年齡階段和個性特徵,採用心理換位、師心童化、移情體驗等方法,使學生感受到老師的關懷和期望。傳遞訊息的方式可以是語言的,透過交談溝通,幫助學

教育之美：老師掌中的 24 個度
對學生的期望要適度

生提高認識，發展智慧，強化自信；也可以是非語言的，如目光、表情、動作、手勢等，傳遞肯定、滿意、讚賞等積極的情感。

第三，老師要設置梯度目標。梯度目標是有效發揮期望效應的途徑。期望目標的實現具體落實在老師工作目標的實施之中。針對班級學生的個性特點，老師要因材施教，要有梯度目標，對每個學生的期望目標要合理合情，要採取措施幫助學生順利實現目標，與學生共享成功的樂趣。那些學習成績差的學生，尤其需要老師深入細緻地給予幫助。每個學生都會因有目標而產生學習的動力，因目標的實現而享受到成功的樂趣，這樣就能形成師生之間相互信賴與激勵的良好氛圍，促進學生身心發展水準的不斷提高，為新目標、新期望做好準備。

一般說來，老師可以設置以下目標。

1. 幫助學生樹立遠大的理想。理想就是學生心目中所定的奮鬥目標，是鼓舞學生前進的一種精神動力。要幫助學生立志，沒有目標，就沒有奮鬥的方向。要鼓勵學生樹立實現目標的自信心。透過老師的適當幫助，學生能夠順利完成自己確定的最近的目標，自信心就會大大增強。確立目標的過程中，一定要從學生的實際出發，找出他身上最優異的素質，揚其所長，因勢利導，使學生形成中心興趣，增強戰勝挫折、克服困難的決心。

2. 鼓勵學生積極參加各項有益的活動。在教育教學活動中，集體和集體活動對於學生成長具有十分重要的作用。當每個學生都能給集體生活帶來某種獨特的東西時，集體生活才豐富多彩，也才會使學生有認同感和歸屬感。

同時，每個學生的愛好得到充分的發展，他們才能感受到成功的喜悅，才能產生成就感和安全感，從而促進每個人的個性健康發展，實現老師的期望目標。

3. 充分利用班級環境造就有共同目標的文化氛圍。有了共同的目標才有整齊的步伐。老師可以透過班名、班旗、班級口號的設計，激起學生的集體榮譽感，利用黑板報、學習園地、圖書角等提升學生的文化內涵，充分發揮學生的自主創新能力，渲染文化氛圍，將老師的期望融入這種文化氛圍中。

4.開展有親和力、有實效性的家校聯繫活動,為家長送去含有老師期望的教育訊息,使期望效應得到延伸,促進家校共建。豐富有趣的活動,是班級文化形成的有效載體,有助於老師期望目標的實現。

認識比馬龍效應

說到期望,自然要提起比馬龍效應。美國心理學家羅森塔爾考查某校學生,隨機從每班抽 3 名學生共 18 人寫在一張表格上,交給校長,極為認真地說:「這 18 名學生經過科學測定全都是高智商人才。」半年後,他又來到該校,發現這 18 名學生的確進步很大,再後來這 18 人全都在不同的崗位上做出了非凡的成績。這一效應就是期望心理中的共鳴現象。

這個實驗最關鍵的地方是老師的改變。羅森塔爾教授是著名的心理學家,在人們心中有很高的威信,老師們對他的話都深信不疑。所以,儘管羅森塔爾撒了一個謊,但老師的改變卻是真誠的,羅森塔爾的預言幫助老師建立起一種積極的教育信念。這種發自內心的態度和情感,透過老師的眼神、語言和行為傳遞出來,使這些學生強烈地感受到來自老師的熱愛和期望。

老師的信任轉化為學生的自尊和自信,老師的愛轉化為學生積極上進的動力。在這個實驗裡,老師心甘情願地為這些有希望的學生付出全身心的愛,從而為這些學生營造了一種適合他們成長的教育氛圍,將教育過程提升為一種有真情流動的溫暖的符合人性的美好境界。在正常情況下,任何一個學生進入這樣一種教育境界,一定會有令人欣喜的進步。

給學生幾句鼓勵的話語是任何老師都可以做到的,但是要幫助學生實現老師的期望則是一個艱苦的過程。那種只希望學生改變而不致力於改進老師自身教育行為的期望,是對教育期望效應的膚淺認識。

老師一定要明白期望的背後是堅定的教育信念的支持,是相應的教育行為的跟進。讓我們看一下蘇霍姆林斯基是如何做的吧。有一個叫費佳的孩子,蘇霍姆林斯基從三年級到七年級教過他 5 年。費佳遇到的最大障礙是算術應用題和乘法表。蘇霍姆林斯基從不放棄他,而是對他抱著積極的期望。蘇霍

教育之美：老師掌中的 24 個度
對學生的期望要適度

姆林斯基專門為他編了一本特別的練習題，約有 200 多道練習題，每一道題都是一個引人入勝的小故事。為了提高費佳的閱讀能力，他還為費佳蒐集了一套專門供他閱讀的書籍，大約有 100 本書或小冊子；又為費佳配備了另一套圖書，約有 200 本。到了五年級，費佳的學業成績趕上來了；到了六年級，費佳成了「少年設計家小組」的積極成員。蘇霍姆林斯基在 35 年時間裡轉化過 107 名落後學生。他說：「我明白地知道，如果用教所有孩子那樣的方法來教這些孩子，那麼他們不可避免地會學得很差，成為可憐而不幸的人，一輩子受著『我幹什麼都不行』這種痛苦的思想的折磨。」因此，對於那些長期處於困境的問題學生，期望就意味著不僅要對他們的進步抱有堅定的信念，而且還要輔以長期的有針對性的教育措施。

　　老師的信任會引起學生神奇而微妙的心理效應，給學生帶來最初的拚搏衝動。但是，此後如果沒有老師持續不斷的推動，學生最初的衝動就會漸漸消退，甚至對自己的發展潛力產生深深的懷疑。期望其實是一個以老師的信念喚起學生的自我信念、以老師持久不斷的努力激發學生不斷努力的過程。只有當學生成長道路上的第一塊堅冰被打破之後，他們才會真正相信自己是具有發展潛力的，從而建立起自信，進入自主發展的階段。

　　在教育實踐領域，妨礙老師正確使用期望藝術的，就是過於功利的教育追求和急功近利的浮躁心態。在片面追求升學率的驅使下，老師難以堅守對問題學生的教育信念，難以對問題學生付出皮格馬利翁式的專注和熱情，難以對幫助問題學生走出困境付出持久的努力。老師在短期內看不到期望的結果便懷疑學生的可教育性，只能說明老師對教育對象的發展潛力缺乏堅定的信念，說明老師的期望本身是不真誠的。如果老師的期望目標片面化，追求教育的功利化、世俗化，把分數、升學率當作唯一的期望目標，不再欣賞任何別的東西，比如勤勞，堅強等，那麼老師的期望藝術就會變味、變質，最後失效。

　　一位老師的教育藝術一定是這位老師教育思想的體現，教育期望藝術體現的正是一種積極的教育思想。老師要樹立起積極的學生觀，要用教育期望藝術激發學生自身的積極力量，並創造條件增加學生的體驗，使學生逐漸靠

近或實現老師的期望。如果脫離了對教育思想的把握，教育期望藝術就是無源頭的水潭，難以清水長流；就會成為無根的花樹，難以年年綻放絢麗的花朵。

教育之美：老師掌中的 24 個度
對資優生的關愛要有限度

對資優生的關愛要有限度

所謂限度，指規定的最高或最低的數量或程度。所謂優等生，指身心健康、品行好、成績優異的學生。優等生有自尊心、自信心和上進心，他們活潑可愛、聰明伶俐、勤學好問、出類拔萃，是老師們讚賞、同學們羨慕、家長們自豪的學生。

在現實中，對優等生的認識和培養往往出現偏差。一些老師心中的優等生，就是學習成績優秀的學生，即資優生。由於這種觀念很有市場，就導致了「優等生」的變異，一些學生學習很優秀，但品行不好，處理人際關係差，能力不強，意志力和抗挫折力差。這就需要老師們正確地有限度地看待和對待資優生。

有的資優生正是由於成績「優」，他們身上的不足甚至缺陷被有的老師忽略了，或給予他們無限的寬容。有的資優生被老師、同學或家長寵、愛、讚、羨得過了頭。有的資優生一路順風順水，沒有經歷挫折和失敗。這對資優生的成長來說是不利的。一名優秀的老師要善於加強對資優生的教育和引導，對資優生的偏愛和優待要有限度和原則。

▌清醒認識身邊的資優生

俗話說「一好百好」「一俊遮百醜」，很多資優生就是因為學習成績好，享受著「眾星捧月」的優待，在班級內表現得高高在上、目空一切，瞧不起成績比自己差的同學。有的同學把考試成績作為自己炫耀的資本，且是唯一資本，覺得別人都比自己笨，對同學不友善，狂妄自大，目中無人，甚至會惡言嘲諷其他同學。

有些資優生認為自己到學校來就是讀書，也只有讀書，對班級裡的其他事，常常抱著「事不關己，高高掛起」的態度，冷漠自私，毫不熱心。他們的集體意識比較淡薄，集體榮譽感不強，對班級不願付出太多。對同學也不願伸出援助之手，唯恐他們超越自己。覺得周圍人應該人人為我，我是被關

教育之美：老師掌中的 24 個度
對資優生的關愛要有限度

注的中心。希望老師把所有鍛鍊的機會都給自己，每次課堂提問都叫自己；認為班級裡的所有榮譽或獎勵都理所當然是自己的。

一些資優生往往脆弱、虛榮，只喜歡聽表揚，經不起失敗和挫折。受到一點挫折打擊，都會情緒低落，一蹶不振，表現得非常脆弱。聽不進周圍人的批評和指責，覺得他們是惡意傷害或妒忌自己。即使有錯誤也找理由原諒自己，不願接受別人的批評。

有的資優生自鳴得意，覺得自己天資聰穎，所有的榮譽都理所當然，自以為是，不懂感恩。他們並不覺得自己取得的成績有老師的培養和付出，還認為老師對自己的照顧和關心是應該的，是自己成績好的緣故。有的甚至認為自己的學業成績好是為老師爭光，老師有我就有面子，所以老師理應給我優待和特殊照顧。從教多年的老師們一致認為，資優生往往最容易把老師遺忘，反而很多成績比較差的學生還懂得感恩。

造成這些現象的原因是複雜的。追根溯源，還是應試教育造成的，是有的老師個人功利主義作怪。在平時教育教學中只看重學生的學習成績，忽略其他的很多方面，甚至縱容了他們犯的很多錯誤，致使這些資優生的弱點成為缺陷，影響了他們的全面發展，影響他們成為真正的優等生。

一味地偏愛、寬容，致使部分資優生優越感、驕傲情緒、虛榮心不斷滋長，不能正確認識自我。犯同樣的錯誤，對普通同學，老師會嚴厲批評，甚至聲色俱厲；而對資優生，即使發現了他們身上的某些不足，也一概寬容，不予教育、引導，更不會批評、指責。上課提問時，資優生思維敏捷，舉手積極，老師也習慣於把機會送給他們。這樣課堂基本上成了資優生的展示舞台，不但不利於其他學生的思考與鍛鍊，也容易使資優生輕浮狂妄，驕傲自滿。

在不知不覺中，老師把資優生置於特殊的環境中，處處呵護他們，處處照顧他們，處處縱容他們。久而久之，他們變得盲目自大、目中無人，受不了半點委屈。

另外，有些資優生家長在家裡過分寵愛孩子，視其為「掌上明珠」，奉行「只要你學習成績好就行，家裡什麼也不用你做」的優待原則，那麼資優生的成長就更加令人擔憂了。

總之，目前資優生的教育現狀是令人憂慮的。很多資優生的文明禮貌、行為習慣、品德修養等方面存在嚴重問題。所以，老師要清醒認識身邊的資優生，對他們的關愛要有限度。

把資優生轉化為真正的優等生

面對資優生，老師要負起責來，積極引導他們向真正的優等生轉化。老師對資優生的學習成績和學習態度、學習習慣、學習方法等要肯定，同時，也要向資優生講清楚學習成績好只是優等生的一個方面，資優生不等同優秀學生，學習成績的優秀也只是一個方面，要求資優生全面發展自己。對資優生的表揚和寬容要有限度，要適當地給他們潑點冷水降降溫，促使他們的感情服從理智。要讓資優生懂得，在他們成功之時不能淡忘同學的幫助，師長的教誨，集體的溫馨，家長的期望，社會的關懷。班級是集體，集體中人人平等，資優生不能享有特別的優待。只有立志高遠、意志堅韌、學會做人、樂於助人的學生才是真正的優等生。為此，老師應該做好以下方面。

老師要樹立正確的培優觀念，要把資優生培養成品學兼優的學生，使其成為國家的棟梁之材。資優生是相對的，要一分為二地看。俗話說：「金無足赤，人無完人。」要分清資優生在哪些方面表現是優的，在哪些方面表現是差的，一分為二地看待問題。肯定資優生在學習方面取得的優異成績的同時，必須同時指出他們在其他方面還存在的不足之處。

發現了資優生存在的缺點後，老師就容易對症下藥，幫助資優生改正缺點了。對資優生不偏不袒，嚴格要求。學生在紀律面前是人人平等的，資優生也不能隨意違反校規校紀。而且要讓他們知道，如果不嚴於律己，作為老師樹立的榜樣更應該受到嚴厲的批評。一旦資優生犯了錯誤，絕不姑息，同樣要檢討錯誤，接受監督。

教育之美：老師掌中的 24 個度
對資優生的關愛要有限度

　　老師要教會資優生正確看待分數，促進資優生的全面發展。學校、老師都應糾正偏愛、過分寬容資優生的錯誤認識，取消一切特殊照顧，取締不合理的方便資優生的「土政策」，對資優生和其他同學要一視同仁。加強對資優生的品德教育，提高其覺悟、陶冶其情操，使之在德、智、體、美、勞等方面都得到發展，成為真正的優等生。

　　老師要對資優生有更高的要求，在平時的教學中要挑一些難度較大的問題讓他們回答。在提簡單問題時，要求他們認真聽別人回答，然後將自己不同的見解講給大家聽。另外，讓他們課後多查資料，多研究疑難問題，拓展他們的知識面，激發他們更濃厚的學習興趣，培養他們的探究精神。

　　老師要幫助資優生樹立遠大的目標。一般說來，資優生學習能力較強，即使不那麼刻苦，他們的學習也會在班上名列前茅，這就往往使一些資優生不求上進。因此，老師要讓這些學生真正發揮出自己的潛力，成為祖國的棟樑之材，引導他們樹立理想，明確志向，真正做到「志存高遠」。要讓資優生意識到，成績比別人好，就意味著將來比別人多一份責任，從現在起就應比別人多一份努力。引導學生立志，最有效的方法之一，是給他們推薦偉人、名人的傳記讀物，讓資優生把自己放在一個更廣闊的歷史空間和時代背景中認識自己的使命。

　　老師要激發資優生的志氣，加強思想品德修養的教育。教育學生，首要是教他們學會做人，資優生也不例外。對於資優生來說，他們會學習，會做事，但有的資優生做人方面往往比較欠缺。老師可以透過講名人故事、聊天談心、推薦閱讀等方式感化他們，提高他們的思想品德修養。可以鼓勵他們在日常一點一滴的小事中戰勝自我，甚至可以有意識設置一些難題去「折磨」他們，讓他們在一次次「自我鬥爭」的過程中，體驗到人生的樂趣與輝煌正在於從戰勝自我到超越自我。可以鼓勵他們積極參加豐富多彩的文體活動，盡可能在各個方面得到鍛鍊和實踐，以發現並發展自己以前沒有意識到的潛質。要曉之以理，更要動之以情，教會他們如何關心幫助他人、怎樣養成文明禮貌的好習慣等，引導他們多為班級做好事，增強他們的集體榮譽感和責任心。

老師要把握好表揚資優生的度，引導他們正確認識自己。表揚是一種激勵，適度的表揚能夠激發學生的潛能，使學生樹立信心，而自信是創新型人才的必備品質。資優生因為優點突出，經常受到老師的表揚，有的甚至當成炫耀自己的工具，這樣就走向另一個極端了。因此，要把握好表揚資優生的限度，實事求是，這樣才能引導他們正確地認識自己，才能使他們認識到「優秀」和「一般」只是相對而言，一個人要想不斷取得進步，就應該取他人之長，補自己之短。

老師要把握公平的原則，用發展的眼光看待資優生，要著眼資優生的未來。平等是老師首倡的原則。在教育實踐中，老師不能把眼光只盯在一個或幾個資優生身上，否則不僅會使其他多數學生產生不滿，遏制他們的創新精神，使其產生「反正我不行，連老師都不相信我」的消極思想，同時也會增加資優生的負擔和高傲心理。如果我們善於運用公平原則，把自己的愛心、耐心、誠心、熱望與期待同樣地給予每一個學生，他們都會取得優秀成績。只有用發展的眼光看待資優生，才能使資優生更加優秀，才會出現皮格馬利翁效應，激發出資優生們更多的創新潛能。

老師要把握批評的度，培養資優生的耐挫力。愛迪生曾說：「偉大人物最明顯的標誌，就是他堅強的意志，不管環境變到何種地步，他的初衷與希望仍不會有絲毫的改變而終於克服障礙，以達到期望的目的。」無數成功的事實均證實：一個創新人才必須具備承受挫折的能力。而我們的資優生因受暈輪效應的影響，過多地接受讚譽與掌聲，便會產生「誰都不如我」，唯我獨尊的優越感。久而久之，傲心便油然而生，處處顯示出與眾不同的姿態和神情，出現經受不了批評、耐挫力差等弱點。這種高傲心理不僅不利於資優生良好心理品質的發展，同時也限制了其創新潛能的發揮。老師要敏銳地發現他們身上的缺點，藝術地運用批評，如不點名批評、個別談話、暗示等方法，及時指出他們存在的問題，從而使他們不僅明白了自己的癥結所在，還能很好地鍛鍊他們對批評的承受能力，培養他們對挫折的耐受力。

老師要把握期望值，全面提高自身素養。資優生學習處於頂端的特殊位置，有發展前途，所以老師和家長都對他們寄予了較高的期望，他們也感受

教育之美：老師掌中的 24 個度
對資優生的關愛要有限度

到了這種期望，覺得無論如何不能辜負這種期望，從而更加小心謹慎、生怕出錯，不敢放鬆自己，心理自由度較低。這樣，一個個循規蹈矩同時又潛伏著心理問題的「優秀生」便出現了。老師的期望固然是一種動力，但期望值過高，沒有限度，就會使這些資優生背上沉重的心理包袱，形成心理疲勞，損害其身體健康。老師必須反思，如何改變對資優生的傳統觀念，適度降低對學生的要求與期望，消除這些學生的心理問題。對那些無損於其人格和健康成長的缺點與不足，盡可能將其「最小化」並淡然處之，在嚴格要求中適當降低期望，並給予關愛和鼓勵，引導這些資優生從過重的壓力下走出來，全面提高自身素質，把自己塑造成一個智力良好、身心健康、品質優秀、具有創新精神的人才。

另外，對於學有餘力的部分同學，要讓他們參加一些課外活動和資訊技術教育、勞動技術教育等實踐課，培養其動手能力與實踐能力。老師要多給他們推薦一些優秀書籍，激發其創造興趣，培養高尚情操，讓知識的甘泉來淨化他們的心靈。對少數學習成績突出的學生，要讓他們多參加一些社會實踐活動，讓其多接觸社會、瞭解社會，培養其交往、創造能力，充實其內心世界，逐漸消除虛榮心，使其真正理解人生的價值。學校還要多與家長溝通，引導家長不要驕縱寵愛孩子，教育家長培養孩子愛勞動的生活習慣，讓他們學會生活、學會做事，克服他們的享樂主義的人生觀。

總之，對資優生既要表揚和肯定他們的優點，又要注意在表揚頻率上和力度上有限度，不能濫用溢美之詞。對待他們身上的缺點和錯誤也不能無限地寬容，不能把寬容變成縱容。既要鼓勵他們認真努力學習，又要注重提高他們的品德修養，使之德才兼備，成為德、智、體、美、勞全面發展的真正的優等生。

對待問題學生要大度

所謂大度，就是大氣，是指待人接物心胸寬闊，不斤斤計較，不小肚雞腸。它體現的是人的氣質，是一個人的人格或行為特徵，規定著人的心理活動，對人的行為起著積極的作用。

所謂問題學生，一般是指那些學習差、行為習慣差的學生。這些問題學生不僅不能給老師帶來名利，往往還會給老師帶來麻煩。這就需要老師對他們要大氣，多一份關愛和耐心，不嫌棄、不拋棄他們。

「大度」相對「小氣」而言，是個體的處世態度和胸襟。老師的大度是老師智慧、人格、教育理念的重要體現，表現為老師能容忍學生的過錯，能容忍學生的「不敬」。老師要「大肚能容，容天下難容之事」，更何況學生的種種過失，無論如何都算不上「天下難容之事」。

馬卡連柯說過：「老師應該充滿著對每一個他要與之打交道的具體孩子的愛，儘管這個孩子的品格已非常敗壞，儘管他可能會給老師帶來很多不愉快的事情。」老師對不同類型的學生始終要滿懷愛心，充滿希望，這既體現了老師高尚的職業道德，也正是老師大度的表現。

如何瞭解問題學生

做好問題學生的轉化工作，不讓一個學生掉隊，是老師的一項不可忽視的艱巨任務，也是品格教育的要求。對問題學生這個特殊群體，老師必須有大度的胸襟，認真地去瞭解他們，讓他們感受到來自老師的尊重和平等相待，而不是歧視的眼光，讓他們沐浴在陽光雨露中。只有這樣，他們才有轉化的機會和動力，才會轉化成功。

問題學生的成因很複雜，一般來說有家庭、社會、學校、個人方面的原因。

1. 家庭不良環境的影響。家長是學生的第一任老師，但有的家長自己尚不成熟，甚至還沒有做好為人父為人母的準備，自身有不良嗜好，或思想消

極落後，言談粗俗。在這樣長期的零距離接觸中，學生不可能不受負面影響。有的家長與子女相處憑著自己的情緒，要麼溺愛，百依百順；要麼專制、苛求，簡單粗暴，缺少情感交流溝通；要麼放任自流，不加教育約束，這樣學生就會養成一些不良習慣和品性。另外，有的家庭變故也是造成學生落後的原因。

2. 社會上不良因素的影響。隨著訊息傳播的便利和快捷，社會對學生的影響愈來愈大，特別是對中學以上的學生的影響更大。有調查發現，目前對中學生影響最直接、誘惑力最大的社會不良因素主要有：

（1）社會上的某些不正之風和腐敗現象，如開後門、拉關係、行賄受賄、權錢交易、假公濟私、奉承拍馬屁等；

（2）電子遊戲、色情影片、低級趣味的小冊子、情歌情曲等；

（3）社會上不法分子或流氓集團的誘騙、腐蝕和教唆；

（4）新的「讀書無用論」和「就業困難」現象；

（5）耳濡目染的不良訊息，如「明星商演」「虛假廣告」「致富絕招」及「江湖義氣」等。這些會波及校園，影響了中學生的健康成長，而問題學生的心理防線本來就不夠穩固，極易為不良誘因所引起的慾望所驅使，一旦難以自拔，就會導致品行不佳、成績滑坡。

3. 學校教育的失誤或失敗。學校在辦學指導思想上存在著一些問題，目前，應試教育還大有市場，大行其道，學校部分老師重功利看分數，輕品德能力；重智育重教書，輕育人做人；重言傳重宣傳，少身教示範。有的學校還採取分班制度，人為地把資優生和問題學生分開；有的老師在生活中偏袒資優生，冷落歧視問題學生；有的在教學中採「齊頭式平等」，使一些「慢半拍」的學生跟不上而淪為問題學生。

4. 學生個人的主觀原因。有的學生缺乏強烈的知識需求和進取心；有的學生對讀書缺乏興趣，熱衷於遊戲機、交朋友或逛街；有的學生道德觀念和是非觀念模糊，把頂撞老師、違反紀律看成勇敢，把互相包庇、彼此護短等同義氣，把尊敬師長、團結同學視為巴結，把反映情況、彙報紀律稱為告狀，把捐款捐物、助人解難說成傻瓜等，影響了自身的學習和健康成長。

如何瞭解問題學生

　　問題學生就是某一方面或所有方面相對滯後的學生。通常情況下，突出表現為品行和學業成績相對滯後，但按照品格教育的標準，不應侷限於品行和學業成績這兩個方面來評判。問題學生在班級裡的表現有共性也有個性，主要表現在：

　　1. 有反抗心理。這些學生往往從小就受到專斷式的教育。學生從小得不到家長的呵護，稍有錯誤就受到家長的訓斥打罵，久而久之，產生了強烈的反抗心理，你越說，他越煩；你越打，他越硬，導致父母與孩子之間沒有交流，不能正常溝通。對這樣的學生我們若沒有足夠的關心，就可能使他們產生牴觸情緒，以致仇視父母，與老師作對，甚至在同學身上尋找報復的機會。

　　2. 有的自由散漫。有的學生由於家庭破裂，家長對學生缺乏應有的教育，聽之任之，養成了他們自由散漫的個性。這些學生缺乏紀律觀念，遲到、早退的事也時有發生，自己感興趣的課就聽聽，不感興趣的課就不聽或乾脆一走了之。因為得不到父母的重視，他們可能厭惡自己的家庭，到處遊蕩，行為散漫。

　　3. 有的性格孤僻冷漠。這些學生由於受到離異父母的冷落，或從小受到外界過多的批評和指責，或受到不公平的對待，缺少愛的滋潤和師長的關懷，總覺得自己不如別人，自卑感強，漸漸在心理上建立起情感的屏障。不善交流，喜歡獨處，自我欣賞，久而久之，就形成自我中心，對集體和他人的事漠不關心，麻木不仁，班集體的任何活動都不想參與，集體榮譽也似乎與他毫不相干。

　　4. 有的意志薄弱。這些學生往往由於父母對其過分不放心，什麼事都代替全包。由於受到的控制過多，學生的身心得不到應有的鍛鍊，因此自制力差，做事也沒有自覺的行動目標，遇到困難不是軟弱退縮，就是隨波逐流，而不是自己想辦法去戰勝困難。

　　5. 有的得過且過。這些學生一般來說都沒有什麼理想，因為他們無論是在別人的眼裡還是在自己的眼裡都是「落後」的，於是「做一天和尚撞一天鐘」，得過且過，甚至破罐子破摔。

教育之美：老師掌中的 24 個度
對待問題學生要大度

老師面對問題學生，不能歧視和打擊，不能用有色眼鏡看他們，而是要尊重他們，引導他們分析進度落後的原因，找出可能進步的有利條件和優點，幫助他們制定出學習上和紀律上的近期目標與遠景規劃，使他們懂得「天生我才必有用」，樹立起他們的自信心。老師對待問題學生一定要有耐心，尤其是對有嚴重心理缺陷或單親家庭環境成長的問題學生，更是要倍加關心、愛護，鼓勵他們多參與集體活動，讓他們在班集體這個大家庭中感受到溫暖，在接受愛的過程中學會愛別人，進而扭轉自己的牴觸情緒，改變對外部世界的態度，擁有克服困難的勇氣，培養起樂觀向上的生活和學習心態。

轉化問題學生要有境界

問題學生是各個學校、班級都客觀存在的，在班級中為數不多，但他們有的能量不小，破壞性很強，有可能成為班上的消極因素，常常妨礙班級各項工作和活動的順利開展。轉化問題學生需要老師的大度，體現出老師的情懷，沒有境界的老師很難做好這項工作。

首先，要認識和瞭解問題學生。問題學生並非生下來就落後，他們最初也同其他學生一樣，有一顆天真無邪的心，有自己美好的願望，惹人喜愛。即使成了問題學生，他們身上也不乏改正缺點、追求上進的要求和決心，也有其長處和優點。

其次，要明白轉化問題學生的意義。做好問題學生的轉化工作，對問題學生自身的成長、對班集體的成長和發展都有重要意義。對於某位問題學生來說，老師透過自己的努力轉化了他，那麼這位老師當之無愧地成為他生命中的貴人。轉化問題學生是對社會有積極意義的好事。

第三，要熱愛問題學生。熱愛學生是教育轉化問題學生的感情基礎。老師教育問題學生要以情入手，以自己親切、和善的師者風範感染、激勵學生，架起師生間友誼的橋梁。對待特殊的問題學生更要加大情感的濃度，因為情感可以激起學生接受正確教育的積極性和主動性，可加速學生頭腦中兩種對立心理的矛盾和鬥爭。問題學生在多數人眼中是不良學生，得不到應有的尊重和理解，這會使他們產生一種畸形心理，不自覺地抵抗外來的意見。轉化

問題學生要以尊重和信任為前提，以愛為轉化的力量源泉。因此，老師必須把感情投入作為突破口，有愛心，有耐心，有誠心、有信心，切忌隨隨便便，嘮嘮叨叨，克服暈輪效應誤差。

第四，要對問題學生平等相待。老師要精心營造一種平等、民主、和諧、友愛的氛圍，讓問題學生能夠感受到大家的溫暖，感受到自己在班上有一席之地。老師要經常設身處地地為問題學生考慮、解決問題，讓他們體會到來自老師的關愛。這樣，他們也才會時時為老師著想。平常安排座位、課堂提問、班級活動都要讓問題學生體會到公平、公正、一視同仁。對父母離異的學生，要經常與他們交談，解開他們心中的困惑，把家庭不正常帶給孩子的心理障礙盡量化解。對屢教不改的，要寓愛於嚴，嚴中有愛。平等相待是成功轉化問題學生的關鍵。

第五，要對問題學生有耐心。問題學生的轉化是一件十分細緻而艱巨的工作，絕非一朝一夕的事，不要簡單地認為透過一次談心他們就能徹底改好，就能立竿見影。意志薄弱、自控力差、行為極易反覆是問題學生的特點。由於長期得不到應有的尊重，一旦有人有意無意地觸及他們的痛處，便會舊病復發，甚至變本加厲，此時如果老師認為「孺子不可教也」而撒手不管，那他們則會破罐破摔，終至一發不可收拾，所以，轉化問題學生除了有良好的願望和有效的方法之外，還要正確認識問題學生轉化的過程，認清問題學生轉化過程中的反覆之處，正確對待、耐心等待。

總之，做好問題學生工作有難度，甚至是一項艱巨的工作。這就需要老師有大度的情懷，有崇高的境界。

轉化問題學生要有高超的教育藝術

轉化問題學生工作面臨的對象不僅是個人，還可能是一群人。老師面對這樣的學生或群體，是不能歧視和打擊的，而是要引導他們分析落後的原因。轉化問題學生需要老師有高度的責任意識和高超的教育藝術。

教育之美：老師掌中的 24 個度
對待問題學生要大度

1. 強化「做人」的教育。赫爾巴特認為：「教育的唯一工作和全部工作，可以總結在德育這一概念之中，德育普遍地被認為是人類的最高目的，因而也是教育的最高目的。」中小學生全面發展包含德育、智育、體育、美育和勞動技術教育五方面的內容，其中德育擺在首位。這是因為，德育不僅能撥正學生人生的航向，而且能鼓舞學生前進的風帆。不懂得做人的道理、缺乏理想是問題學生的共同特徵。他們的行為帶有極大的盲目性，其根源就在此。因此，老師必須把「做人」的教育貫徹於問題學生教育的始終，並且強化「做人」的教育。

2. 老師教育問題學生要以理服人。成為問題學生並不是一朝一夕之事，他們是在長期學習、生活過程中養成了不良習慣。他們也不會輕易接受老師的教育，因此在教育的過程中一定要堅持實事求是、有的放矢的原則，要嚴格要求。如講做人的道理，要結合《中學生的文明行為準則》和《日常行為規範》講清目標，讓他們每時每刻都清楚哪些該做，哪些不該做。針對他們對父母、老師、同學不尊重的表現，有意識地宣講感恩、寬容、友愛等故事。針對他們缺乏理想、缺乏自律精神的特點，引導他們讀好一本傳記，牢記一個偉大人物。以班上或周圍先進人物為榜樣，在問題學生心靈裡樹立起人生的路標。

和問題學生談心是老師工作的主要方式。與優等生相比，問題學生的自尊心更強，老師談心時應特別注意。因為問題學生學習不好或紀律差，長期受冷落、歧視，他們一般都很心虛，對外界極敏感，心靈總有一堵厚厚的牆，但在內心深處仍渴望得到別人的理解、諒解和信任，如果你踰越它，那麼你就成功了。一般可以先話家常，談談自己的過去，不論成功還是失敗，甚至有時還抖抖「醜事」，縮小心靈間的距離，在這個過程中應做到心平氣和，以誠對待。

老師的誠心還應表現在對學生自我教育能力的發掘和肯定上。以誠心贏得他們的信任是成功教育問題學生的保證。

總之，問題學生教育必須強化理想教育、道德教育，讓他們對事物的是非、善惡、美醜有正確的認識與評價，樹立正確的人生觀、價值觀，淨化心靈，從而從根本上轉變他們。

3. 老師幫助問題學生要因勢利導。首先，認真觀察，利用教育契機。問題學生之所以被稱為「問題學生」，是因為他們身上存在許多缺點，而他們往往毫不在意，但不要認為他們只是鐵板一塊，不可救藥。要用發展的觀點來看待，他們身上有一些不被人注意的優點，老師在管理中要注意發現他們的優點，找準入手的角度，選擇適當時機，才能取得談話的最佳效果，以便獲取開啟他們的心靈、矯正他們行為的金鑰匙。

老師要注意發掘他們的優點，與他們建立感情上的聯繫，進而將談話作為推動他們轉化的良好開端。談話時師生感情融洽，學生就有積極參加談話的意願，就能敞開心扉，接受老師的教育。

一般來說，學生的情緒、態度、行為在犯事前都有一定的異常。老師平時應對學生加以留心，敏銳地觀察學生的各種變化。發現異常應及時與其談話，妥善處理，把各種危險因素消滅在萌芽狀態，以防止意外事情發生。

學生有傷病時，老師若及時發現並去探望，一定會在學生心中留下深刻的印象。老師的關愛會激發學生感激之情，增進師生感情。如果生病的學生是一位問題學生，老師就可以把握談話時機，以情熱情，委婉地對其提出要求。這樣，學生會在感激中有所覺悟，並暗自下決心，主動爭取進步。

學生在生活、學習、家庭等方面遇到困難、意外或遭人歧視時，老師如果能及時找學生談話，瞭解情況，幫助解決困難，哪怕是幫助做一件事，學生都會感激不已，甚至終生難忘。抓住這一時機，引導他們正確對待困難，戰勝挫折，就能促進學生健康成長。

其次，遵循制度，掌握獎懲的尺度。獎勵和懲罰是老師在教育活動中管理學生的必要和有效的手段，也是轉化問題學生的有效手段，但在對問題學生實施獎懲時一定要掌握好尺度，過多的獎勵和懲罰對問題學生的轉化都是不利的。一般來講，問題學生違紀行為較多，因此受懲罰的次數也比較多，

教育之美：老師掌中的 24 個度
對待問題學生要大度

但過多的懲罰會使學生產生恐懼心理，導致為逃避懲罰而學會說謊、欺騙，以此來保護自己，在行為上形成當面一套背後一套，養成虛偽的不良性格。或者使學生產生對抗心理，導致師生關係的對立，這些對轉化問題學生都是不利的。還有一些老師為了轉化問題學生，他們有一點點好的表現就一味地表揚，而對他們的違紀行為置之不理，這同樣也不利於問題學生的轉化。當然這並不是說對問題學生的獎懲都是不利的，關鍵在於掌握尺度。

最後，要激發問題學生的學習興趣。學習優秀的學生對學習興趣濃厚，而學習落後的學生則表現為對學習缺乏興趣，不願動腦，害怕困難，會產生厭學情緒，以致做出違紀的事。老師應最大限度地激發學生的學習興趣，幫助他們養成良好的學習習慣。首先，在日常學習中，不能太苛求，關鍵是制定切實可行的奮鬥目標，也就是要對他們提出難度低一點、「跳一跳就能摘到果子」的問題，使他們也能體會到戰勝困難獲得成功的喜悅。二是要豐富他們的精神生活。要經常帶他們閱讀課外優秀讀物，培養讀書的興趣，組織他們參加有益的興趣活動，使問題學生在活動中能發揮自己的特長，體驗自身的價值。這時，老師再不失時機地加以引導，可以激發他們學習的內在動力。三是要努力不懈。問題學生學習基礎薄弱，學習成績非一朝一夕就能提高，而其身上的毛病會時常重犯，這就要求我們必須持之以恆，下苦功夫。只有不折不扣地付出，才會有顯著的成效。如果對其忽冷忽熱，將會事倍功半。

4. 要加強家校聯繫，與家長齊心共管。學生與家長有著血緣、衣食、生活習慣等方面的親密關係，家長作為學生的第一任老師，對學生的一生起著非常重要的作用。作為一名教育工作者，要想對問題學生進行有效的、有的放矢的教育，就必須瞭解學生的家庭情況和家長的思想觀念。要根據學生的家庭情況，依靠家長的幫助來轉化問題學生，這就要求老師要經常與家長聯繫，隨時瞭解學生在家中的情況和思想動態，根據學生個性，依靠家長的幫助，雙管齊下，力爭轉化問題學生。另外，讓家長瞭解老師的為人，工作態度，相信老師做的一切都是為了他的子女，從而支持老師的工作。

5. 要利用好科任老師與班集體的力量。各方面教育要求協調一致，並持之以恆，多管齊下，能建構教育轉化問題學生的良好環境，形成強大的教育力量。教書育人是一項集體的事業，只有教育者形成共識，統一步調，統一行動，形成合力，才能使受教育者轉變思想。問題學生的教育更是如此。

問題學生並非智商低下，他們特別善於抓住不同老師的不同要求，進行違規行為。因此，只有科任老師精誠團結，對學生的教育要統一認識，統一要求，統一步調，統一做法，這樣才能達到教書育人的目的。

問題學生學習、生活在集體環境裡，他們必須融入班集體之中，同班集體一起前進。一個團結友愛、奮發向上的班集體，既是問題學生矯正不良道德品行的熔爐，又是問題學生實現轉化、進步的搖籃。老師在教育和轉化問題學生中起主導作用，但一個人的能量總是有限的，必須樹立良好的班風，發揮集體的力量，使問題學生身處一個團結友愛、融洽和諧的環境之中。為此，老師可向全班提出「不讓一個夥伴落下是全班同學的共同責任」，並在班裡開展各種活動：

①互幫互學的「一幫一」活動。安排成績優秀的同學與問題學生同桌，提醒、督促問題學生遵守紀律，專心聽課，課餘當「小老師」輔導學習，幫助改進學習方法。

②豐富多彩的課外活動。如做好事，朗讀、講故事比賽，知識競賽，寫字比賽和遊戲搶答等，使問題學生融進歡樂愉快的集體生活之中，並為他們提供展示自我、表現才能的機會和舞台。

③組織參觀訪問活動。如帶學生到烈士陵園掃墓，參觀當地名勝古蹟，訪問模範先驅人物，使他們開闊眼界，愉快身心，培養熱愛社會的感情，激發學好知識建設社會的志向。

④爭當「文明學生」「進步學生」等活動，在班中弘揚了正氣，抑制了歪風，形成良好班風。

透過各種活動的開展，使問題學生感到班集體的溫暖，逐漸消除了自卑心理，克服孤僻性格，振作精神，樹立起同班集體一起進步的自信心。

6. 老師自身要有人格魅力和教學能力。老師為人師表，率先垂範，尊重學生，以德感人，避免體罰或「語言暴力」，使學生從師生交往中產生善良與高貴的感情。榜樣的力量是無窮的，有人說：「老師是學生的樣子，學生是老師的影子。」確實如此，具有崇高人格和高尚情操的老師永遠是學生心靈中的榜樣，是學生人生道路上前進的路標。同時，老師還必須有較高的教學水準。學生的主要任務是學習，老師的責任是教書育人。教學水準較高的老師最能在學生心中樹立威信，因此，老師首先應讓學生喜歡你的課。如果一個老師連起碼的教學質量都不能保證，那麼他其他方面無論怎樣優秀，也始終不能成為學生心中的好老師。

上好課，嚴格要求，處處做學生的表率，用老師的人格力量與教學能力去碰擊學生的心靈，學生的心靈自然會迸發出璀璨的火花。這是教好學生的關鍵，更是教育好問題學生的關鍵。

7. 老師要注意自控和節奏。由於家庭、社會等方面的影響，問題學生的心理承受能力和自控力極低，他們一旦被激怒就難以控制自己的行為且不顧後果。加上長期以來他們一直不是老師心中的好學生，對以老師有著強烈的逆反情緒。因此，在教育他們的過程中，學生不禮貌的行為時有發生，老師一定要善於控制自己的感情，絕不可因為損害了自己的尊嚴而大發脾氣，將矛盾激化，導致不可收拾的局面。切忌感情衝動，言辭偏激，簡單粗暴，採取隨便扣帽子等不尊重學生的行為。教育問題學生還是冷處理好，等他們平靜之後再開導他們，收效會更好。注意這種一時的「忍讓」，絕不是遷就姑息，而是以退為進。他們故意頂撞激怒老師，老師千萬要克制自己，應該語氣是溫和的，態度是堅決的。

對問題學生的教育不是一兩天或一兩次就能解決的，需要長時間的及時跟進，不能指望「一口吃成胖子」。學生良好行為習慣的養成，需要一個認識和適應的過程，會有反覆的現象，不能一蹴而就。老師必須有打持久戰、打拉鋸戰的準備，要耐心細緻地反覆處理，這就要求老師必須具有較強的感情控制能力。問題學生的教育是長期的策略任務，絕不可畢其功於一役，要掌握教育的「慢」藝術特點，注意工作的節奏。

師生交往要有尺度

　　尺度是指處事或看待事物的標準。老師只有掌握好這個標準，才可能完成好任務、達成心願，獲得事業的成功；才能有利於身心健康，有利於培養美好的思想品性。師生交往是鮮活的生命與生命之間的交往，不同的情境、不同的師生，交往的尺度往往是不一樣的。老師要把握好師生交往的尺度，要形成師生之間和諧、融洽的關係，但不要「過度」親密。老師在交往中必須要理性而不冷淡、感性而不情緒化、寬容而不縱容、嚴格而不嚴厲地與學生相處。只有建立和諧的師生關係，才能更好地激起學生的積極性，充分發揮學生的創造性，才有利於師生在教育活動中共同合作，為實現教育目標共同努力。

　　良好的師生交往要求老師以真正平等的態度對待學生，真正體會到學生作為獨立個體發展的需要，體會到學生作為主體的獨特個性，並且尊重和信任他們。

　　「學習長知識，交往長見識」，老師要意識到，在提倡品格教育的今天，良好的師生交往不僅有利於提高學生成績，還有利於引導學生學會做人。

▍走進師生交往

　　交往是教育實踐活動中一個不斷被提起的話題，一個絕不能忽視的問題，涵蓋了教育的方法、過程、內容和目的，而師生關係則是交往活動中不可缺少的核心部分。從一定的意義上說，師生交往的效果直接影響著師生關係的質量，影響著教育效果，影響著教和學的效度，影響著師生各自的發展。

　　哈伯瑪斯認為交往具有四層含義：一、交往行為是兩個以上主體之間產生的涉及人與人關係的行為；二、以符號或語言為媒介；三、它必須以社會規範來作為自己的準則；四、交往的主要形式是對話，透過對話達到人們之間的相互理解與一致。

　　師生關係具有幾個突出的特點。

教育之美：老師掌中的 24 個度
師生交往要有尺度

其一，它是人文追求的過程。師生關係一方面要透過溝通而相互理解，建立起和諧、融洽的師生關係；另一方面則要促進老師和學生的社會化和個性化的實現，這決定了師生關係的平等化、民主化和人性化。

其二，它也是精神相遇的過程。師生在精神上的相遇將瀰散於教育生活中，制約著師生的活動空間和心理空間，並在師生的生命中綿延，而教育中不同生命個體相互的作用，又在理解中促進個體更好地發展，它決定了師生生命發展的可能性、體驗性和價值性。

其三，它還是動態生成的過程。師生關係表現出對生活世界的積極觀照，這既意味著對師生生活體驗的尊重，也反映出對師生社會適應性發展的關注，它決定了教育活動中師生視界的透明性、開放性與包容性。

但是，在現實中，師生交往出現了異化的現象，要麼缺失，要麼偏離，自然影響到師生關係，也出現了一些問題。主要表現為：

第一，師生個體的交往減少。由於老師肩負著繁重的教學任務，又面臨著進修提升的巨大壓力，使得老師常常出現向內關注自我較多，向外關注學生較少；面向全班學生較多，面向個別學生較少的狀況。這恰恰是對少數學生的放棄和漠視，不僅會造成學生成長中的失落感和寂寞感，而且會使師生的心靈產生隔膜和距離，使「面向每一個學生」的教育理念流於口號。

第二，師生非正式的交往減少，正式的交往增加。師生之間在課外、校外的非正式交往是融洽師生感情的有效途徑，它是較親密的、平等的、帶有個體指向性的、充滿人文關懷的。但是，現實的師生交往以教育教學活動為主，它是規範的，程式化的，老師往往帶有居高臨下的姿態。隨著升學競爭的加劇，學生的課餘時間逐漸被擠佔，原來就不多的師生之間非正式的交往不斷被正式的交往所代替。這不僅加重了學生的學業負擔和心理負擔，也強化了學生的服從意識。

師生交往出現的缺失和偏離不是偶然的，它既有深刻的社會根源和文化根源，也受老師自身認識、素養等各方面的影響。

從老師對教育的看法而言，有的老師僅僅把師生關係作為促進認知活動的一種方法，以升學為唯一目的的陳舊而落後的教育觀，是導致師生關係出現偏差的重要原因。一方面，若老師以升學為自己從事教學活動的主要甚至全部目的，並以此要求學生，就會把學生引向一個狹小而封閉的死巷，在這種觀念指導下的師生關係必然會脫離教育的本義，使本該充滿人性精神的師生關係染上強烈的功利色彩；另一方面，若老師以知識傳授作為自己從事教育教學活動的內容，並以知識的記誦為考核學生的標準，就會把鮮活而豐富的教學內容分割成毫無情感的知識，在這種觀念指導下的師生關係必然會陷入超理性的生態中，使師生關係處於冷冰冰的知識體系的包圍之中，處於我教你學的單向支配中，缺失了生命的觀照和悅納，缺少了尊重和民主、平等，從而背離了教育的初衷。

隨著教育改革的深入，「從強調基礎知識到重視智力開發與能力培養再到重視創造力、個性和主體性」的觀念不斷深化，老師要深刻地意識到學生主體性的確立和弘揚離開了交往就難以成為可能。

首先，良好的師生交往源於師生的精神需要，特別是學生個性發展的需要，它的意義不僅在於促進認知，更在於引導學生發現自我、展示自我、發展自我，使學生逐步獲得個人的完整性和全面發展。

其次，良好的師生交往是一個有目的的相互瞭解、相互作用的過程，它有助於師生之間溝通、協調、達成共識，聯合起來去克服生活、心理和學習上的困難，共同分享和體會人生的幸福與歡樂，從而促進學生健康人格的形成。

第三，由於老師在常識和人格方面聞道在先，在師生交往中會對學生產生深刻而持久的影響，可以激勵學生不斷提高自己。

對師生交往的強調，意味著不僅重視學生的學習結果，更重視學生的學習過程；意味著對學生個體體驗的珍視和對學生生活世界的積極觀照。這樣，師生關係與教育活動相互滲透，相互作用，師生在教育與交往的相互作用中表現出自己的才學和人格。師生交往和教育活動共同促進學生的全面發展。

▌把握師生交往中的幾點

建立和諧、融洽的師生關係，有利於老師工作的開展，也有利於學生接受教育，規範行為，激發學習興趣。如果沒有把握好師生關係的尺度，有可能會造成相反的效果。

受傳統教育思想的影響，有的老師還秉持著師道尊嚴的理念，受應試教育的左右，升學率成為師生關係中最寬、最大的紐帶。有的老師帶著偏見看待學生，交往中親近資優生，疏遠落後學生。

今天，人們提倡師生在交往中應該是平等、民主的，於是有的老師走極端，與學生親密無間，不分場合，沒有長幼。如何把握好師生交往的尺度呢？

1. 把握好師生的距離

距離產生美。老師應該讓學生逐漸認同老師的朋友身分，而不是先和學生打成一片，再去讓學生接受老師的身分。老師可以適當減少與學生接觸的機會，與學生保持適當的距離。在這種情況下，學生不會疏遠你，反而會想著接近你，因為在學生的心目中，你是「神祕的」，是需要他們花心思去捉摸的。另一方面，因為老師與學生拉開了距離，在不經意間發現他們身上的優點，更能給人帶來驚喜。老師要學會用放大鏡去尋找學生的優點，用顯微鏡去尋找學生的進步。

2. 把握好老師的權威性

老師有自己的工作任務，學生有自己的學習任務。在教學活動中，正是這種各自的任務取向，使得師生之間的關係具有較強的權威性。由於師生的角色地位以及知識、年齡、自我概念與社會閱歷等方面的差異，決定了老師必定居於主導地位，這樣才能保證知識由老師向學生的傳遞，維護好班集體的教學秩序。有效的教學需要一定的權威，試圖取消老師權威的努力是徒勞的，必將損害教學的有效性。

在師生之間，需要任務取向上的合作關係。尋求老師與學生之間的合作與平等，目的並不是取消老師的權威，而是為了使教學更有效。

3. 不僅「言傳」，還要「身教」

沒有「身教」，「言傳」就顯得蒼白無力。「身教」既可以增加「言傳」的可信性和感染力，而且還能像春雨潤物一樣起著細微的、不易覺察的、潛移默化的作用。

孔子說：「其身正，不令而行；其身不正，雖令不從。」「言傳」是「身教」的基本方式，「身教」是「言傳」的有效手段。班導更要言而有信，言而有度。言必信，行必果。只有這樣才能在學生心中樹立良好的形象，建立起威信。

4. 關愛每一個學生

愛是師生溝通的橋梁，是建立和諧師生關係的先決條件。只有老師心中有愛，才會對學生一視同仁；只有老師心中有愛，才會設身處地地為學生著想；只有老師心中有愛，才能不隨意發火；只有老師心中有愛，才能真正贏得學生的尊敬。

把陽光撒向每一個角落，關愛每一個學生是老師的職業道德準則。只要我們真正做到這點，就一定會贏得所有學生的掌聲。如果有時很難把一碗水端平的話，那我們就把微笑、鼓勵與掌聲多留給那些學習不好的、紀律差的學生，其實他們內心很孤獨、很失落、很自卑，與其他學生比，他們更需要老師的關愛。無論是「醜小鴨」還是「白天鵝」，都希望得到老師的關注和關愛。

5. 設計多元活動，投入真誠的情感

師生之間不僅僅是教與學、傳授與接受的關係，而且是人與人、生命與生命的關係。老師能夠清楚地認識到這一點，並在行動上主動加強與學生的交往，就能建立密切的師生關係。在與學生的交往中，老師應該有充分的情感投入，表現出自己真摯的情感，並用自己的真誠影響學生。當然，師生之間的交往總是帶有一定的預設和目的。老師在教學中要善於設計富有意義的活動，從學生的視角來確定活動的內容、流程，在活動中投入真實的情感和學生互動，使學生在教學場景中全情投入，樂此不疲。

6. 耐心傾聽，尊重學生

學生難免會有各種各樣的認識，這是正常的。老師面對犯錯誤的學生，要小心修剪他們心靈的旁枝錯節。老師要意識到，師生之間的關係還是人與人之間的關係。學生是有自己的思想和情感的。師生關係應該遵循一般社會生活中的道德準則、法律規範，要尊重學生的人格、權利，做到老師與學生之間的民主、平等。師生交往中老師要細心地呵護學生的情感，耐心地聆聽學生的心聲。對學生取得的成績要欣賞和表揚，對學生的錯誤要及時指出，讓學生明白錯誤，自覺地改正錯誤。

7. 公平公正、賞罰分明

對於學生所犯的原則上的錯誤，絕不能姑息，而應賞罰有度，一視同仁，公平公正、不可偏私，對於一個賞罰分明、處事公正的老師，學生也是發自內心敬重的。

師生關係應該和諧、親密，但是師生交往也要有節、有度。正常的師生關係應該是建立在民主、平等基礎上的親密而有度的交往，這對維持班級秩序、促進學生發展有重要作用。師生關係緊張會傷害學生的自尊，影響他們個性發展和健全人格的養成。師生交往過於親密，有時會影響學生的判斷力，老師存在的錯誤價值判斷更容易扭曲學生的價值觀，影響他們對是非的判斷能力；有時還會影響老師的權威性，減弱學生的向師性。

師生交往的形式和方法

師生交往是有規律可循的，是以一定的形式存在於教育實踐之中的，老師要善於發現和利用。只要把握好交往的形式，才會有效地提升交往的質量。

課堂交往和課外交往要互補。課堂交往具有系統性、明確性和正規化的特點，它的重要性不言自明。在教學實踐中存在重視課堂交往而輕視課外交往的現象。實際上，課外交往是課堂交往的必要補充，是促進師生交往，達成和諧、共進的廣闊天地，它具有時空的不定性、內容的豐富性和途徑的多樣性等特點，其效果往往是課堂交往所不能替代的。比如，老師和學生一起

進行體育運動、一起進行社會實踐、一起進行科技製作、一起遊戲、同台演出等,這些活動給學生的情感體驗是課堂交往無法達到的。在積極推進品格教育的過程中,隨著新課程計劃的實施和不斷減輕課業負擔,課外活動變得越來越重要,師生課外交往的機會越來越多,課外交往的作用越來越大,如何改變重課堂交往、輕課外交往的現象是我們必須思考的問題。

群體交往和個體交往要結合。老師們一般比較重視與學生集體、組織的交往,即群體交往,而對師生間分散的個別交往即個體交往卻重視不夠。希望別人關注自己,是人的尊重需要的表現。透過個體交往,老師能夠更好地瞭解學生的年齡、家庭、興趣、愛好、特長、心理狀態、個性特徵等,可以使學生自尊的需要得到滿足,從而對老師產生好感,有利於密切雙方的關係。特別是面對現在學生心理問題比較多、心理健康教育日益重要的情況,加強個體交往對於開展有針對性的、深入細緻的心理教育顯得尤其重要。

角色交往和個性交往要配搭。老師角色與其他行業的人相比較有其特殊性,老師和學生是不同的社會角色,都具有一定的個性色彩,在「角色交往」的同時又帶有「個性交往」的色彩。一般來說,前者重視傳統規範、重視社會客觀要求,後者突出個性特點,側重於主觀抒發,追求個性化。這對老師的角色意識提出了更高的要求。一些老師比較重視前者,而對後者重視不夠。在現代社會中,青年學生交往的一個重要特點,就是對「角色交往」現狀不滿足,而更多地尋找既充滿友誼又增加生活情趣的「個性交往」活動,以達到心理和精神上的平衡。這實際上是希望老師淡化角色,以個性特點參加交往,既要做好老師,又要做好長輩、朋友、學者。因此,老師應該尊重青少年的心理特徵,在不斷完善角色交往的同時,還要重視和滿足學生個性交往方面的合理願望,加強個性交往,努力成為學生的良師益友,做到和而不同。這樣不僅有利於形成和諧的師生關係,而且有利於瞭解、理解學生的內心世界,有利於為恰當處理人際關係做出指導。

態度交往和行為交往要主動。交往是在交往者雙方之間進行的,因而需要雙方都做出努力,師生之間的交往更是如此。在師生交往中,學生常常是喜歡主動親近老師、與老師溝通的,但老師卻常常因為工作中的種種問題,

教育之美：老師掌中的 24 個度
師生交往要有尺度

在有意和無意間忽略了與學生的溝通，長此下去，師生交往是很難發展的。所以說，老師必須重視與學生的主動交往，交往時要重視自身的態度表達和行為表現。比如，老師給學生耐心地指導作用，會引發學生對老師的尊敬、信任、服從。反之，老師對學生的攻擊、拒絕、懲罰會引起學生的敵對情緒和拒絕、反抗等相應的行為。因此，老師在與學生交往時就必須明確自己應該和學生建立什麼樣的互動模式，期望學生對自己抱有什麼樣的態度和採取什麼樣的行為。老師只有首先對學生的態度和行為符合自己的願望時，學生的態度和行為才會相應地改變。

「寬」的交往和「嚴」的交往要講究。師生交往時，如果老師過於寬鬆、隨意，甚至是迎合、討好和無原則退讓，會影響老師的權威性，必然導致學生的不尊重、不服從。反之，老師過於嚴厲、威嚴，讓學生在交往時感到無所適從，見老師就像「老鼠見貓」，那麼就沒有和諧的師生交往。與學生交往要寬嚴適度，嚴而有愛。過了度，出了格，師生交往就會出現偏頗。一方面會使師生交往庸俗化，失去原則性，另一方面可能造成關係緊張，甚至對立。這兩種偏頗都會導致教育的失敗。老師只有掌握好寬嚴的程度，學生才會覺得老師嚴而可親，敬而生畏，老師才能樹立起威信。

綜上所述，認識到師生交往在教育工作中的重要性，建立和諧的師生關係，是品格教育提出的要求，是作為現代老師必須努力做到的。師生交往是一門藝術。教育工作者要真正擔負起學生心理的「保健醫生」的職責，把握人際交往原則，就必須審時度勢，察微知著，這樣才能促進師生關係不斷得到改善和加強，促進學生心理健康和全面發展。

▍課堂上的師生關係

良好的師生關係是進行正常教學活動、提高教學效率的前提和保證，對師生雙方良好品質的形成也起著重要的作用。課堂是師生之間溝通的地方，老師要以此為陣地，創設和諧、民主、尊重、信任的課堂氛圍，要以平等的心態看待學生，為滿足學生發展的差異性創造良好的環境。

1. 師生要有和諧融洽的關係

和諧就是人和人之間的一種互相欣賞，互相信任，互相體貼。和諧融洽的師生關係就像化學反應中的催化劑，它能溝通老師和學生的心靈，使學生帶著情感需要投入到學習活動中，成為他主動學習的一種內在動力。而老師也會在這種情感的作用下，產生出強烈的責任感、使命感和對學生強烈的愛。

和諧的課堂教學環境能夠促進師生間的互動、學生間的互動，提高課堂教學的實效性。師生間和諧、民主的關係和輕鬆、愉快、活潑的氣氛，有利於形成師生之間暢所欲言、各抒己見、相互理解的局面，有利於發展學生的智力，並使他們的非智力因素得到良好的發揮，幫助學生養成思維活躍、想像豐富、勇於探索、大膽質疑的科學態度和科學精神。同時，只有當老師用欣賞、信任、體貼、尊重、呵護的態度對待學生時，學生才能逐步學會尊重自己、尊重他人、關愛動物、關愛植物、熱愛大自然。

2. 充分尊重學生的主體性

學生是學習的主體，學習是一種內化過程，在這一過程中，需要學習者本人發揮主體作用，以實現解析、重組和建構知識的目標。

主體性是人作為對象性活動的主體所具有的本質特徵，主體性集中體現為學生的獨立性、主動性和創造性。在教學中，要尊重學生的主體地位，建立和諧、民主、平等的師生關係，培養具有獨立人格和開拓創新精神的時代新人。培養學生的主動性，發展學生的創造性，誠心誠意地把學生當作學習的主人，使學生在「主體──主動──主人」的道路上得到全面的發展。貫徹主體性原則，可以給學生提供一個充分發展個性、發展特長的大環境，使學生積極參與到教學活動中，使每一個學生的潛能得到發展。

3. 發揮老師的主導作用

在充分尊重學生主體性的同時，也必須發揮老師的主導作用，這二者是相輔相成的。發揮老師的主導作用，就是成為學生學習的組織者、協調者、參與者，學生學習過程的服務者、評價者、指導者。這就要求老師尊重學生，

關愛學生,並且關注學生的個性發展。當學生犯錯誤時,應該耐心幫助他們,對學生的不良行為不能視而不見、姑息遷就。在具體教學過程中,老師要從學生實際出發,立足於「主導」來思考和發揮老師本人的創造力,制定出恰當的教學目標,精心處理教材,充分引起學生的學習積極性。在學生學習的過程中,根據實際情況進行干預,適應學生的學習需求。只有處理好老師主導與學生主體的關係,充分發揮老師的主導作用,才能做到教學相長。

4. 著眼能力和素養的提高

在教學中要遵循整體性原則,不片面地看待一時一事,應從長遠的角度、教育的角度出發,重視學生的全面發展,培養學生良好的行為習慣。老師要抱著寬容的心,對學生循循善誘,挖掘學生身上的「優點」,多給學生一些理解、一些希望、一些微笑,讓他們的個性得到張揚,最終達到個體能力和素質的全面提高。

5. 教書要育人

教書與育人是不可分割的統一整體,它們互相滲透,互相促進。學校的一切活動都是為了教會學生做人,獲得生存的知識和技能。所以,老師必須堅持對學生進行情感、態度、價值觀的教育,以教育為手段,以育人為目的,以提高學生的綜合素質為目的。要實現這樣的教育目的,就必須以和諧、民主的師生關係為基礎。

與家長交往要站好角度

　　老師與家長的溝通交往也是一門藝術，是一種超越知識的智慧。作為成人，雙方的交往帶有社會交往的性質，同時伴隨著師生交往和老師教育的延伸。老師與家長有著共同的目的和情感溝通的基礎，但有時會因為在某些方面意見不統一而產生矛盾甚至對立。

　　老師在做學生工作時，往往需要家長配合，有時需要教育的還有家長。老師要結合實際情況，採取靈活多樣的方式，使雙方在溝透過程中達成共識，互相配合，共同做好學生的教育工作。

　　老師在與家長交往時要站好角度，不能交往過深、過多，要守住老師職業的底線，不能踰越師德。當然老師與家長不能不交往，不能對家長不理不睬或冷漠相待。要轉變教育觀念，正確認識師道尊嚴，增強服務意識。

　　老師和家長的交往應該建立在平等的基礎上，只有平等才有交往的可能，只有平等雙方才不會落入誤區，造成推諉、瀆職的情況。

　　老師與家長交往要有談話的藝術，要機智靈活，真誠耐心，熱情友善，要經常換位思考。如果老師能換個位置，站在家長的立場上，設身處地地考慮學生的教育問題，與家長的交流就能變得更加協調，更能使家長與學校的教育擰成一股繩。

▌與家長溝通的路徑

　　家庭是學生的第一所學校，父母是孩子的第一任老師，家庭教育是學生的啟蒙教育，起著決定終生的作用。

　　老師在瞭解學生與家長情況的同時，還要學會用科學的、有效的方式與家長溝通。老師與家長溝通的渠道有許多，每種溝通方式都有利有弊，老師要根據不同的情況採取不同的方法，力爭讓家長和老師形成共識。老師如果贏得了家長的理解和支持，教育工作會收到事半功倍的效果。

　　家庭訪問是溝通的主要渠道。一般家庭訪問的形式有：

教育之美：老師掌中的 24 個度
與家長交往要站好角度

（1）電話家庭訪問詢問。反映學生的進步，詢問學生未按時到校的原因，是否回家，或者問候生病在家的學生等情況，老師可以採用給家長打電話、發簡訊的方式，既便捷又易於維繫情感。但是通話時看不到對方的表情，所有的感覺、印象都來自電話中的聲音，不論家長的語氣、言語如何，老師都要懂得控制自己的情緒。稱讚肯定時，語氣要堅定，訴說孩子問題時，語氣要婉轉。電話既方便又普遍，是很好的溝通媒介，在老師的運用下，那一條線會成為拉近距離、凝聚力量的「情感專線」。要提醒大家的是家長的電話號碼有時會改動，要定期統計家長電話變更情況，保持聯絡暢通。

（2）家庭訪問。直接家庭訪問是老師與家長進行溝通的傳統模式，在通信手段極其豐富的今天，這種古老的方式逐漸被淡化。但是，對某些學生（特別是對一些自卑心理強、不願與人交流的學生）來說卻有獨特的作用。老師、家長、學生三者共處一室，促膝談心，拉近了彼此的心理距離，有利於交換意見，也有助於達成共識，商量解決問題的辦法。老師上門家庭訪問，讓學生感受到老師的關注和重視，這對學生是個激勵，對家長也能產生觸動，容易形成教育合力，產生良好的教育效果。

因此，老師家庭訪問的重點要放在個別學生身上，透過與家長談話，瞭解學生在家的學習、交往情況，以及在家務中的表現情況；瞭解學生的興趣愛好，瞭解學生的性格特徵，窺探學生的內心世界。這樣，透過瞭解學生的全部生活內容，發現學生的特長，依據不同的情況採用不同的教育方法，也讓家長注意利用日常生活中的小事，增強孩子的自信心、進取心。另外，和一些比較難纏的家長談話時，要有第三者在場，可以是教同一個班的老師，也可以是辦公室裡教其他班級的老師，這樣可避免很多問題，也可以在自己很無助的時候尋求幫助。

（3）請家長來校訪問。這是家長與老師保持密切聯繫的一種比較靈活的方式，也是家長主動關心班集體的表現。家長主動來訪，有的是出於對學生的關心，有的是為了發現學生的某種問題，有的是對學校、老師有意見或建議。不管什麼情況，老師和任課老師都要熱情接待、認真解答，共同交流和研究教育子女的方式，以達到改進學生心理的目的。但由於校園安全問題，

現在有些學校不允許家長進校園，所以如果有家長主動來訪，我們應該提前和家長約好時間，以便在沒課的時候到校門口接待家長，這樣避免家長到校後不能及時接待。家長也都有自己的工作，有時候家長可能還會需要請假來學校。我們的溝通是建立在平等、互相尊重的基礎上的，如果我們能設身處地地為家長考慮，一定會贏得家長的大力支持和配合。

（4）家長會也是溝通的途徑之一，一般在開學初或者學期末進行。向家長彙報學校教育教學的工作情況及今後工作計劃，並向家長提出教育的具體要求，聽取家長的意見，共同研究改進工作，從而協調學校教育與家庭教育的關係。舉行會議前，老師要有充分準備，目的要明確，內容要充實，中心要突出。提前要寫好家長會發言稿，然後再召開家長會。家長要填好簽到表，會後要進行總結，從而使家長會開得有實效。

（5）聯絡簿是老師每天都要用到的與家長的溝通渠道。每天對學生的各項行為表現進行評價，回家後家長也根據學生的表現進行評價，互通訊息。聯絡簿不能流於形式，要認真對待，長久堅持，對學生的常規訓練和行為習慣養成有很好的促進作用。學生除了把每天的作業記好之外，還可以記錄第二天要攜帶的物品。每週對學生進行一次鼓勵性評價，讓家長感受到老師很關心學生的成長與表現。老師每週給學生的評語和批閱，要堅持做到親自批閱，及時批閱，而且對學生反映的問題要及時解決。

（6）老師與家長還可以網上聊天。隨著社會的發展，電腦的普及，家長教育程度的提高，網路聊天成為現代社會生活中人際溝通交往的一種途徑。老師、家長有時都忙於各自的工作，要隨時取得聯繫、溝通思想，一個有效的方式是互通電子信箱、ＱＱ號，在聊天中交換訊息、增進瞭解。

開好家長會

如何開好家長會？首要的一點就是要弄清楚為什麼要開家長會，即家長會的目的。根據筆者的經驗，家長會至少要達到以下幾方面目的。

1. 瞭解學生家長及家庭情況

　　學生所接受的教育是立體化的，其中家庭影響至關重要。學生的許多品格是在家庭環境的影響下形成的，學生身上的壞習慣和不良思想也與家長長期影響密切相關。老師在決定對學生進行教育之前，必須首先瞭解學生的家庭。特別是現在多元的社會環境、城鄉、一體化、自由擇校等的影響，家長的情況很複雜。老師透過學生渠道和家庭訪問可以瞭解到一些情況，但家長會更是瞭解情況的良好時機。

　　透過家長會，老師要瞭解如下情況：

　　（1）家庭的成員及經濟狀況；

　　（2）家庭的氛圍（如家庭和睦與否、家風等）；

　　（3）家教狀況（如對孩子是溺愛放任、粗暴嚴厲還是不聞不問，教育內容與方式是否恰當等）；

　　（4）家長的教育程度、職業、性格、處世態度等。

　　瞭解的方式可以用問卷調查，也可以在談話中完成。老師瞭解到的這些情況，可以為制定教育措施提供詳細的依據，使教育有的放矢，對症下藥。

2. 相互交流學生表現情況

　　家庭、學校是學生活動的兩個最重要的場所。家長很想知道學生在校表現情況，老師也想知道學生在家裡的某些情況。因此，相互交流學生情況是家長會的重要內容。不過，作為掌握主動權的會議主持者，老師應該慎重地進行這種交流。為了節省時間，要注意引導家長盡量講一些老師想知道的情況，內容要集中；在向家長介紹學生在校情況時，要認真選擇內容，要充分考慮某些內容回饋給家長後可能會產生的一些副作用，老師在面對家長時，心裡一定要裝著學生。

3. 幫助家長提高家教水準

學生的有些問題是老師可以解決的，但也有些問題只能由家長去完成，比如有效控制學生零用錢的問題。所以，幫助家長提高家教水準是完全有必要的，是老師工作的重要內容。這樣可以大大促進對學生的教育有效度。要做好這項工作，可以從如下幾方面入手。

（1）辦好家長學校。老師在對家長的家教方式和家教水準有充分瞭解的基礎上，詳細設計出輔導家長的工作日程。

（2）樹立家長榜樣。一些優秀家長的家教情況是最生動的教材，讓他們現身說法最容易讓其他家長學習仿效，老師可以幫助這些家長總結經驗。

（3）把學生心聲回饋給家長。理解學生，這是優秀家長必備的心理素質。在家長會上讓家長聽一下學生們的心聲，會給家長的心靈以極大的觸動，自覺改正一些不恰當的家教方式。

（4）組建家長會。學校班級裡的有些問題，讓家長與家長溝通，效果更好。比如，學生購買參考書方面，買還是不買、怎麼買等問題。

4. 闡明有關政策，增進理解，消除隔閡

比如，利用家長會宣傳義務教育，對輟學打工等違法現象進行分析，幫助家長提高認識。再如，家長對學校意見最大的是收費問題，主要原因是家長對學校及上級有關政策不清楚。老師應在家長會上講明為什麼收費，哪些費用該收，並歡迎家長對學校收費情況進行監督，以取得家長的理解和支持。

▌與家長交往的藝術

班級管理是老師一項非常重要的工作，老師的管理對象是學生，他們生活在不同的家庭環境中，所受到的家庭教育不同，所以說老師與家長的交往對班級管理工作影響很大。要使家長的教育配合學校教育，保持一致性，關鍵在於學校和家庭的德育工作能形式統一戰線。要建立統一戰線，老師應該注意與家長交往的內容、形式及藝術。

教育之美：老師掌中的 24 個度
與家長交往要站好角度

首先，要正確處理與家長的關係。

有些老師，不管遇到什麼問題，都喜歡用「叫家長」來嚇唬學生。其實，不到萬不得已，一般不要搬動家長這座大山。在學校發生的事情，還是由老師自己來處理比較好。如果把家長請來，有時候是給自己添麻煩。假若家長來了，要注意幾點：態度一定要謙虛、和藹、謹慎；講話時，推心置腹，多站在家長方面考慮問題；評價學生時要客觀公正，先提優點，再指出不足，不要總是說孩子的缺點，讓家長認為自己的孩子一無是處，從而對老師產生反感；要給家長出招，出一些教育孩子的小主意，絕不能製造不愉快的因素，增加家長與老師之間的隔閡。

與家長溝通好了，就鋪平了今後教育成功的道路，對改變學生成過程中的不良思想和行為極為有利。如果家長心裡沒有怨氣，覺得老師說話有理、做事可靠，回到家就會配合學校的教育。所以，老師應不斷反思自己工作的過程，改正缺點，累積成功的經驗。

其次，要重視家長會上的講話。

家長會是連接學校與家庭之間的最佳途徑。從近幾年家長會的出席率來看，家長比以前重視多了。作為老師，首先要擺正位置，不要以為家長會是學校的事，我們老師只要隨便講幾句就可以了，如果這樣想的話，那麼召開家長會就失去意義了。家長滿懷希望來到學校，更想瞭解孩子在班內的表現，老師應做好充分準備。

從理解教育的角度來說，首先要理解家長的心情，尤其是問題學生家長的心情，在家長會上應盡可能以表揚為主，把班級中好的一方面予以展示，給予表揚。班級工作出色的、考試中成績突出的、進步明顯的、運動會上表現突出的都要予以表揚，讓家長有自豪感，有成功的喜悅。同時委婉地指出存在的問題，提出一些改變孩子缺點的良好建議。千萬不能點名，只說現象；有些問題突出的，老師可在會後作個別交流。

第三，在與家長溝通的過程中，說話要有藝術，要採取靈活的交談方式。

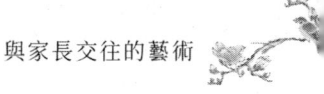

老師在和家長溝通時，要以誠相待，用誠心架起心靈溝通的橋梁。只有誠心誠意，才能打動家長的心，使他們愉快地與老師合作。俗話說：「望子成龍，望女成鳳。」有時老師一句微不足道的稱讚，都會讓家長感到高興，甚至改變對待學生的態度，所以老師要講究語言藝術。一般請家長或與家長聯繫時，基本上都是因為學生在學校裡沒有遵守紀律、不完成作業、上課不聽講，甚至打架、曠課、上網等，面對這些學生的家長，也絕不能對家長劈頭蓋臉地來一頓抱怨，絕不能有絲毫的訓斥。老師與家長談話態度要隨和，語言要婉轉，曉之以理、動之以情，這樣才會得到家長的積極配合，有利於問題的真正解決。注意運用語言的藝術，要記住以下10句話。

（1）最近表現很好，如果在某些方面改進一下，會更好。

（2）不著急，慢慢來。

（3）您有什麼想法，可以坐下來談談好嗎，都是為了孩子好。

（4）很抱歉孩子受傷了，老師也很心疼，以後我會更關注他。

（5）交朋結友很重要，我們一起引導吧！

（6）謝謝您的提醒！我查查看，瞭解清楚了再給您答覆好嗎。

（7）最近孩子精神不太好，您發現了嗎？

（8）孩子的問題可以讓他們自己來解決，放心吧，要相信他們。

（9）家長最近忙吧，忘了在聯絡簿上簽名了。

（10）小孩調皮，請您要注意他們玩耍時的安全。

切忌不可用以下語言：

（1）你們家的孩子太愛惹麻煩，我們都傷透了腦筋。

（2）這孩子太笨了，應該帶他查查智商是不是有問題。

（3）您的孩子沒法教，給他講幾遍也沒反應，您把他轉走吧！

（4）請家長寫一份保證書，再犯錯，乾脆您來陪著上學吧！

（5）您的這種要求我們不能接受，您愛怎麼樣就怎麼樣吧。

家長和老師互相埋怨是司空見慣的，家長們責備老師教學水準不高，而老師們則怪罪家長家教不嚴。要使學生學習好、表現好，就得透過學生本人、家長和老師的共同努力，特別是家長和學校的默契配合。

第四，與家長交往的注意事項。

（1）不要伸手向家長索要。貪吃、貪拿、貪玩，不僅有悖於師德規範，失掉老師的人格、尊嚴，更重要的是給學校、社會造成不良影響。忌貪，是家長認可老師的重要標準之一。如果為了自己的私利，與學生家長拉關係、套近乎，這樣會對教育學生十分不利，也有悖老師為人師表的品德。

（2）不要用勢利眼光看家長。對家長要一視同仁，如實地反映孩子的情況，忌阿諛奉承，忌冷言相對。

（3）不要不顧原則地遷就家長。對待少數要求不合情理的家長，不必正面回答他，要如實地向他介紹班級工作情況。

（4）不要讓犯錯的學生回去叫家長到學校來。有的學生犯了錯，害怕家長知道，所以乾脆不上學，在外遊玩，後果不堪設想。較好的辦法是電話通知家長，或把「請家長」變為「拜訪家長」。

（5）不要當著其他人的面，把學生說得一無是處，或以埋怨和責備的口氣揭學生的短處。不要在批評學生時，指責貶低家人，讓家長無地自容。較好的辦法是平時留意「調皮學生」的優點，一分為二地向家長介紹情況。

（6）不要公布學生名次，更不要指名道姓地批評學生。較好的辦法是分層次召開家長會，同一層次的學生家長在一起，會減輕家長的心理壓力。

（7）不要把對學生的氣撒在家長身上。老師把學生在校的表現告知其家長時，不要帶著情緒，讓家長感覺是代學生受過。老師本意是讓家長嚴加管教，欲藉家長之威嚴迫使學生改正錯誤，這樣做容易造成家長的難堪，甚至產生牴觸情緒，或家長回家又把氣撒在學生身上，也會形成師生對立。

（8）不要過分誇耀學生的成績和優點。老師一定要一分為二地看待和評價學生。有的老師出於對學生的偏愛，有的是為取悅於家長，過分誇耀學生的成績和優點，其結果使家長過高估計自己的孩子，忽視其身上的缺點和錯誤，為日後的教育留下後遺症。

（9）不要推諉自己的責任。當學生之間發生糾紛或意外傷害，家長往往找到學校來討說法。老師應據情據理，協調處理，謀求最佳解決方案，並達到教育目的。

（10）不要帶牴觸情緒與家長打「遭遇戰」。有些家長不願和老師面談，態度冷漠。此時，老師應瞭解被冷落的原因，有的放矢地消除家長的內心疙瘩，才能相互配合教育好孩子。

（11）不要在家長面前流露出對科任老師的不滿。當家長反映科任老師問題時，不要妄加評論。家長反映的情況屬實，可以有策略地向科任老師轉達家長的意見。家長反映的問題與事實不符，可以向家長進行解釋。

（12）不要在家長面前對外校老師品頭論足。有的家長在孩子入校前，會直接或間接地向班導徵求意見，班導既要客觀地介紹本校的優勢，也要客觀公正地介紹外校的優勢

總之，作為新時代的老師要與時俱進，時刻注意與家長交往的藝術，交往時要站好自己的角度，要牢記為人師表的責任。交往要有利於學生的教育和成長，有利於提高班級凝聚力，使之產生巨大的學習動力，帶動班風、學風、校風的建設，使之產生良性循環。

教育之美：老師掌中的 24 個度
與同事交往要有氣度

與同事交往要有氣度

　　所謂氣度，就是胸懷寬大而有氣量，為人做事大氣，是一種從容不迫的氣派，一種大智大勇的智慧，一種雍容大度的魅力。有氣度的人，讓人感受到睿智、豁達、淡定。有氣度的人，彰顯出豪邁、厚道、謙遜的良好品質，迸發出後發制人的力量，能以從容的心態應對一切變故。有氣度的人，必定有一種大愛，有大愛的人必有海納百川的氣度。氣度是人的一種境界，一種修養，一種底蘊，更是一種品格。一個人的氣度決定這個人的高度。非凡的氣度擁有非凡的膽識，非凡的氣度造就非凡的人生。

　　氣度與以自我為中心的小肚雞腸相對，與狹隘的急功近利的思想格格不入，與做事時的斤斤計較互不相容，與在名利面前的你搶我奪不同。氣量狹小的人容易形成嫉妒心理，一方面怨天尤人，氣惱別人的成功和幸福；一方面自憐自艾，哀嘆自己的無能和不幸，掙脫不了自己心中的羈絆，工作難有成就。

　　一個有氣度的老師，面對同事大度寬容，「能忍他人所不能忍，容他人所不能容」。面對工作剛毅堅韌、自信從容、氣定神閒。面對逆境時不怨天尤人，身處順境時處之泰然。一個有氣度的老師，做事顯沉穩，為人展氣魄，在得失之中見胸襟。一個有氣度的老師，世事洞明，人情練達。

　　老師與老師的交往是知識分子之間的溝通，往往有共同的語言和興趣愛好，但現實中「文人相輕」的現象也廣泛存在。生活中相互不尊重，工作中相互拆台，甚至有的同事之間水火不容，形同陌路。這些現象說到底，是因為缺少氣度。老師的知識需要累積，而氣度更要靠慢慢地修煉。

▎善待和尊重同事

　　同事，往往指一同做事的人，是為了同一目標而一起奮鬥的人。同事是風雨中一條船上拚搏的夥伴，是戰場上一個戰壕的戰友。同事同心，親密合作，難事亦易；同事異心，相互損耗，易事亦難。現實中，同事既是工作夥伴，

教育之美：老師掌中的 24 個度
與同事交往要有氣度

又是競爭對手，善待同事，處理好與同事的關係，是工作獲得快樂和成績的必要保證。

在今天的社會裡，各行各業都有危機意識，保持適度的危機感和競爭意識是必要的，但是過於緊張、草木皆兵就大可不必。如果同事間關係不好，甚至惡化，就很容易導致老師的心理障礙，使老師陷入乏味的名利糾紛之中而不能自拔，同時也會嚴重腐蝕校園風氣。有些學校的一些老師，為區區分數，蠅頭微利，爭得天昏地暗。教育是育人的職業，如此心境下的老師，又怎能為人師表？又怎能尊重和悅納學生生命？所以，在這裡建議老師要調整好心態，修煉氣度，善待同事，尊重同事。

首先，要學會善待同事，具有與同事交往的藝術。

善待同事就是要大氣些。大氣是一種與人相處的素質，一種時代崇尚的品德，更是吸納他人長處、充實自我、創造自我價值的良好思維品質。

同事之間要坦誠相見，讚美欣賞。不存疑慮，坦誠相見，是同事之間相互信賴的法寶；能夠看到同事身上的優點，並及時給予讚美、肯定，對一些不足給予積極的鼓勵。不要拿自己的優點和別人的短處相對比，金無足赤，人無完人。同事之間不要過多地爭搶榮譽，傷害他人。以大度和謙讓之心幫助同事獲得榮譽，更增添了老師的人格魅力。善於傾聽是增加親和力的重要因素。當同事傾訴時，要成為最真誠的傾聽者，這樣也會加深同事之間的情感。

善待同事就是要容許每個人有自己獨立的思維和行為方式，不要妄圖改變任何人，要認識到改變只能靠他自己，勸其改變是徒勞的。作為同事，在發生誤解和爭執的時候，要換個角度，站在對方的立場上考慮問題，千萬別情緒化。

同事之間的語言溝通至關重要。要巧用語言，珍惜情誼。應以不傷害他人為原則，要用委婉的語言，不用傷害的語言；要用鼓勵的語言，不用斥責的語言；要用幽默的語言，不用呆板的語言等。珍惜情誼，利莫當頭。老師

集體當中有很多比金錢更寶貴的東西，這就是人與人的情誼和每個人的人格和尊嚴。

其次，要學會尊重同事。

尊重，對老師尤其需要。相互尊重是老師進行人際交往的前提，是老師道德境界的體現，也是老師激勵幫助自己成長的各方面因素的基礎。自尊心是人的心靈裡最敏感的角落。一旦損傷一個人的自尊心，就會遭到意想不到的阻力。因此，老師必須尊重他人。

在老師集體中，有些老師工作成績突出，被評為各種先進。這就為一般老師向先進老師學習提供了機會。一般老師應當承認並尊重先進老師的成績，學習他們優秀的教學經驗，要警惕妒賢嫉能的心理，切不可專門挑剔別人的缺點，甚至誇大缺點，抹殺成績，打擊同事。現實生活中，有的老師總認為自己比別人強，即使當別人做出的成就遠遠超過自己的時候，也會把別人成功的原因歸於機遇，而不尊重別人的勞動成果。

只有在相互尊重的基礎上，才能形成團結和睦的同事關係和融洽的集體，才能增進老師之間的友誼，真正克服「文人相輕」的陋習。和睦融洽的氣氛，能夠使老師工作愉快，有利於老師的身心健康，有利於教育工作的成功。

要尊重同事、維護同事的威信。每位老師應該充分認識到，對學生的教育工作是依靠自己和其他老師的共同努力實現的，對自己在教育過程中的作用應該有清醒的認識，對其他老師的作用也應該有客觀、全面的評價，不能任意貶低其他老師的教育勞動。既要維護自己在學生中的威信，也要維護其他老師的威信。既要尊重和自己觀點相同的人，也要尊重與自己見解不同的人，做到平等待人，寬容大度，虛懷若谷。即使老師之間有意見，也應該坦誠相待，誠懇提出，而不允許透露給學生，以免損害自己和其他老師的威信。

同一學科的老師要團結互助，共同進步。同一個學科的老師擔負著同一學科知識的教學工作，彼此瞭解比較多，相互熟悉業務，應該在教學過程中互相學習，互相交流，取長補短，共同提高，而不要抬高自己，貶低別人，要注意防止那種為了保持自己在教學和研究中的地位而對同事搞資料封鎖、

專題保密等不良傾向。另外，不同年級、不同學科老師之間要齊心協力，科任老師與班導要密切配合。

要換位思考，善解人意。在工作、生活中，難免會有衝突。要解決這些衝突，老師則要學會站在對方的立場、角度來思考問題，即要學會換位思考。既要看到自己的要求，也要體會他人的需要，理解他人想法和做法；有些時候要做到「己所不欲，勿施於人」；在他人需要的時候，及時伸出援助之手，而不是視他人的痛癢於不顧，這樣的老師才是善解人意，才會真正得到同事的尊重。

總之，善待和尊重同事才能建立和諧的同事關係，這是老師發揮角色作用、工作成功的重要保證之一。

營造一個陽光健康的人際環境

卡內基曾說過：「一個人的成功 15% 取決於他的專業知識，還有 85% 取決於他的人際環境。」因此，營造一個陽光健康的人際環境，對一個人幸福地生活、快樂地工作非常重要。

那麼，如何營造一個陽光健康的人際環境呢？

（1）做人做事要公平、公正。公平、公正既指老師要公平、公正地對待同事、領導、學生，也要求老師要公平、公正地對待自己。只有以公平、公正為基礎，老師才能克服「同行是冤家」的職業心理，才能合理有效地處理老師之間的紛爭，建立良好的合作關係，樹立良好的老師形象，在學校、年級、辦公室裡營造和諧的人際環境。

（2）要有關心社群的意識。在處理與社群的關係時，老師應該熱愛和關心社群，維護集體的利益。老師在社群工作中理應考慮自己的利益，但是，這種對自身利益的追求不是盲目的、非理性的、不公正的，更不是與社群利益完全相對立的，而是要把握恰當的度。

每位老師要做到熱愛社群，為社群承擔義務。老師社群不是眾多人的隨意組合，而是為著共同的教育目標所組織起來的群體，有共同的社群意識和

榮譽感，有嚴格的組織紀律和制度。良好的老師社群是每位老師共同努力的產物，因此，每位老師都應該全心全意地關心社群，積極參加社群內的各種活動，熱心為大家服務，為社群做出自己的貢獻，承擔自己的義務，為社群教學計劃的完成、教育品質的提高和整個教育事業的發展盡自己最大的力量。此外，每位老師還應該嚴格遵守規章制度，維護校風校紀，加強團結，增強社群的凝聚力，並且努力為社群創造和爭取榮譽。只有這樣的老師社群才能培養出高素養的學生，也只有這樣的老師才有權利得到社群的支持，並從社群中獲得相應的權益。

每位老師要依靠社群，共同進步。作為一種創造性的腦力勞動的教育工作，需要每位老師充分發揮個人的聰明才智和創造力，為教育做出貢獻，同時，也要求每個老師把自己的教育和社群的教育統一起來，使自己的教育行為符合社群教育的需要與目的，以促進社群教育目標的完成和教育目的的實現。可見，老師社群是每位老師充分發揮自己聰明才智的保證，老師個體只有依靠社群，並從社群中汲取經驗，才會不斷提高自己的教育水準。

每位老師要維護社群利益。老師的社群利益，在於完成教學目標，把全體學生培養成全面發展的人才；在於每個成員能力的發展和物質、文化、生活條件的共同改善。每個老師都應當自覺維護老師社群的利益，提倡先公後私、先人後己、克己奉公，反對和克服那種置全體的共同利益、共同目標於不顧的觀念，反對追求個人的榮譽、成績和享受，追求學生對老師個人的愛戴，為個人私利而明爭暗鬥的思想和行為。

（3）要有團結協作的態度。現代教育是一種社群協調性很強的職業活動，要求老師之間坦誠相待，團結協作，互相支持，形成教育合力。

團結協作是實現教育目的的保證。只有全體老師團結協作，才能完成教學計劃，才有可能實現教育目的。現代教育還要求老師必須教育學生「學會做人」「學會與他人相處」「學會包容和理解他人」，老師首先應當作到這些要求。團結協作是教育事業對老師提出的道德要求。現代社會的知識分化與綜合、學科的交叉與融合，對人才的要求越來越高、越來越全面，需要一個人掌握的知識和技能越來越多、越來越深；加上現代教育功能的多元化，

人才成長的複合化，使得培養人的教育工作不再是哪一位老師所能夠獨自勝任的。今天，無論如何博學多才，一位老師也只能完成教學內容的一部分，而不可能是全部。只有老師團結協作，充分發揮集體的智慧和力量，形成教育勞動中的合力，才能管好一個班級，培養好每個人。團結協作是老師自我完善的最佳途徑。為人之師，必須學高德厚，必須不斷進步，必須自我完善。然而，我們要認識自我，提高自我，不僅要依靠自己的勤奮和自律，還需要在社群中透過與同事的比較而得到激勵；需要得到同事的幫助而「多快好省」地完成目標；需要透過集體活動，更加清楚地認識自我，更好地完成教學工作。

（4）要有樂於助人的精神。在日常工作中，一個人肯定會遇到各種各樣的困難，這就需要得到同事的支持和幫助。在社群工作中支持和幫助同事，有助於提高整個團隊的工作效率。

此外，老教師經驗豐富，知識淵博，但是容易墨守成規，缺乏開拓進取精神；而青年老師思想活躍，朝氣蓬勃，掌握新知識快而多，但是，教學經驗比較少。因此，新老教師之間應當相互尊重，互相幫助，互相學習。青年老師應當虛心向老老師學習，在工作和生活上多關心和照顧老教師。老教師則要熱情關懷青年老師的成長，扶助新人，鼓勵後輩，甘為人梯，做好「傳幫帶」。同時，老教師也應該向年輕老師學習，積極進取，敢於創新。新老教師互尊互學，能夠促進良好老師社群的形成，使每個老師更加充滿活力，使教育工作更加充滿生機。

班導老師與科任老師是盟友和戰友

這裡的「盟友」和「戰友」是指班導與科任老師工作的目標一致，環境相同，困難要大家分擔，成績大家分享。我們經常看到班導和某位科任老師同時在教室裡幫助同學，一起處理學生的問題。

在一個班級裡，科任老師的地位是非常微妙的。他們是班級管理的重要力量，這種「重要力量」也可以說是一種能量，表現在具體的班級管理、教育教學中，要麼是正能量，要麼是負能量。正能量能加強班級各個方面的建

設，而負能量會削弱、分化班級管理和班級文化的形成。科任老師與班導的關係，既極為密切，又極為鬆散，主要是靠科任老師的責任心、事業心和個人情感關係的維繫，這絕不可能制定相關的制度來規範。有些班導老師，對有經驗的科任老師不敢交心，對年輕老師又輕視，認為無關緊要，這樣必然使自己成為孤家寡人。引發科任老師的積極性，引導他們發揮正能量，利用好他們的力量，共同做好教育工作，是班導工作的一項重要任務。

班導如何有效地與科任老師交流和溝通，形成良性互動呢？

班導是班級的領導者、組織者、推動者，不僅要善於引起學生的積極性和創造性，還要能夠團結其他科任老師，充分發揮他們的最大潛能，使班級的師生形成一個強有力的優秀團隊。

第一，班導應根據本班特點組織科任老師確定班級的發展目標，研究一個切實可行的治班方案。如何提高薄弱學科的教學成績，如何做好分類推進工作，都需要全體老師統一認識。班級中有個別老師搶占學生自主學習時間的現象，勢必對班級的全面發展產生負面影響，應引起班導的高度重視。

第二，班導要尊重科任老師對班級的看法，接納他們好的建議。不同的學科有各自的特點，不同的老師有自己觀察和看待班級表現的角度。班導的時間和精力是有限的，有些學生在班導和科任老師面前的表現不一樣，所以班導不可能事事看到、想到，也不可能每次決策都是正確的，這就需要科任老師提供訊息和提醒一些事項的處理，以使班導的工作全面周到和科學合理。

第三，班導要透過多種活動和多種途徑，樹立科任老師的威信。主動宣傳科任老師的長處、優點、勞動成果，切忌在學生中抬高自己而貶低其他老師。

當學生對科任老師產生了誤會或感覺不適應時，要利用班會或課餘時間，做好解釋工作。一名優秀的班導不僅要讓學生接納自己，也要幫助學生去接納其他科任老師，在學生面前樹立科任老師的威信，才能使每一個老師更快地進入角色，融入學生當中。

第四，班導要主動為科任老師排憂解難。每一個科任老師在教育教學過程中，都有可能遇到工作、生活中的困難甚至挫折，這時，班導的協調能力就體現在及時地為其排憂解難上。如經常向科任老師瞭解其學科作業上交和課堂學習情況，以便及時掌握學生的學習情況，防止學生偏向某科、厭學等問題的出現。在科任老師的課堂上，有些學生會與老師發生一些摩擦，班導對此類問題要冷靜處理，要耐心聽取科任老師的陳述和意見，要設身處地地理解科任老師，協助科任老師教育學生，同時要教育學生尊重老師。

　　杜威說過：「學校即社會，教育即生活。」其實，每個班級就是一個小社會，這個社會的順利運行，離不開有效的管理與協調。在班級活動中，班導與科任老師之間、科任老師彼此之間難免有意見不統一、工作成績不理想甚至有失誤的時候，班導作為班級這個小社會的主要管理者，要大度，敢於擔當，透過與科任老師的充分溝通，為學生的健康成長與發展創設有利的環境。

與校方交往要有態度

所謂態度,就是老師在平常的生活工作中要有獨立的人格、自由的思想,在與學校各級主管交往時,既要做到自尊自愛,又要尊重校方、服從校方。但不要阿諛奉承,不要在校方面前唯唯諾諾,毫無主見。

在學校組織系統中,校方主管和老師都是組織中的成員,都是教育者,都以培養優秀人才為己任。二者的交往屬於同事交往的範疇,應該共同遵循老師之間交往的基本行為準則。但是,老師和校方的關係又不完全等同於同事之間的關係,二者之間還存在領導與被領導、管理與被管理的特殊關係。

校方與老師之間建立良好的關係和開展良好的交往是雙方共同的需要,因為學校是雙方職業生活的重要場所,是雙方生命價值得以體現的地方,雙方都希望能夠在和諧、愉快的環境氣氛中工作。學校的組織目標是雙方的追求,雙方的利益都是與學校組織目標實現的程度聯繫在一起的。校方往往以學校全局為出發點,而老師往往以自己的利益出發,二者有時會產生矛盾或衝突,這需要校方做好解釋工作,老師要多理解。老師與校方的關係是重要的教育影響因素,能夠對學生產生示範性的作用。老師在工作中有許多想法、創新行為等需要校方的支持,也有生活中的困難需要得到組織關懷。作為學校主管,無論負責全局的校長,還是負責某方面的副校長、主任,許多具體的工作還需要老師們去落實。因此,要讓學校各項工作順利開展,要讓教育工作有成績,老師和領導者必須建立親近的關係,進行良性的互動,有著良好的交往。雙方要相互尊重,有信任感,能相互理解寬容。

與校方交往的藝術

學校中有校長、主任、年級主任等不同層次的主管。普通老師在與他們交往的過程中,既要適應對方的需要,同時也要能影響對方,反映自己的需要和個性特徵。

首先,要瞭解校方的需要。老師要與校方保持良好的關係,就應該瞭解校方的需要。在這方面值得特別重視的主要有以下幾項。

教育之美：老師掌中的 24 個度
與校方交往要有態度

一是自尊的需要，每個人都希望受到別人的尊重，主管的這種需要就更突出，所以老師要滿足校方獲得尊重的需要。具體說，老師要支持校方的工作，服從校方的正確決定，不要公開表示對校方的不滿或當面頂撞；對校方的努力和工作成績要給予充分的肯定和承認，不要只看缺點和不足；對校方有什麼意見或建議應單獨找主管談，而不要當眾讓人下不了台。

二是成就的需要，凡是有事業心的領導者都希望在工作上有更大的成績，在辦學水準上有新的提高。老師要讓自己的主管的成就感得以滿足，首先就要做好本職工作，在教育、教學品質上走在前面。如果有可能，可以在學校管理、教育科學研究或教學改革方面主動承擔一些事情，提出一些建議，幫助校方出謀劃策。如果能夠在教學以外拿出一些教研、科學研究成果，獲得一些獎勵，如市、區級的優秀課，國家級或市、區級科學研究論文交流，在各級刊物上發表論文等，就一定會受到領導的重視。

三是交往的需要，主管也是普通人，也需要朋友和友誼，因此，與主管交往時無須存在距離感，不要因為對方是主管就不願或不敢去接近，只要能夠與主管平等相處，在正常的交往中發現有共同的志趣、愛好，有相似的理想、價值觀，有相似或互補的性格特徵，即使是普通老師也完全可以與主管成為朋友。

其次，要爭取校方的支持。校方的支持是做好工作的重要條件，只有爭取到校方的支持才可能把工作做得更好。那麼，怎樣爭取校方的支持呢？

一是要尊重校方、相信校方。一個老師只有尊重、信任校方，聽從校方指揮，才能得到校方的支持，相反，一個總跟校方作對的老師很難得到校方的支持。

二是要努力工作，做出成績。容易引起校方重視、得到校方支持的通常都是那些盡職盡責、積極進取、事業心比較強的老師。所以，作為一個老師要想爭取校方支持，就要努力工作並獲得一定成績，這是爭取校方支持的基礎。

三是主動彙報，積極建議。要獲得校方支持，就要讓校方瞭解情況，包括現實問題和對策建議，這樣，校方才能明確地表示態度，支持老師的工作。在此過程中，老師不僅要積極向校方彙報自己的工作情況與需要解決的問題，還應該把自己的一些具體建議或解決問題的方案提供給校方，這樣便於校方選擇和決策，比較容易得到校方的支持。這裡要注意，對校方一時沒能給予支持的事情，要有耐心，等待時機再去爭取，而不要立即表示不滿，背後隨便議論，或者發牢騷、說怪話，這樣容易造成誤會，影響上下級的關係和團結，爭取校方支持也就更困難了。

第三，要注意與學校主管交往中的問題。不同的主管有不同的性格，不同的人生觀、世界觀，不同的興趣愛好，看問題也有不同的標準。老師在與校方打交道時要靈活。但作為知識分子的交往，應避免以下幾點：

一是不要阿諛奉承，拍馬屁。有的老師受庸俗的「關係學」影響，在主管面前阿諛奉承，溜鬚拍馬，討好主管，為了能在評定職稱、評優獎先、留職進修等方面得到優先關照，甚至有些老師不惜給主管送禮、向校方行賄，幫助校方掩蓋錯誤，誇大主管的優點。這是一種庸俗、不正常的人際關係。

二是不要目無校方，不服從校方的工作安排。有些老師認為自己在教育能力上超過校方，因而對校方的指導不放在心上，甚至不屑一顧，任意更改教學計劃、教學內容、教學進度。有的老師在校方分配工作時挑肥揀瘦，斤斤計較，凡事以自己的私利為重，對不符合自己利益的事情，就不服從校方的安排，甚至公開與校方吵鬧和對抗。這些目無校方、以自我為中心的傾向，在老師與學生中會造成不好的影響。

三是不要唯唯諾諾，毫無主見。有些老師對校方的指示或決策，一味地言聽計從。現在有些學校是外行領導內行，校級主管自己不學無術，胡亂發號施令，給老師指定一些不利於學生身心發展的任務。對這些主管，老師雖然明明知道其作出的決策是錯誤的，但也不敢或不願意堅持真理而給校方提出意見。老師的這種做法，固然與校方的專制作風有關，但與老師本人持有的「不得罪人」等錯誤思想有著密切關係。盲從校方的錯誤決策，會給學生和學校造成不良影響。

第四，改進老師與校方關係的建議。如果與校方交往不夠好，或者有障礙、有困難，不要著急、害怕，不要僵持、對立，而要積極主動地做好自己的工作，檢查和改進自己做人做事的不足。建議這樣去做：

一是要關心社群，服從校方，支持校方工作。老師與校方的關係就好比是樂隊與指揮的關係。如果樂隊的成員各自為政，就奏不出動聽的音樂。如果學校中的老師各行其是，目無校方，則學校的管理、教學秩序就混亂不堪，學校也無法發揮教書育人的功能，就名存實亡了。因此，老師要從全體利益出發，服從校方的工作安排。

二是要以學生為本，堅持真理。老師要有主角意識，要從學生的根本利益出發，監督校方的工作。如果發現校方工作中存在缺點和錯誤，就應透過正常途徑予以指正，而不能處於「校方怎麼說我就怎麼做」的消極被動狀態，任憑校方在錯誤的道路上滑下去，從而給學生、學校造成不可挽回的損失。

三是要與校方建立純潔高尚的人際關係。老師是學生品德形成與發展的一個重要榜樣，在與校方交往時不能受庸俗的「關係學」思想支配，眼裡只有校方手中的權力和自己的私利。

▍學會與校長和諧共處

在學校，校長是管理者，老師是被管理者，兩者是一對矛盾的統一體。歷史證明，無論在什麼時間什麼場合，管理者與被管理者之間始終存在著矛盾。校長與老師之間，應當化解矛盾，達到和諧共處，共同發展。

要讀懂校長。要想跟校長之間達到和諧共處，最關鍵的一點就是要懂得校長。理論上說，校長是一個職位，是行政部門管理學校的代表，是一個自然人跟法人的結合體。其實校長就是一個普通的人，只是分工不同罷了。作為老師，要明白這一點，不要把校長當作聖人來看待、來要求，而是要把校長放在跟自己完全平等的地位上來看待、來要求。當然，我說的這點不包括素養和能力。因為校長在素養和能力上應當是很優秀的。有些老師對校長有懼怕心理，在校長面前總覺得很壓抑，那就是沒有把校長當作常人來看待，

總覺得校長要高人一籌。說白了，就是有些自卑感。還有些老師對校長有反抗心理。在學校裡，有些老師總是對校長有意見，校長換了幾位了，無論是誰當校長，總是對校長的工作橫挑鼻子豎挑眼，對學校的工作看不慣。接觸久了，才慢慢明白，其實是對校長的職位不滿，總覺得你是來管我的，並不是對自然人的校長有什麼不滿。如果把校長當作是一個普通人，原有的心理障礙也就會慢慢消失，跟校長和諧相處就很容易了。

要理解校長。現在校長不好當，要為學校的教學品質絞盡腦汁，要為學校的生存發展絞盡腦汁，要為老師們的福利來源絞盡腦汁，要應付各種各樣的檢查，校長的工作也希望得到老師們的理解與肯定。可往往事與願違，由於各自的情況不一樣，大部分老師對校長的工作是能夠理解和支持的，但總有一部分老師對校長的工作缺乏瞭解，導致校長和老師間出現一些不和諧的因素。解決的辦法就是要老師學會換位思考，站在校長的角度考慮問題。

要學會尊重校長。在處理學校事務的時候，難免會有這樣那樣的分歧。這主要是個人看問題的角度不同。從老師的角度上看問題是正確的，但是站在校長的角度上看問題那可就錯了。當發生這類問題時，有些修養較差的老師會在一些公共場合對校長橫加指責，還有些老師會在人前人後的罵校長等。其實，產生分歧是很正常的事，要跟校長坐下來慢慢談，加強溝通。要想跟校長和諧相處，你就得注意，千萬別在公開的場合指責校長，即使你是對的。因為這種做法既不能解決問題，又會傷害別人的自尊，會埋下很多不和諧的因素。人與人相處都要給面子，這是人之常情。

要多給校長提合理化的建議。學校是大家的，不是校長個人的。在學校工作的老師是在為自己工作而不是為校長工作，這個道理是人人盡知的。學校在處理事情時，不可能總是盡如人意。有的老師會選擇不滿意、發牢騷、提意見，但也有老師會選擇提建議。不盡如人意是很正常的，如果有意見，最好採用建議的方式友善地提出來。因為發牢騷、提意見很容易，人人都會。但是建議就不同了，當然你提出的建議要有可行性，否則也同樣解絕不了問題。作為校長，繁忙的工作後一般是不太願意再思考問題的，也想輕鬆輕鬆，他最願意聽到的是建議而不是意見。

教育之美：老師掌中的 24 個度
與校方交往要有態度

　　與校長交往要不卑不亢。不卑不亢是為人的準則，要想跟校長和諧相處，就得掌握好一個度。跟校長和諧相處，不能過度地謙卑。有的老師存在自卑心理，對校長有懼怕心理，所以在校長面前總顯得有些唯唯諾諾，這樣很不好，說實在的，是文人就自然有幾分傲氣。如果你過於謙卑，那是一種淺薄，校長是看不起你的。另外，人與人之間的相互恭維換另一種眼光來看，那實質上是一種禮貌。文人的秉性是清高、是骨氣，厭惡溜鬚拍馬，但老師們也得學會保護自己，適度地恭維別人那就是一種比較有效的保護自己的辦法，但是過分的恭維就有溜鬚拍馬之嫌，要掌握好尺度，不要讓別人反感。

　　與校長要不即不離。古人云：君子之交淡如水。要想跟校長和諧相處，你不能離校長太遠了，太遠了，他當你不存在；但也不能過於親密，因為這樣會導致以熟相欺。因為與校長過從甚密，難免有人嫉妒，會給你帶來一些不必要的麻煩。

與人交往要有信度

　　這裡所說的信度，是指誠信的情況。誠信就是指做人做事要誠實、誠懇、守信，而不要弄虛作假、隱瞞欺詐、言而無信。「誠信者，天下之結也。」誠信是天下行為準則的關鍵，是支撐社會的道德支點。誠信是一個永恆的話題，不僅是社會公德，而且也是任何一個從業人員應遵守的職業道德。

　　在工作和人際交往中，誠信是為人之道，是立身處世之本，是人與人相互信任的基礎。真誠守信既是社會對每位老師的一種希望和要求，也應是每位老師對自身的一種約束，是最重要的師德。老師的誠信不僅是個人的道德行為，更關係到很多學生的成長，關係到教育發展的道德標準。因此，老師務必做一個誠實守信的人。

立信才能立教

　　誠信是老師所必須具備的基本素質，是必須永遠堅守的信條。因為老師是人類文明的繼承者和傳授者，面對的是一個個鮮活的生命。老師是學生學習模仿的榜樣，老師的一言一行對學生起著潛移默化的作用，會在學生的心靈和情感上產生極大的影響。中國古代偉大的教育家孔子曾指出：「其身正，不令而行；其身不正，雖令不從。」因為學生正處於世界觀、人生觀、價值觀形成的關鍵時期，模仿性強、可塑性大，老師的師德在學生的成長中具有重要的榜樣和導向作用，影響是巨大而深遠的。所以老師不僅僅要教好書，還要育好人，以身示範、為人師表，要把誠實守信當作立教立身之本。

　　老師要成為誠信的倡導者。老師要引導和要求學生講誠信，說實話，不弄虛作假、不欺上瞞下，要言行一致。要多給學生講誠信的故事。古往今來，有許多誠實守信的典範為我們樹立了示範作用。「曾參殺豬」，講的是孔子的學生曾參並不把妻子哄騙兒子的一句話「要殺豬給你吃」當作戲言，果真殺豬煮肉，以自己的實際行動給兒子上了一堂極其重要的課，教會了他做人的根基是誠信。「撒謊被狼咬」，是對撒謊的行為的勸告。

育人者必先律己，老師要成為誠信的優秀實踐者。不應該把誠信當成一種口號、一種形式，應該從工作中的小事做起，紮紮實實，求真務實，在誠信方面肩負起義不容辭的責任。有些老師在日常的教學中，注意到對學生誠信思想的教育，卻忽略了自己的言行舉止。有些老師信口開河，言而無信，失信於學生，給學生造成不好的影響。因此，老師要身體力行，率先垂範，為學生樹立誠信的楷模。老師在學生面前一方面要以信用取信於學生，另一方面也要對學生給予信任，只有誠懇對待每一位學生，才會取得學生的信任。言行是否一致是衡量一個人是否誠信的一把尺子。有承諾，就要踐行，不能朝令夕改。對於學生的要求，答應了就要讓這一要求實現。

要誠信對待老師職業。老師職業的特殊性決定了老師誠信不應當是道德高尚者透過自省擁有的稀有資源，而應當成為所有老師的執業標準。教育對家長、學生及社會而言是服務，服務對於學生來說，是一種「一次性」服務，「一次性服務」的共同特點是比較容易出現誠信問題。同時，教育具有隱蔽性，教育品質要較長時間才能表現出來，如果教育品質出現問題之後再補救難度較大，就可能影響到學生的未來。教育誠信如果出現危機，具有嚴重的社會危害，不僅會嚴重汙染和影響教育的純潔性和教育環境，而且還可能會嚴重影響到學生的誠信觀念和行為。誠信是師德的基本要求，也是師德的靈魂，追求教育誠信是老師們的共同目標。

誠信是幸福的象徵，是高尚的情懷。誠信是智慧的根本，是財富的寶典，是友誼的橋梁，是力量的源泉。它能使人進步，它能使人走向完善，它能使人走向光輝的頂點。老師是誠信的傳承者，有責任也有義務首先做好自己的誠信教育。

教人求真，學做真人

「千教萬教教人求真，千學萬學學做真人」是陶行知的一句話，說明「真」非常重要。做真人難，做真事更難，說真話更是難上加難。所以老師既要有真知灼見，又要肯說真話，敢駁假話，不說謊話。

教人求真，學做真人

　　學生是活生生的人，學生時期又是人的一生道德品質形成的關鍵時期，他們的身心發展有其自身的規律，意志較脆弱，行為具有較強的可塑性和模仿性。學生良好的品德形成同師德求「真」關係十分密切。老師是學生無形的鏡子，老師的一言一行、一舉一動無不在對他們起著潛移默化的作用。所以，老師作為現代進步教育思想的實踐者，應牢記陶行知先生的話，真心誠意地教學生求真知，學真本領，養真道德，說真話，追求真理，做真人。

　　老師要恪守誠信，真誠育人。老師在日常教學工作中，要明禮誠信，以真教人，不敷衍塞責，不弄虛作假。以誠信取人，以真誠育人。誠信是中華民族的傳統美德，以「誠實守信」為核心的為人之德是道德教育的基礎。在注重「包裝」「推銷」的現代社會裡，誠信應該是永恆的，因為它本身就是價值的體現。誠信來自自身的人格修養，老師要真心真意地對待學生，實事求是地處理問題。老師要勇於認錯和糾錯。

　　老師在和學生一起學習活動時，學生時常會提一些令老師措手不及的問題，一時答不上來，令老師出盡洋相，這種情況在所難免。「人非聖賢，孰能無過？」此時老師應放下師道尊嚴的架子，不掩飾自身存在的不足，用人格魅力去感染學生，認真聽取意見和批評，虛心接受，學生才會敬重老師，從老師的身上學到誠實，學會求真。陶行知先生說：「有真知灼見；肯說真話，敢駁假話，不說謊話。我們必須拿著這兩個尺度來衡量我們的先生，合於此者是吾師，立志求之，終身敬之。」

　　老師要說真實的話，來引領學生說真話。老師說話的「真」具體體現在老師要說真話，這是老師必須具備的基本素質之一。所謂說真話，就是表達內心真實的想法，而不是說一些謊話、空話、套話、言不由衷的話；不是看別人的臉色說話，不說迎合別人的趣味的話；敢於針砭時弊，敢於揭露一些社會的陰暗面。當然，敢於說真話，也需要獨立思考的習慣和能力。沒有了獨立思考，就只有人云亦云。老師說真話有利於在學生中樹立威信、贏得尊敬，有利於老師用「真」的語言去啟迪學生的心靈，用「真」的語言去引導學生做人。老師說話的「實」具體體現在老師說話要切實、有效，真正讓語言走進學生的心靈、滋潤學生的心靈。

教育之美：老師掌中的 24 個度
與人交往要有信度

　　老師要真心真情待人，引領學生學做真人。老師往往對學習成績好的學生好，而對待個性比較張揚、成績平平甚至較差的學生不太好。這樣會壓抑學生的個性，挫傷學生的自尊心，就會在這些學生心靈深處留下永遠難以抹去的傷痕。要想使學生平等地受教育，老師必須真誠而又公正地面對每一個學生，用發展的眼光看待學生；要學生真誠地對待老師，老師就得先真誠地對待學生。所以，老師要做到一視同仁，要尊重每位學生，要有平等民主意識，要以真誠待學生，才會使學生學會做真人。

　　陶行知先生說：「真教育是心心相印的活動。唯獨從心裡發出來的，才能打到心的深處。」的確，只有善待、尊重學生，才能觸摸到教育的真靈魂，領略到教育活動中那種春潮湧動的真情境，這實際上在撒播師愛。只有透過真誠的愛，才能使他們體驗到人間的溫暖，才能將外在道德和行為規範轉化為他們內在心理定式和行為習慣。如果說愛是一條河，那麼善待和尊重就是架在河上的一座橋，老師以博大的胸懷為橋墩，以良好的教養為橋面，以廣博的知識為路燈，以聰明的才智做護欄，唯有如此，學生站在這座師德的虹橋之上才會自然而然地對生活、對學習產生積極而熱烈的情感體驗。

　　老師要以真做人，感召學生學做真人。陶行知先生說：「我們希望今後辦教育的人要打破偵探的技術，丟開判官的面具。他們應當與學生共生活，共甘苦，做他們的朋友，幫助學生在積極活動上行走。」老師每時每刻要以自己的言行來影響學生。語言是老師教育學生不可缺少的工具，而如何使用這個工具，直接關係到教育的效果。語言美、心靈美是老師教學生做真人的根基。只有用文明的語言才能取得學生的信任和良好的教育效果。老師對學生說話，應該使用文明、規範、平和、溫柔的語言。課堂上，用「請」字讓學生回答問題，平時見到同學主動問好。語言是心靈的寫照。老師的語言美，反映著老師高尚的思想情操和道德修養。

　　所以，我們要牢記陶行知先生的話，以人為本，求真務實。老師在教改中有真變化，學習時真參與，教學中有真功夫。教學生學做真人，老師只有自己時時處處教真、做真，做現代教育的「傳真機」，學生方能有真才實學，學真成真，真正成為給他人帶來快樂的人。

要注意自身的健康度

　　這裡的健康,指老師身體健康和心理健康兩部分。作為一個老師,不僅要具有先進的教育理念,紮實的專業知識,還要有健康的體魄和平和的心態。

　　老師要提高自己的健康意識,保重自己的身體。要養成有規律的生活習慣;要學習心理保健和預防心理疾病的知識;要提高身心健康水準,增強鍛鍊和自我保健意識,積極為自身健康而努力;要採取適當手段進行自我調節和控制,保持良好的心境,形成良好的心理感受;要主動擴展自己的生活空間,廣泛接觸社會;要培養自己良好的興趣和愛好。

　　老師要樹立強烈的競爭意識和進取意識,正確理解社會對老師的角色期待,合理解決工作中發生的各種矛盾,把來自個人、學校、社會、家長和學生等各方面的壓力轉化為自身的內在動力。

　　老師的身體健康是完成教學任務的前提,老師的心理健康是學生健康成長的前提。提高老師身心健康水準,對深化教育改革、提高教育質量意義重大。

心理問題的成因和調節

　　老師的心理不僅直接影響工作積極性、主動性和創造性的發揮,同時也制約其教學活動的效率和質量,在很大程度上影響學生知識的接收和品德的形成,所以老師必須具備良好的身心素質。

　　未來社會充滿了機遇,也充滿了艱難和挑戰,教育的任務會更加艱巨,要求老師必須有良好心理品質作保證。面對機遇和挑戰,老師在工作中應始終保持愉快樂觀的情緒、自強自信的精神、豁達開朗的性格,寬容大度,善於與人合作,能營造良好的人際關係,有面對困難和挫折的心理承受能力。

　　老師產生心理問題,主要是老師動機指向的目標,既有可能實現,獲得某種程度的滿足,又可能在實現目標的過程中遇到各種困難,造成某些需要只能部分滿足甚至不能滿足,因而造成心理挫折,產生沮喪、失意、焦慮、

緊張或憤怒的心理狀態，以致影響了工作的積極性。老師心理挫折產生的原因有以下方面。

1. 外部原因

老師心理挫折比較多的來自社會環境的制約，其中與學校工作關係密切的因素有：

（1）經濟方面：由於國家財力有限，因而老師的職稱、買房、薪水等方面在一定程度上不能滿足老師的需要。此外，學校創收有一定困難，教職工福利待遇不高，不能滿足改善生活的要求。

（2）管理民主性方面：目前實行校長負責制，十分有利於加強學校管理，有利於提高教學質量，但有的學校缺少民主意識，以為「校長負責制」就是校長說了算，以為「獎金就是最好的激勵，思想工作無濟於事」，這樣，老師的精神需求不能得到滿足，必然會挫傷老師的積極性，也可能導致老師產生心理挫折後的消極行為。

（3）人際環境方面：學校是有競爭的，在正確輿論導向下的競爭是一件好事，但有的老師僅從自身的角度考慮，僅爭「個人第一」，而不顧其他學科，搶時間，爭名利。有的老師功勞往自己身上攬，過錯往別人身上推。有的老師在生活中斤斤計較、工作中拈輕怕重。這樣老師之間就會缺乏和諧、協調的氛圍，在這樣的環境中很難引起大部分老師的積極性。

（4）學校權力方面：學校有時過分強調權力因素的影響，而忽視了非權力因素的影響，即自身的人格、情感的作用，說理疏導的方法，榜樣的力量等，這樣造成人際關係複雜，缺乏凝聚力，而在缺乏凝聚力的環境中老師往往易於造成心理挫折。

2. 內部原因

（1）生理條件。指個體的智力、體力、容貌、身材及生理上的缺陷、疾病所帶來的限制。如老年老師因年老體弱，不能勝任像青年老師一樣的工作量，因而獎金收入減少，造成心理挫折。

（2）動機衝突。一個人在日常生活中，經常同時產生兩個或兩個以上的動機，這些動機相互排斥，某一動機滿足，則另一動機受阻，這也會引起挫折感。比如，有的老師既要工作量輕一點，少上課，又要獎金收入多；有的老師既要學生成績好，但又不願花大力氣做好教學工作，因而造成心理挫折。

老師心理健康的標準，廣義上是指他們的各種心理活動正常，具有自我調節能力和對外界影響的正確回應。老師公認的主要健康指標有：

（1）身分認知；

（2）教育心理環境；

（3）教育獨創性；

（4）抗教育焦慮；

（5）良好的教育人際關係；

（6）教育環境的適應與改造。

以上六條衡量老師心理健康的標準有助於老師檢查、提高自身心理健康水準，也有助於防止各種心理障礙或創傷。

健康的心理是老師從事教育教學工作、完成教書育人任務的基本條件。要培養學生具有良好的心理素質，老師自身就必須有良好的心理素質，以性格影響性格，以情感陶冶情感。培養老師健康的心理，主要有以下三條途徑。

1. 創造成功機會，滿足不同需要

首先要關心老師基礎需要，如獎金、工作環境以及其他福利等，更重要的是關心老師的高級需要，如進修、提高教學能力的需要，積極創造條件幫助老師獲得成功。如滿足青年老師渴望的發展需要，滿足老年老師的尊重需要，對正處在「多出成果，出大成果」時期的中年老師，滿足他們的成就需要。為每一位老師創造成功的機會，實現老師的自我價值，這是消除老師心理障礙、提高老師心理素質的一項舉措。

2. 增強老師對挫折的承受力

現代教育對老師提出了更高的要求，需要老師樹立正確的教育觀、人才觀，提高職業道德水準和意志水準，要以積極的態度來對待工作、生活。正確地認識自己，愉快地接納自己，提高自己抗挫折的能力。

3. 創建民主和諧的人際關係

人際關係是指人們在社會交往中所發生和發展起來的人與人之間的關係。良好的人際關係是老師個體心理發展的基本條件。在學校中，領導集體和老師集體之間、學生集體之間以及師生之間，都應建立良好的人際關係，其中老師之間與師生之間的人際關係是有效進行教育活動的前提和條件。在人與人之間的頻繁交往中，不可避免地會產生各種矛盾，搞好人際關係對創建和諧的教育氛圍是十分重要的。

教育主管部門和學校行政要高度重視老師的心理健康，必要時做心理輔導，使老師保持良好的心理狀態。老師本人首先要努力提高自己的心理素質，學會勞逸結合，參加體力腦力交替、動靜交替的活動，如乒乓球、羽毛球運動，或欣賞音樂、文藝演出、觀賞藝術作品或花卉奇石等。一些年輕的老師成長道路比較平坦和順利，因而承受挫折和失敗的心理能力比較差，要多經歷一些困難和挑戰，業餘時間參加登山、長跑、游泳或是障礙跑、越野跑等活動，有意識地鍛鍊自己的意志。

要會養生

老師的工作繁雜，勞心費神，社會的要求、升學的壓力、學校內部的競爭、學生的安全等，讓老師們感到不好當，有人稱老師已是弱勢群體。五十肩、頸椎病、下肢靜脈曲張、骨質疏鬆、神經衰弱、高血壓、動脈硬化等疾病已成為老師們的常見職業病。所以，老師應注意自身的健康度，學會養生。做到生活要有規律，營養要有保證，要多參加體育鍛鍊。

相當一部分老師面對巨大的工作壓力，沒有好的解壓辦法，只好拚命地工作，把本來應該屬於休息的時間也用在工作上，累壞了自己的身體。老師

們要學會合理安排時間，調整自己的生活方式，保持勞逸結合。老師有寒暑假期，應該好好利用，該休息就休息，想旅遊就去旅遊。有些老師在假期裡還爭分奪秒地為學生上各種輔導課，其實得不償失。

老師每日工作緊張，節奏快，精神壓力大，腦力勞動重，常無暇顧及膳食營養，容易引起營養缺乏。

一是飲食要粗細搭配、葷素搭配。為了滿足老師每日的營養需要，應保證合理供給機體所需要的能量和各種營養素，因此平衡膳食非常重要，而平衡膳食就是粗細搭配、葷素搭配。因此，專家建議老師們要廣泛食用多種食物，包括穀類及薯類、動物性食物、豆類及其製品、蔬菜水果類、純熱能食物。

二是適量補充蛋白質。老師是腦力勞動者，腦在代謝過程中需要大量蛋白質不斷更新自身，因此老師要保證蛋白質的攝入。此外，還應補充一些含谷氨酸高的食品。腦組織游離的氨基酸以谷氨酸為主，豆類、芝麻等食品富含這些氨基酸。老師應根據用腦情況適當補充這類食品，既保證腦組織需要，又有增強腦組織功能的作用。

三是保證維生素攝入。維生素是人體必需的一種小分子有機物質，機體如果不能合成或合成不足，必須靠食物供給。維生素對維持人體生理功能非常重要，尤其對於工作緊張的老師來說，缺乏維生素就會引起精神疲憊的症狀，因此老師飲食要保證維生素供給。

四是食物不要太鹹和太甜。據調查，一般人如果食鹽過多，高血壓發病的機率就相對較高；吃糖過多會發生肥胖，進而導致冠心病、高血壓、糖尿病等。流行病學調查表明，老師是這些病症發病的高危群體，所以，老師日常飲食切忌太鹹和太甜。

現在的課餘時間，很少看見老師鍛鍊，再加上生活水準提高，出入坐車，上樓也有電梯，導致運動量缺乏，體質下降。其實即使工作再忙，老師也要抽時間鍛鍊身體，多跑步、打球。老師可以和學生一起打球，業餘時間去健身房運動一下，既可改善全身血液循環，鬆弛緊張的情緒，消除腦部疲勞，又能增進師生關係，增加友誼，便於開展教學工作。

老師鍛鍊要因年齡而異，運動有益健康，但實際生活中，許多老師卻常常忽視鍛鍊身體，而且也不知道自己適合哪種鍛鍊方法。針對不同年齡選擇適宜的運動是非常重要的，否則既達不到健身效果，還會給身體帶來損傷。

據健身專家建議，老師鍛鍊最好要因年齡而異。

20～30的老師，可以選擇具有衝擊性的有氧運動，如跑步、拳擊、溜冰等運動。這些運動既可以解除工作和學習上的壓力，又能激發人的創造力，增強人的自信心和克制力，對老師日常教學不無好處。

30～40歲的老師，適宜攀岩、游泳、球類、跑步、騎自行車和武術等運動項目。這類運動可增強肌肉的彈性，保持健康的體魄，同時有助於提高思維能力，改善人的靈活性和協調能力，培養人的專注力，忘卻工作和生活中的不快。

40～50歲的老師，由於工作繁忙辛苦，家庭負擔較重及生理上的變化，適宜低衝擊的有氧運動，如慢跑、登山、游泳、網球、乒乓球等，既可緩解心理緊張和壓力，又可強健四肢肌肉，還可以提高機體抗病力。

60歲以上的老師，由於整個身體機能開始衰退，鍛鍊的目的就是減緩衰老，增加心臟功能。運動應首先從步行開始，散步、慢跑、太極拳等，都是很好的運動項目，而且一定要遵循循序漸進、逐步適應、養成習慣的原則。

應注意對大腦的養護

老師一般用腦時間較長，如果得不到及時的休息，營養物質、氧氣供應不足，體內物質代謝所產生的二氧化碳、乳酸等不能及時排出，體徵會呈疲勞狀態。大腦在經受長時間單調重複的刺激後，腦神經細胞也隨之出現疲勞，大腦便產生一種自動性的生理反應而轉入抑制狀態。老師常伏案工作，頸部會長時間前屈，因而負責供應大腦血液的血管會受到輕度壓迫，從而使大腦供血不足，同時身體前傾，胸腔變小，呼吸時吸入的空氣減少，容易使大腦供氧不足，繼而頭昏腦漲，降低工作效率。有許多老師由於工作忙，體育鍛鍊的時間相對較少，也對大腦的健康不利。因此，老師在長期的腦力勞動中

必須按照大腦活動的規律合理地運用腦力，並注重對大腦的養護。一般來說應注意以下幾個方面。

（1）合理地分配和使用腦力，適時調節，及時消除大腦疲勞。大腦皮層的興奮與抑制是有規律的，當處於積極的思維活動時，大腦相應區域的神經細胞就處於興奮狀態，如果思維活動時間過長，則又會轉入抑制狀態，注意力就不集中，思維也變得遲鈍，效率低下。故在工作一段時間後要稍事休息，也可適當進行一些娛樂或體育活動，以使緊張的腦神經得到鬆弛。經過積極休息，大腦的功能會更好地發揮。

（2）養成良好的生活習慣，做到起居有常，勞逸結合。每天的學習、工作、休息、文體活動、睡眠要有合理的安排，並形成習慣。這樣便可使大腦皮層中的興奮與抑制建立起較為穩定的規律，從而使人保持充沛的精力，大腦會因之而處於最佳的生理狀態。

（3）進行必要的體育鍛鍊。除每天例行的身體鍛鍊外，還可利用工作間隙做工間操活動筋骨或做些微量運動，適量的體育鍛鍊可使繃緊的腦神經得到鬆弛，還能改善機體的血液循環，促進新陳代謝，使大腦得到充足的血液和氧氣供應。

常見的六種職業病

1. 慢性咽炎

老師如果不注意嗓子保健，會有嗓音沙啞和失聲問題的出現。經常過度地用嗓子會造成咽黏膜組織和淋巴組織的瀰漫性炎症，局部充血、發紅。平時要多用胖大海泡水喝。

2. 靜脈曲張

持久站立，下肢靜脈中的血液長時間不能向心臟回流，都積在腿和腳的靜脈裡，腿腳腫脹不說，腿上還會出現象蚯蚓一樣的青筋，嚴重的人腿還會變黑，出現濕疹、潰瘍。老師在站著的時候可以經常來回走走，腿腳也能得

到適當緩解。也可以貼身穿一雙高彈的長筒襪，保護靜脈，減輕壓力。等下了課或回家沒事的時候，多用熱水敷腿、泡泡腳，做做踝關節的屈伸活動，緩解疲勞。

3. 頸椎病、腰椎病

老師需要長時間伏案工作，姿勢會持續固定不變，難免有頸椎病、腰椎病、和肩膀痠痛。如果不及時地治療的話，會患上頸椎增生，頸椎病會壓迫脊髓，損傷神經，最容易引起肩膀、胸前和後背部的疼痛，嚴重的話還會引起手臂、手臂和手指麻木，那是非常難受的。

睡覺的時候，枕頭可以墊高點，盡量鬆軟。做聳肩和擴胸動作。休息時，經常用熱水袋敷在脖子下面。

4. 胃病

胃病也是老師的常見病。高中老師一般任務艱巨，時常不能按時吃飯，或總是湊合著吃些涼的、過硬的、不易消化的食物，這就需要熬湯喝，多吃粥類（例如小米粥等）。多吃富含蛋白質、維生素等比較易消化的東西，少吃太冷、太熱、太甜、太鹹的東西。

5. 呼吸系統疾病

現在老師用的粉筆，雖然已經改用了「無塵粉筆」，但只是比普通粉筆揚起的粉塵少點而已。所以，長期大量地吸入粉塵，對慢性支氣管炎等肺部炎症有很大影響。如果本來就有慢性鼻炎、鼻竇炎等疾病，那麼張口呼吸粉塵也能引起慢性咽炎。建議多吃清肺的食物，比如梨等各種水果。

6. 心理疾病

壓力大、精神高度緊張，也是老師需要注意的，老師會因為與學生或家長等人的交往中，多少有煩躁的心情，所以要放鬆精神、避免過度勞累，多做運動。

常見的六種職業病

國家圖書館出版品預行編目（CIP）資料

教育之美：老師掌中的 24 個度 / 馬良 著 .-- 第一版 .
-- 臺北市：崧博出版：崧燁文化發行, 2019.09
　　面；　公分
POD 版

ISBN 978-957-735-916-2(平裝)

1. 教育 2. 文集

520.7　　　　　　　　　　　　　　108014401

書　　名：教育之美：老師掌中的 24 個度
作　　者：馬良 著
發 行 人：黃振庭
出 版 者：崧博出版事業有限公司
發 行 者：崧燁文化事業有限公司
E - m a i l：sonbookservice@gmail.com
粉 絲 頁：　　　　　網 址：
地　　址：台北市中正區重慶南路一段六十一號八樓 815 室
8F.-815, No.61, Sec. 1, Chongqing S. Rd., Zhongzheng
Dist., Taipei City 100, Taiwan (R.O.C.)
電　　話：(02)2370-3310　傳　真：(02) 2370-3210
總 經 銷：紅螞蟻圖書有限公司
地　　址: 台北市內湖區舊宗路二段 121 巷 19 號
電　　話:02-2795-3656 傳真 :02-2795-4100　網址：
印　　刷：京峯彩色印刷有限公司（京峰數位）
　　本書版權為西南師範大學出版社所有授權崧博出版事業股份有限公司獨家發行
電子書及繁體書繁體字版。若有其他相關權利及授權需求請與本公司聯繫。
定　　價：360 元
發行日期：2019 年 09 月第一版
◎ 本書以 POD 印製發行